청소년을 위한 행동경제학 에세이

청소년을 위한
행동경제학
에세이

한진수 교수가 알려주는 마음과 행동의 경제학

한진수 지음
경인교육대학교 사회교육과 교수

해냄

행동경제학으로 배우는 선택의 지혜

머리론 알지만 잘 안 되는 일

건강하지 않기를 원하는 사람은 없다. 이성은 채소를 많이 먹고 꾸준히 운동하며 기름진 음식 섭취를 자제하라고 명령한다. 그러나 이성의 명령에 순종하며 음료수를 마실 때마다 당분과 열량을 따지고 음식의 칼로리를 계산하는 사람이 얼마나 있을까.

많은 사람이 채소보다 삼겹살 굽는 냄새에 이끌리고 땀 흘리는 운동은 억지로 핑계를 만들어가며 차일피일 미룬다. 식후에도 달콤한 초콜릿 아이스크림이나 당도 높은 케이크에 유혹당하며 '맛있게 먹으면 0칼로리' 같은 말로 자기 최면을 건다. 내일부터는 제대로 된 식생활을 하리라 결심하며 잠자리에 든다.

그렇다! 우리는 완벽하지 못하다. 완벽하게 설계된 로봇이 아니기에 자주 불합리한 행동을 한다. 기계가 아니므로 수시로 감정 섞인 판단을 하고 뒤늦게 후회한다.

이상하고도 신기한 선택

이케아(IKEA)는 고객이 직접 조립하는 가구를 판매해서 급성장한 세계 굴지의 가구 기업이다. 연구자들은 이케아가 팔고 있는 수납 상자를 가지고 간단한 조사를 해봤다.

직접 수납 상자를 조립한 학생은 전문가가 조립해 놓은 수납 상자를 본 학생보다 평균적으로 63퍼센트나 높은 금액을 주고 이케아 수납 상자를 살 의향이 있다고 밝혔다.

그다음 이들에게 수납 상자에 대한 호감도를 평가해 보라고 했다. 전문가가 조립해 놓은 수납 상자를 본 학생 집단은 7점 만점에 평균 2.50점을 줬다. 반면에 수납 상자를 직접 조립한 학생 집단은 평균 3.81점이라는 후한 점수를 줬다.

여러분이라면 객관적인 제3자로서 어떤 평가를 하겠는가. 누군지 모르는 아마추어가 조립한 수납 상자를 선호하는가, 아니면 전문가가 조립해 놓은 수납 상자를 선호하는가?

인간은 자신이 노력해 직접 만든 물건에 대해서 '과도하게' 높은 가치를 부여한다는 것을 확인할 수 있다. 이것이 이케아 효과(IKEA Effect)이다. 우리나라에서 용어를 작명한다면 'DIY 효과'라 하겠다. 아마추어인 고객이 조립한 가구는 전문가가 조립해 놓은 가구보다 일반적으로 더 조악하다. 그럼에도 사람은 자신이 만든 물건에 대해서는 자부심과 애착을 갖게 된다. 그래서 실제보다 그 가치를 높게 평가하는 인지부조화 현상이 발생한다.

성적을 말할 때도 순서가 있다

시험 결과가 국어 90점, 수학 60점으로 나온 학생이 있다. 두 과목 모두 90점이었으면 좋으련만 안타깝게 그렇지 못하다. 이제 부모님께 성적을 알려 드리는 순서가 중요하다.

어떤 순서로 성적을 이야기하는 편이 좋을까? 국어 점수를 먼저 말하고 수학 점수를 말하는 것이 그 반대 순서로 말하는 것보다 부모님의 기분을 좋게 한다. 처음 입력되는 정보가 나중에 입력되는 정보보다 더 큰 영향을 미치기 때문이다.

좋은 성적을 말한 후 나쁜 성적을 말하면 좋은 성적에 기분이 좋아진 부모님은 나쁜 성적을 보고도 "다음에는 수학도 열심히 해"라고 반응한다. 만약에 나쁜 성적을 먼저 말하고 좋은 성적을 말하면 어떨까? "90점이야 당연한 거고!" 같은 반응이 나올 것이다.

이러한 현상을 '초두 효과(primacy effect)'라고 한다. 첫인상이 더 강력한 영향을 미치는 효과라는 뜻이다. 냉철한 이성을 갖춘 인간이라면 수학의 교환 법칙처럼 'a+b'나 'b+a'를 같은 상황으로 인식하겠지만 보통의 인간은 이 둘을 다르게 받아들인다.

배고플 땐 판사도 판단을 미룬다

냉철한 이성과 객관적 사실에 기초해서 판단하는 사람이라면 아마 판사가 으뜸일 것이다. 그래야 원고나 피고 모두 억울함이 없지 않겠는가. 판사가 정말 완벽하게 판단하고 있는지 확인하기 위해서 이스라엘 판사들의 죄수 가석방 판결 사례 1,000여 건을 분석한 연구자들이 있다.

연구자들은 판사의 하루를 오전의 간식 전, 간식 후부터 점심시간까지, 점심시간 이후로 구분한 후 각 시간대의 가석방 허락 판결 비율을 비교했다.

첫 시간대 업무가 시작될 때는 죄수의 65퍼센트가 가석방 허락 판결을 받았다. 그런데 이 비율은 점차 하락하더니 오전 간식 때가 되자 0퍼센트에 가까워졌다. 간식을 먹은 후 두 번째 타임이 시작되었을 때 가석방 허락 비율은 다시 65퍼센트로 치솟았다. 판사의 피로도가 누적될수록 가석방을 일단 보류하는 판결을 하는 경향이 나타났다.

판사의 판결이 해당 죄수의 재범 가능성이나 반성 정도와 상관없는 배고픔이나 피로도 같은 엉뚱한 요인의 영향을 받은 것이다.

죄수의 가석방 여부를 판단하는 일은 굉장히 어렵다. 잘못하면 사회에서 재범을 저지를 우려가 있는 이들이기 때문이다. 그래서 고심에 고심을 거듭해야 하는데 일하는 시간이 길어질수록 피로는 누적되고 에너지가 고갈된다. 이에 판사는 쉽고 안전한 방법을 찾는다. 가석방을 허락해서 문제가 생길 가능성을 남기기보다는 감옥에 일단 그대로 두는 안전한 선택을 선호하는 것이다.

배고픈 판사가 가석방 판결을 보류하듯 보통의 사람들은 배고프면 다른 사람에게 짜증을 낸다.

이상한 선택을 이해하는 방법

이 책은 인간의 선택 뒤에 놓여 있는 원리를 알기 쉽게 풀어주는 행동경제학 입문서이다. 행동경제학의 필요성을 뒷받침하고 여러분의 이해를 돕기 위해 많은 실험을 실었다. 실험 상황이나 기업의 이름, 제품명 등을 기호로 서술한 경우도 있으나 회사 이름이나 제품명을 그대로 실은 경우도 있다. 경제학 실험은 실제 상황이나 실제 물건으로 진행하는데 기호로만 표시하면 체감하기 힘든 실험 결과도 있기 때문이다. 특정기업을 홍보하려는 뜻은 전혀 없음을 밝힌다.

경제 실험의 본질을 그대로 소개하고자 가격의 달러 표시를 원화로 수정하지 않았다. 또 다소 오래된 상품, 그래서 지금은 별로 사용하지 않는 제품이라 하더라도 실험에 사용된 상품의 가격은 그대로 표기했다.

이 책에는 행동경제학 용어가 여럿 등장한다. 행동경제학을 이해하기 위해 꼭 알아야 할 핵심 용어인 만큼 사례와 함께 최대한 쉽게 풀이하려 노력했다. 왜 우리가 실수를 되풀이하는지, 엉뚱한 선택을 하고 후회하는지, 선택하기를 주저하는지 알 수 있는 열쇠이니 차근차근 읽으면 이해하기 어렵지 않을 것이다.

행동경제학의 각 개념을 보다 쉽게 이해할 수 있도록 여러 사례를 제시하고 설명했다. 그만큼 우리 주변에 행동경제학적 해석이 가능한 사례가 많다. 이 책을 읽으면 '나도 그랬지' 하며 그때 그렇게 선택한 이유를 깨닫게 될 것이다. 만약 이해하기 힘든 사례가 있다면 다음 사례로 건너뛰어도 괜찮다. 굳이 이 책의 모든 사례를 낱낱이 파악하지는 않아도 된다. 여러 사례를 읽는 동안 그에 해당하는 행동경제학 개념을 이해했다면 그걸로 충분하다는 생각으로 읽어나가길 권한다.

합리적인 선택을 위한 첫걸음

우리는 빡빡하고 정신없이 돌아가는 일상생활 속에서 때로는 급하게 때로는 충동적으로 결정하고 나서 후회한다. 자신도 모르는 사이에 기업의 마케팅이나 미디어에 의해 조정당해 원하지 않던 소비를 하는 경우도 많다.

'공짜'나 '저렴한 가격'이라는 단어에 현혹당해 마침내 예상보다 더 큰 비용을 치르기도 한다. 야심 차게 공부 계획을 세웠으나 번번이 목표 달성에 실패하는 우를 반복한다.

우리가 행동경제학에 관심을 가져야 할 이유가 여기에 있다. 비합리적 선택, 엉뚱한 의사결정의 배경에 있는 다양한 요인을 행동경제학을 통해 이해할 수 있다면 합리적으로 판단하려 노력하고 학습하는 일이 가능해진다. 우리의 행동에 숨어 있는 보편적인 특성을 파악하고 문제점을 극복한다면 일상생활에서 우리가 흔히 저지르는 판단 오류도 줄일 수 있다. 이에 대해서 행동경제학은 유용한 통찰력을 제공해 준다.

이 책은 온통 사람의 비합리적 선택, 착각, 인지 오류, 판단 착오 등으로 가득 차 있다. 사람이 비합리적으로 선택하고 판단하는 이유와 원인이 무엇인지를 하나씩 차근차근 설명하는 것이 이 책의 내용이다. 이 책이 자신의 선택을 되새겨보는 기회가 되기를 바란다.

2021년 11월
한진수

| 차례 |

1장 사람은 AI가 아니다 이상 현상

4장 생각이 틀에 갇히다 프레이밍 효과

5장 **착각은 자유다** 확신과 정보

경제학 책 속에 등장하는 인간은 이용 가능한 정보를 종합적으로 수집하고 체계적으로 분석한다. 분석 결과를 바탕으로 자신의 효용을 최대로 달성하도록 선택하고 늘 이성적으로 행동한다. 같은 상황에 직면하면 누구나 늘 같은 결정을 한다. 이것이 경제학에서 이야기하는 합리적 인간의 모습이다.

그러나 현실에서 우리가 만나는 사람은 이처럼 전지전능하지 못하다. 성적을 최고로 올리기 위해 공부 계획을 세우지만 며칠이 지나면 몸 상태가 나빠서, 학교에서 기분 나쁜 일이 있었다는 핑계로, 심지어 날씨가 좋아서 충동적으로 공부를 미루거나 포기하는 경우가 비일비재하다.

현실 속 사람은 합리적이지 않은 선택이나 행동을 자주 한다. 전통경제학에서는 이를 합리적인 사람이 하는 '이상한 현상'이라고 본다. 그러나 이것을 이상한 현상으로 보지 않고 사람에게서 '보편적으로 나타나는 현상'이라고 생각하는 행동경제학이 생겨났다.

1장

사람은 AI가 아니다

이상 현상

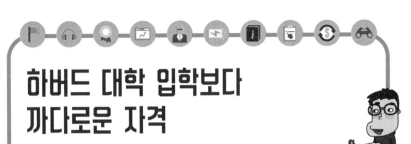

하버드 대학 입학보다
까다로운 자격

합리성

 합리적이며 이기적으로 행동하는 인간

"너는 왜 그렇게 비합리적이니?"

이 말을 듣고 기분 좋을 사람은 아마 없을 것이다. 버럭 화를 내며 그 근거가 무엇인지를 따지는 이도 있을 것이다.

일반적으로 논리에 맞지 않거나 앞뒤가 모순되는 행위를 하는 사람을 비합리적이라고 규정한다. 이때의 '합리적'은 영어로 'reasonable'이나 'logical'의 의미에 해당한다.

합리성이란 말을 입에 달고 사는 분야가 있다. 바로 경제학이다. 경제학 교과서는 시작부터 끝까지 쉬지 않고 '합리적 선택'을 강조한다. 심지어 초등학교 사회 교과서에도 합리적 선택을 주제로 한 단원이 있으니 더 이상 무슨 말이 필요할까.

그런데 경제학에서 이야기하는 합리성 또는 합리적 선택은 앞에서 언급한 의미와는 조금 다르다. 주어진 목표를 추구하기 위해 최선의 수단이나 방법을 사용하는 일이 합리적인 것이다. 합리성을 분석하기 위해서 경제학자는 '경제'라는 세상에서 살아가고 있는 아주 전형적인 인간을 만들어냈다.

바로 일반에도 많이 알려진 '호모 이코노미쿠스(Homo Economicus)'이다. 영어권에서는 이 말을 줄여서 간단히 '이콘(Econ)'이라 말하기도 한다. 우리말로는 '경제적 인간'으로 번역한다. 이 책에서는 이 용어가 '돈을 아끼는 사람'이라는 표현으로 받아들여질 가능성을 차단하기 위해서 '호모 이코노미쿠스'라 쓰기로 한다.

호모 이코노미쿠스는 진화론자들이 현존하는 인류의 조상으로 분류하고 있는 호모 사피엔스(Homo Sapiens)를 응용한 용어이다. 호모는 '사람', 사피엔스는 '현명하다'는 뜻의 라틴어이므로 호모 사피엔스는 'wise human', 즉 현명한 사람이다.

경제학자들은 왜 호모 이코노미쿠스를 만들어야 했을까? 도대체 호모 이코노미쿠스는 어떤 사람인가? 호모 이코노미쿠스는 합리적으로 행동하면서 자신의 이익을 적극 추구하는 사람으로 두 가지 특성이 있다. 첫째는 합리성이며, 둘째는 자신의 이익을 추구하는 이기심이다.

호모 이코노미쿠스는 매사의 선택에서 냉철한 이성, 풍부한 지식, 슬기로운 지혜를 활용하여 늘 합리적으로 판단한다. 실수 같은 것은 발붙일 틈이 없다. 그리스 신화에 나오는 신들조차 한두 가지씩 단점을 지니고 있으니 호모 이코노미쿠스는 신화 속 신보다 더 완벽한 존재일지 모르겠다.

동시에 호모 이코노미쿠스는 철저히 자신의 이익을 추구한다. 타인의 이익보다는 자신의 이익을 최대화하는 데 관심이 있다. 단 1원이라도 이익을 얻는 기회가 있으면 절대 놓치지 않는다. 다른 사람의 눈에 이타적 행동으로 보이는 봉사활동도 실은 보답을 기대하거나 자신의 명성을 높이려는 이기심의 산물이다.

경제학자들이 이처럼 특별한 존재를 만들어낸 이유는 사람이 어떻게 선택하고 있으며 어떻게 선택해야 하는지를 체계적으로 분석하기 위해서이다. 단순한 예를 생각해 보자. 두 개의 온라인 서점이 있다. 같은 책을 한 서점에서는 1만 원에, 다른 서점에서는 1만1천 원에 팔고 있다. 여러분이라면 어느 서점에서 책을 사겠는가?

같은 효용을 얻으면서 이왕이면 비용을 적게 내는 선택을 할 것이다. 즉, 1만 원에 팔고 있는 서점에서 책을 살 것이다. 이것이 합리성이다. 같은 논리로 어느 상품이라 하더라도 동일한 수준의 효용을 얻는다면 비용을 적게 내는 선택이 합리적이다.

그런데 만약 사람이 비합리적이라면 어떻게 될까? 1만1천 원에 팔고 있는 서점에서 책을 산다. 그 이유가 무엇일까? 제3자인 경제학자가 이러한 사람의 선택을 체계적으로 분석하기란 불가능에 가깝다. 돈이 많아 주체하지 못하거나 숫자 비교를 하지 못하는 사람일 수도 있고, 아무 서점이나 갔기 때문일 수도 있다. 그것도 아니라면 서점 이름이 마음에 들거나 습관적으로 이용하는 서점이기 때문일 수도 있다.

이처럼 비합리적인 사람은 각기 다른 이유로 비합리적으로 행동한다. 개인의 취향, 습관, 감정, 심지어 충동적이고 맹목적인 행위까지 고려한 후 사람의 행위에서 공통된 모습을 찾아 하나의 경제 원리를 정립하기는 불가능에 가깝다.

그래서 경제학에서는 합리성을 핵심 전제로 하고 호모 이코노미쿠스가 살아가고 있는 경제 세상을 모형으로 삼은 후 경제 이론을 개발한다. 우리가 알고 있는 수많은 경제학 이론들은 모두 주위에 있는 사람이 호모 이코노미쿠스라는 가정 속에서 개발된 것이다.

🧠 호모 이코노미쿠스가 되기 위한 자격

그렇다면 여러분은 호모 이코노미쿠스가 될 자격이 있다고 생각하는가? 물건을 살 때 가격 비교 사이트를 뒤적이며 한 푼이라도 더 싼 곳을 찾으려 애쓰고 가성비 높은 물건을 소비하려고 노력해 왔으니 호모 이코노미쿠스라고 자신 있게 말하고 싶은가?

안타깝게도 이 정도로는 호모 이코노미쿠스 자격 심사를 통과하지 못한다. 이제 겨우 1퍼센트 정도 충족했을 뿐이다. 그러면 도대체 어떻게 해야 호모 이코노미쿠스 자격을 얻을 수 있을까.

부모님 생신 선물을 골라야 하는 상황을 생각해 보자. 백화점에 있는 수만 개의 물건이 후보군이다. 수만 개는 좀 심하니 수십 개로 좁히겠다. 부모님이 수십 개 후보 물건에서 얻을 효용의 크기를 일일이 비교한 후 가장 많은 효용을 얻을 수 있는 물건을 선택해야 한다. 이를 위해서는 수십 개 물건의 용도, 성능, 효능감, 장단점, 가격 등 정보를 수집하고 분석해야 한다. 그러나 신은 우리에게 이처럼 엄청난 능력을 허용하지 않았다.

이게 다가 아니다. 호모 이코노미쿠스라면 취향 또는 기호(이를 경제학에서는 '선호'라고 표현함)에도 일관성이 있어야 한다. 밥보다 국수를 좋아하는 사람이 특별한 이유 없이 국수 대신에 밥을 먹어서는 안 된다. 상황이 달라진다고 선호가 바뀌어도 안 된다. 즉, 밥보다 국수를 좋아하는 사람에게 빵이라는 세 번째 선택 대안이 추가된다고 해서 국수보다 밥을 좋아하는 식으로 선호가 역전되는 현상은 호모 이코노미쿠스에게서 나타나지 않는다.

일관성 있는 선호를 지닌 호모 이코노미쿠스에게서는 중요한 특성을 발견할 수 있다. 예를 들어, 봄보다 여름을 좋아하고 여름보다 가을을 좋아하면 봄보다 가을을 좋아해야 한다. 이러한 성질을 '선호의 이행성(transitivity)'이라고 한다. 봄보다 여름을 좋아하고 여름보다 가을을 좋아하지만 봄과 가을을 비교하면 봄이 더 좋다는 식이라면 호모 이코노미쿠스가 될 수 없다.

한마디로 호모 이코노미쿠스는 자신의 선호를 확실히 알고 있으며 모순된 선택을 하지 않는다. 자신의 선호에 기초해 주어진 예산으로 최대의 효용을 얻을 수 있는 대안을 고르는 데 결코 실패하는 일이 없다. 냉철한 이성으로 단기적으로나 장기적으로 항상 최선의 결과를 가져다주는 선택을 한다.

호모 이코노미쿠스는 흡연이 몸에 좋지 않기에 절대 담배를 피우지 않는다. 비만이 건강 유지에 도움이 되지 않는다는 전문가의 조언에 따라 과식하는 일도 없다. 콜레스테롤이나 트랜스지방이 많은 음식은 멀리하며 당분이 많이 들어간 탄산수는 마시지 않는다. 그러니 호모 이코노미쿠스는 기본적으로 금연, 금주, 다이어트라는 말이 필요 없는 사람이며, 만약에 이를 시작해야 한다면 반드시 성공한다.

대문호 셰익스피어의 『햄릿』에 나오는 대사를 통해 호모 이코노미쿠스의 모습을 엿볼 수 있다. 햄릿이 로젠크렌츠에게 한 말이다.

인간이란 얼마나 위대한 존재인가!

이성은 얼마나 숭고하고, 지능은 얼마나 무한한가!

생김새와 행동은 얼마나 빈틈없고 경탄스러운가!

행위에 있어서는 마치 천사와 같고

분별력은 마치 신과 같다!

세계의 정화이며, 완벽한 만물의 귀감이다.

— 『햄릿』 2막 2장

 교실에서 하는 행동경제학 토론

◆ 불필요한 물건을 사거나 남들보다 비싸게 물건을 산 적이 있나요? 이외에 비합
　리적으로 선택한 적이 있다면 그 이유를 말해 봅시다.

◆ 자신이 호모 이코노미쿠스가 되기에 미흡하다면 어떤 점 때문이라고 생각하나요?

상상 속 인간과
현실 속 사람

제한된 합리성

 호모 이코노미쿠스의 선택 ① 추론하기

편의점 두 곳의 아이스크림 가격을 비교해 하나를 고르는 선택에서 합리성은 그리 까다로운 조건이 아니다. 사리를 분별할 줄 아는 사람이라면 누구나 충족할 수 있는 정도이다.

그러나 우리가 해결해야 하는 문제는 이처럼 단순하지만은 않다. 우리는 일상생활에서 훨씬 복잡하고 까다로운 문제를 해결해야 할 뿐 아니라 합리적으로 선택하기 위해 많은 정보를 처리해야 한다.

다음 문제는 다른 사람의 선택까지 고려해야 하는 상황을 담고 있는 게임이다. 이 문제는 '평균의 3분의 2 추측 게임'으로 불린다. 케인스가 주식 투자와 관련해서 언급한 미인대회 경연의 논리와 유사하다는 점에서 케인스의 미인대회*라고도 불린다. 혼자 힘으로 풀어보기 바란다.

케인스의 미인대회
(Keynesian Beauty
Contest)

미인대회에서 한 심사위원이 자신의 눈에 미인이라고 생각하는 후보에게 높은 점수를 준다고 해서 그 미인이 1등이 되지는 않는다. 대부분의 심사위원이 미인이라고 생각하는 후보가 1등을 차지한다.
마찬가지로 주식 투자에서도 제 눈에 안경인 주식을 찾지 말고, 다른 투자자들이 좋아할 만한 주식을 골라야 돈을 벌 수 있다고 케인스는 강조했다. 여기에서 비롯한 게임이 케인스의 미인대회이다.

이 문제가 100명의 참여자에게 출제됐다고 하자. 각 참여자는 1부터 100까지의 숫자 중에서 좋아하는 정수를 하나씩 선택한다. 각 참여자가 선택한 정수 100개를 평균한 후, 그 평균값의 3분의 2에 가장 가까운 수를 선택한 사람이 게임의 승자가 된다. 이 게임에서 승리하려면 어떤 정수를 선택해야 하는가?

여러분은 어떤 수를 선택했는가? 혹시 33인가? 아니면 22인가? 만약에 그렇다면 축하받을 일이다. 여러분은 '사람'임이 증명됐기 때문이다.

그렇다면 보통의 사람이 아니라 호모 이코노미쿠스라면 어떤 수를 선택해야 할까. 정답은 1이다. 이 논리를 따라잡기 귀찮거나 이해하기 어려운 '사람'은 이하의 풀이 설명을 건너뛰어도 좋다.

참여자 100명이 임의로 수를 선택한다고 가정하면 평균값은 50일 테고 50의 3분의 2는 33이다. 그래서 많은 사람이 33을 선택하는 '실수'를 한다. 여기에서 멈추면 안 된다. 다른 사람이 33을 선택할 것이라고 추론한다면 이제 평균값이 33이 될 테니 그것의 3분의 2인 22를 선택해야 게임에서 승리할 수 있다.

그러나 잠깐! 참여자 전원이 이렇게 추론한다면 22로도 승리할 수 없다. 다시 그것의 3분의 2에 가까운 정수 15를 선택해야 한다. 이런 식의 추론을 반복한다면 1을 선택해야 승자가 될 수 있다.

이 게임에서 실제로 1을 선택하는 사람이 얼마나 될까? 경제학자들이 고교생, 대학생, 대학원생, 펀드매니저, 경영자 등 다양한 집단과 심지어 신문 독자를 대상으로 이 문제에 대한 응답을 구했다. 응답의 평균값은 25~40 사이에 있었다.

평균값이 비교적 낮은 집단으로 캘리포니아 공대 학생이 있었는데 이들의 평균값조차 15~20에 머물렀다. 1과는 한참 거리가 있다. 이것이 '사람'의 모습이다. 호모 이코노미쿠스가 지녀야 할 논리 능력과는 거리가 있다.

내가 몸담고 있는 대학의 4학년 학생 57명에게 동일한 문제를 제시한 결과 응답의 평균은 19였다. 참고로 이들은 고등학교와 수능 시험에서 상위권 성적을 기록한 친구들이다. 참여한 학생의 절반 정도가 33을 선택했다. 숫자 1을 선택해서 호모 이코노미쿠스의 시험을 통과한 학생이 8명(14퍼센트)으로 꽤 많았지만, 이 문제가 이미 널리 알려진 탓에 문제와 답을 알고 있었을 가능성을 배제하기 힘들다.

🧠 호모 이코노미쿠스의 선택 ② 확률 따지기

호모 이코노미쿠스라면 당연히 확률에도 통달해야 한다. 이번에는 확률 문제이다. 이 문제는 미국에서 인기리에 수십 년 동안 방영된 쇼 프로그램 〈거래합시다(*Let's make a deal*)〉의 상황과 매우 비슷해서 프로그램 진행자의 이름을 따 '몬티 홀 문제(Monty Hall Problem)'라고 부른다.

여러분은 TV 프로그램에 출연해서 최종 상금을 얻을 수 있는 자격을 따냈다. 안을 볼 수 없는 상자가 3개 있고 자신이 선택한 상자 속 종이에 적혀 있는 상품을 받는다. 상자 1개에만 '자동차'라 적힌 종이가 있고, 다른 상자 2개에는 '꽝'이라 적힌 종이가 있다. 사회자는 어느 상자에 자동차가 있는지 알고 있다. 상자를 각 (1), (2), (3)이라고 할 때 당신은 (1)을 선택했다고 하자. 긴장감을 높이기 위해 사회자가 상자 (3) 속의 종이를 꺼내 꽝 글자를 공개했다. 이때 사회자가 당신에게 묻는다. "상자 (2)로 선택을 바꾸겠습니까? 그대로 상자 (1)을 유지하겠습니까?" 여러분은 어떻게 하겠는가? 그대로 상자 (1)을 고수할 것인가, 아니면 (2)로 선택을 바꿀 것인가?

이 문제에 대해서 많은 사람이 선택을 바꾸지 않겠다고 대답했다. 상자 (1)을 선택한 상태에서 (3)이 꽝임을 알았기에 (1)이나 (2)나 자동차에 당첨될 확률은 2분의 1로 같으므로 굳이 선택을 바꿀 필요가 없다는 판단에서다. 여러분도 이렇게 생각했다면 역시 보통의 '사람'으로 증명되었음을 자축하기 바란다.

호모 이코노미쿠스라면 선택을 바꾼다. 선택을 바꾸면 당첨될 확률이 3분의 2로 올라간다. 그 이유를 알고 싶다면 설명을 차근차근 읽기 바란다. 처음 상황에서 상자 (1)이 자동차로 당첨될 확률은 1/3, 상자 (2)나 (3)이 당첨될 확률은 3분의 2이다. 사회자가 상자 (3)이 꽝임을 밝혔으므로 이제 상자 (2)가 당첨될 확률이 3분의 2가 된다. 그러므로 선택을 바꾸면 당첨 확률이 두 배 높아진다.

아직 이해가 충분히 되지 않은 사람을 위해 표로 다시 설명해 본다.

상황	상자 (1)	상자 (2)	상자 (3)
A	자동차	꽝	꽝
B	꽝	자동차	꽝
C	꽝	꽝	자동차

몬티 홀 문제, '선택을 바꿀 것인가 말 것인가'

이 게임에서 발생할 수 있는 경우의 수는 표에서처럼 A~C 세 가지 상황뿐이다. 이제 어떤 사람이 상자 (1)을 선택했다고 하자. 그리고 사회자가 꽝에 해당하는 상자를 공개했다. 상황 A의 경우에는 선택을 변경하면 당첨에서 떨어진다. 상황 B라면 선택을 변경할 때 당첨된다. 상황 C에서도 선택을 변경하면 당첨된다. 정리하면 세 상황 가운데 두 경우에는 선택을 변경하면 당첨되므로 당첨 확률이 3분의 2이다.

경제학자뿐 아니라 수학자 가운데에도 이 문제의 정답을 맞히지 못한 이들이 매우 많았으니 자신이 정답을 맞히지 못했다고 해서 실망할 필요는 없다. 그저 보통 사람 가운데 한 명이라는 인증일 뿐이다.

사람이 정말 합리성을 보유하고 있는지를 시험하기 위한 문제는 이 외에도 무수히 많다. 여기에 나온 두 개의 문제보다 쉬운 것도 있지만 더 어려운 것도 있다. 이들 문제를 모두 정확하게 해결할 수 있어야 호모 이코노미쿠스가 될 수 있다. 이처럼 어려운 문제들을 훌훌 풀어버리고 호모 이코노미쿠스 자격을 따는 사람이 얼마나 될까?

사람의 합리성에는 한계가 있다

현실 세상에서 경제적 의사결정을 하는 사람은 완전한 합리성을 지닌 존재가 아니다. 이 책을 쓰고 있는 나 역시 예외가 아니다. 맛있는 음식을 보면 거부하지 못하고 과식한 뒤 다음 날 아침 후회한다. 가끔 어처구니없는 판단을 내리고 후회하며 혼자 쓴웃음을 짓기도 한다.

그러나 이 말을 사람은 비합리적이라고 말하는 것으로 오해해서는 안 된다. 기본적으로 사람은 합리적으로 선택하려고 노력하고 자신의 능력 범위 안에서는 합리적으로 선택해서 효용을 높이는 데 성공한다. 누가 뭐래도 100만 원보다는 200만 원을 얻을 수 있는 길을 따른다.

다만 처리해야 하는 정보가 매우 많거나 급히 의사결정을 해야 하는 상황에서는 합리적으로 선택하지 못하는 실수를 범한다는 뜻이다. 냉철하고 신속한 의사결정을 하는 컴퓨터나 AI가 아니기 때문이다.

때로는 감정에 휩싸인 결과 장기적으로 자신에게 손해가 될 선택을 한다. 두 자릿수의 곱셈, 아니 덧셈조차 계산기 없이는 하기 힘들어하는 존재가 사람이다. 그래서 사람의 합리성은 '제한적'이다.

'제한된 합리성(bounded rationality)'이라는 용어는 1978년 노벨 경제학상을 수상한 허버트 사이먼(Herbert Simon) 교수가 처음 도입했다. 사이먼 교수는 호모 이코노미쿠스는 '전지전능한 신과도 같은 존재'라며 이 가정을 비판했다. 복잡한 문제를 해석하고 해결하는 데 있어, 그리고 필요한 정보를 수집, 보관, 처리, 전달하는 데 있어 사람의 합리성에는 명백한 한계가 있다는 것이다.

주어진 예산으로 프린터를 구매하는 사람을 생각해 보자. 자신의 필요에 가장 부합함과 동시에 예산을 초과하지 않는 프린터를 선택하려면 최소한 수십 개의 제조업체에서 제작되는 수십 개의 모델 정보를 알아야 하며 레이저 프린터의 여부 등 고려해야 할 요소가 넘쳐난다. 표를 그려 작성하려고 해도 한두 장의 종이로는 불가능하다.

이게 다가 아니다. 특정 프린터 모델을 골랐다 하더라도 이번에는 최저가로 살 수 있는 판매점을 찾아야 한다. 가격 비교 사이트도 한둘이 아니다. 오늘 검색해 보면 어제 검색할 때와 다른 정보가 뜬다. 조만간 할인 판매할 것인지에 대한 정보도 필요하다.

효용을 최대화할 수 있는 사람이 되려면 이 모든 작업을 신속하게 지치지 않고 수행해야 한다. 그런데 이 효용을 최대화하는 데 성공하는 사람은 없다는 것이 사이먼 교수의 주장이다.

그래서 사람은 어느 정도 받아들일 수 있는 기준치를 넘어서면 그에 만족하고 적당히 선택해 버린다. 현실에서 발견할 수 있는 사람은 효용을 최대화하는 사람이 아니라, 적당한 수준 이상의 효용에 만족하는 사람이라는 것이 사이먼 교수의 생각이다.

경제학 서적을 들춰보면 호모 이코노미쿠스는 알베르트 아인슈타인처럼 사고하고 IBM 컴퓨터처럼 뛰어난 기억 용량을 갖고 있으며 마하트마 간디와 같은 의지력을 발휘할 수 있는 존재처럼 느껴진다.

물론 그런 사람들이 있기는 하다. 하지만 대부분의 사람들은 그렇지 않다. 우리는 계산기가 없으면 복잡한 나눗셈을 할 때 어려움을 겪고, 종종 배우자의 생일을 잊어버리며, 새해 벽두부터 숙취로 머리를 쥐어뜯는다. 우리는 호모 이코노미쿠스가 아니라 그저 호모 사피엔스일 뿐이다.

— 『넛지』[1]

2017년에 노벨 경제학상을 수상한 리처드 탈러(Richard Thaler) 교수의 말이다. 합리성을 전제로 이론을 전개하고 있는 전통경제학은 한계가 있으므로 새로운 시각으로 접근할 필요가 있다는 생각을 드러내고 있다. 경제학자들은 '주류경제학'이란 용어를 사용하지만 이 책에서는 '전통경제학'이라고 표현한다. 이 책에서 이야기하는 새로운 시각을 본격적으로 받아들이지 않은 상태에서 오래전부터 받아들여지고 있는 경제학이라는 뜻이다.

 교실에서 하는 행동경제학 토론

◆ 평균의 3분의 2 추측 게임에서 얼마를 답으로 제시했나요? 왜 그렇게 생각했나요?

◆ 몬티 홀 문제에서 선택을 바꿨나요, 아니면 바꾸지 않았나요? 왜 그랬나요?

◆ 최선의 선택을 하는 일이 힘들고 골치 아파서 적당히 선택해 버린 경험을 말해봅시다. 이런 일이 자주 있나요?

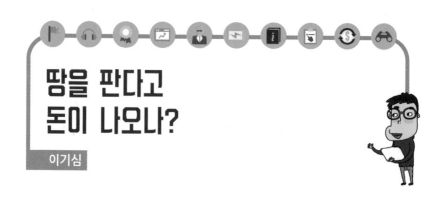

땅을 판다고
돈이 나오나?

이기심

🧠 한 푼이라도 챙긴다

"백날 땅을 파봐라. 돈이 나오나."

자녀들이 허튼 데 돈을 쓰는 모습을 본 부모가 돈을 아끼라며 흔히 하는 말이다.

그런데 가만히 있어도 돈을 벌 수 있는 게임이 하나 있다. 상대방에게 일단 제안하면 제안을 수정하거나 협상할 기회 없이 그것으로 끝나버리는 독특한 게임이다. 그래서 '최종 제안 게임(ultimatum game)' 또는 '최후 통첩 게임'으로 불린다.

이 게임은 한 번도 서로 본 적이 없는 2인을 한 조로 하여 진행한다. 두 사람은 별개의 방에서 의사결정을 하며 실험 후에 다른 통로를 통해 떠나므로 마주칠 일이 전혀 없다.

이제 여러분에게 현금 1만 원이 주어진다. 여러분은 같은 조에 속한 익명의 상대방에게 이 돈 가운데 얼마를 나누어줄지 결정해야 한다. 물론 돈을 나누기 싫으면 전액을 혼자서 다 가져도 좋다. 단, 상대방에게는 거부권이 있다. 상대방이 여러분이 제안한 금액을 수락하면 두 사람은 돈을 나누어 갖고 게임이 끝난다. 그러나 상대방이 여러분이 제안한 금액을 거부하면 두 사람 모두 한 푼도 받지 못하고 게임이 끝난다. 여러분은 상대방에게 얼마를 주겠다고 제안할 것인가?

여러분이라면 이 게임에서 상대방에게 얼마를 주겠다고 제안할까? 호모 이코노미쿠스라면 얼마를 제안할까?

호모 이코노미쿠스가 이 문제를 해결하는 접근법은 이렇다. 여러분이 절반인 5,000원을 준다고 제안하면 상대방은 제안을 수락할 가능성이 상당히 짙다. 만약에 4,000원을 제안하면? 그래도 수락할 것 같다. 공짜로 돈을 4,000원이나 준다는데 이를 마다할 호모 이코노미쿠스는 없다. 여러분이 3,000원을 제안해도 마찬가지이다. 이런 식으로 추론하다 보면 여러분은 제안 금액을 얼마까지 낮출 수 있을까?

그렇다. 1원이다. 단 1원이라도 호모 이코노미쿠스인 상대방이 이를 거부할 리 없지 않은가. 땅을 파봐라. 1원이 나오나. 1원을 거부하면 빈손으로 게임을 마쳐야 한다. 이럴 때 영어권에서 즐겨 사용하는 말이 '전혀 없는 것보다는 낫다(better than nothing)'이다. 빈손보다는 1원이 낫다는 의미이다.

물론 이러한 결론에 설득력이 있으려면 한 가지 전제 조건이 필요하다.

기회비용

어떤 재화의 용도 중 한 가지만을 선택할 경우 포기한 용도에서 얻을 수 있는 이익의 평가액이다.

상대방이 게임에 참여한 시간과 노력에 대한 기회비용*을 보상해 주어야 한다. 그래서 실제로 이 게임의 참여자 전원에게 기회비용에 해당하는 소정의 참여비를 별도로 지급한다.

우리나라에서 일상 속 거래에 사실상 1원은 유통되지 않으므로 1원이 아니라 100원 정도를 제안하는 것이 호모 이코노미쿠스의 선택이라 할 수 있다. 자신의 이익을 최대로 하기 위해서 9,900원을 가지고, 상대방은 100원을 주머니에 넣고 게임을 마무리하면 모두 이익을 달성할 수 있다. 100원을 거절해서 두 사람 모두 빈손으로(기본 참여비만 받은 채) 자리를 떠나는 것보다 낫다.

🧠 혼자 차지하려니 왠지 모르게 불편한 구석이

많은 연구자가 학생, 회사원, 회사 경영자 등 다양한 집단을 대상으로 이 실험을 반복했다. 금액도 1만 원보다 적은 소액부터 상당한 거액에 이르기까지 바꿔가며 게임을 해봤다.

결과는 놀라웠다. 상대방에게 1원이든 100원이든 최소한의 금액만 제안하는 사람은 거의 없었다. 집단에 따라 차이는 있지만 제안한 금액은 처음 주어진 금액의 평균 30퍼센트 정도였다. 제안 금액이 평균 40퍼센트를 넘은 집단도 있었으며 5 대 5로 나누겠다는 제안도 꽤 있었다.

전통경제학에 심취해 있던 경제학자들은 커다란 충격을 받았다. 평균 30퍼센트나 상대방에게 나누어주는 선택은 합리적이지 않으며 사익 추구에 최우선을 두는 행위가 아니기 때문이다. 호모 이코노미쿠스라면

해서는 안 되는 행동이었다. 실험 참여자들의 이러한 선택은 경제학자들에게 새로운 화두를 던져줬다.

이 게임에서 더 흥미로운 부분은 수혜자 역할을 맡은 상대방의 의사결정을 살펴보는 일이다. 혹시 이들은 아주 적은 금액이라도 모두 수락해서 호모 이코노미쿠스다운 모습을 보이지 않았을까? 이러한 기대는 처참하게 무너졌다.

제안 금액을 들은 상대방은 웬만한 금액이 아니면 거부하겠다는 의사를 표시했다. 물론 매우 적은 금액을 수락한 상대방도 일부 있었지만 30퍼센트 정도의 금액조차 거부한 이들이 더 많았다. 이들에게서 '1원이 어디야?' 같은 호모 이코노미쿠스의 합리성은 찾아볼 수 없었다. 비록 한 푼도 받지 못하는 한이 있더라도 적은 금액을 제안한 사람이 혼자서 많은 돈을 챙기는 것은 더 싫기 때문일 것이다. '너 죽고 나 죽자'라는 심리이다.

"내가 요 정도 받고 집으로 가느니 너도 나처럼 빈손으로 집에 가도록 만들겠다." "괘씸하군. 너만 돈을 많이 가지면 배 아파서 안 되지."

이 게임에서 나타난 결과는 인간이 이기적인 존재라는 가정에 의문 부호를 던지기에 충분했다. 사람은 기본적으로 이기적이지만 그렇다고 해서 항상 자신의 이익만 챙기는 존재가 아님이 여실히 드러난 것이다. 이는 인간이 다른 사람을 위해 '적당히' 나눠줄 수 있는 사회적 존재임을 보여준다.

또한 인간은 상대방의 제안이 불공정하다는 느낌이 들면 자신의 이익을 포기하는 한이 있어도 상대방에게 보복하고 싶다는 감정의 지배를 받는다.

🧠 주는 대로 받아라

이제 다시 분배할 금액을 제안하는 사람의 입장이 돼 보자. 얼마를 주겠다고 제안할지 결정할 때 여러 생각이 머리를 맴돈다. 자기 혼자서 차지하는 것은 상대방에게 미안한 일이며 공정한 처사가 아니라는 생각도 든다. 혹은 기본 참여비 외에 100원밖에 추가로 받지 못하게 될 상대방이 불쌍하다는 측은지심이나 미안한 감정이 생긴다. 그렇지 않더라도 적은 금액을 제안할 경우 상대방이 기분이 상해서 보복심으로 제안을 거부할지도 모른다는 불안감이 엄습한다.

어찌 되었든 상대방이 호모 이코노미쿠스가 아닐 수 있다는 우려가 작동한다. 이 때문에 어쩔 수 없이, 주기는 싫었지만, 상당한 금액을 주겠다고 결정한 것일 수 있다.

이런 경우가 얼마나 되는지를 확인하기 위해서 경제학자들은 게임의 규칙을 일부 수정해 새로운 게임을 만들었다. 이 게임은 상대방이 거부할 권한을 갖지 못하며 처음 제안한 사람의 결정에 무조건 순응해야 하기에 '독재자 게임(dictator game)'이라는 이름이 붙었다. 나눌 돈을 제안하는 사람이 독재자가 되는 셈이다.

이 게임의 전체적인 구조는 이전의 게임과 같다. 단, 상대방에게는 아무런 거부권이 없다는 점이 다르다. 즉, 여러분이 얼마를 제안하든 상대방은 무조건 그 금액을 받고 장소를 떠나야 한다. 여러분은 상대방에게 얼마를 주겠다고 제안할 것인가?

흔히 '갑질' 하는 사람이 '이거라도 받아. 싫으면 말고' 하는 식으로 자신의 의사를 표명할 때가 있다. 상대방으로서는 말도 안 되는 적은 돈이지만 이 정도라도 받는 것이 좋을 것이라는 일종의 협박성 발언이다. 독재자 게임은 이런 상황을 설정한다.

이제 상대방은 제안을 거부할 권한이 없다. 여러분이 마음먹은 대로 제안하면 그대로 돈을 분배하고 게임이 끝난다. 상대방이 거절하여 한 푼도 받지 못하고 집으로 가야 하는 상황은 염려할 필요가 없다. 그러므로 호모 이코노미쿠스라면 상대방에게 한 푼도 주지 말아야 한다.

어떻게 되었을까. 실제로 앞선 게임의 경우보다는 상대방에게 제안하는 금액이 대체로 줄어들었다. 그러나 0원으로까지 줄어들지는 않았다. 집단에 따라 차이는 있었으나 관대하게도 20~30퍼센트 정도의 금액을 상대방에게 제안하는 사람이 여전히 많았다.

어린이들을 대상으로 한 독재자 게임에서는 5살 어린이의 대부분이 물건의 절반을 상대방에게 나누어주는 흥미로운 결과가 나오기도 했다. 사람은 기본적으로 자신의 이익을 늘리기 위해 이기적으로 행동하면서도 다른 한편으로는 공정성, 타인 배려, 독식에 따르는 미안함, 자존심, 보복 등 다양한 요소에 대해서도 신경 쓰는 존재임을 확인할 수 있다.

 교실에서 하는 행동경제학 토론

◆ 최종 제안 게임에 참여한다면 상대방에게 얼마를 제안할 것인가요? 만약에 이 게임에서 수혜자 역할을 맡는다면 1,000원을 제안받을 때 수락할 것인가요?

◆ 상대방이 제안을 거부할 권한이 없는 독재자 게임이라면 상대방에게 제안할 금액을 줄일 것인가요?

◆ 다른 사람을 위해 자신의 이기심을 누르고 행동한 적이 있나요? 그때의 다른 사람은 누구였나요?

눈에 밟히는
이웃집 사람

사회적 선호

🧠 이기심과 이타심의 줄다리기

적은 돈이라도 자발적으로 기부해 본 적이 있는가? 기부 행위는 많은 사람에게 감동을 준다. 특히 익명으로 거액을 기부하는 사람이나 평생 폐지를 수집해 힘겹게 모은 돈을 사회에 내놓는 할머니를 보면 존경스럽기까지 하다. 사람은 왜 자신의 소중한 돈을 남을 위해서 내놓을까? 어떤 이유에서 익명으로 기부할까?

이런 질문에 답하기 전에 간단한 실험 하나를 생각해 보자. 이 실험에 참여하는 사람의 수는 중요하지 않지만 여기에서는 편의상 10명이라고 가정한다.

여러분은 10만 원을 받아서 다음의 두 계좌 A, B에 예금할 수 있다. 두 계좌에 분산해서 예금하거나 한 곳에 집중 예금해도 좋다. 여러분이 어느 계좌에 얼마를 예금하는지는 다른 참여자에게 공개되지 않는다. 여러분은 계좌 A, B에 각 얼마를 예금하겠는가?

- 계좌 A: 각자 예금한 금액에 대해 5퍼센트의 이자를 지급한다.
- 계좌 B: 실험 참여자 10명이 예금한 금액을 모두 합한 총액에 대해 10퍼센트의 이자가 발생하며, 이 이자는 실험 참여자 전원에게 10분의 1씩 똑같이 분배된다.

여러분이라면 10만 원을 어느 계좌에 얼마씩 예금하겠는가? 먼저 두 계좌의 특징을 생각해 보자. 계좌 B의 이자율이 A의 두 배이므로 B에 예금을 많이 할수록 집단 전체가 받는 이자 총액이 증가한다. 그리고 B에서 발생하는 이자는 집단 구성원 모두가 똑같이 나누어 가지므로 이곳에 예금하는 돈은 사회를 위한 기여로 해석할 수 있다. 반면에 A에 예금하는 돈은 자신만을 위한 것이다.

만약에 모든 참여자가 10만 원을 B에 예금한다면 각자 이자를 1만 원씩 받으며 실험이 끝난다. 집단 전체가 받는 이자 총액이 10만 원으로 가장 많으므로 사회적으로 바람직한 결과이다.

이번에는 정반대의 경우이다. 만약에 모든 참여자가 10만 원 전액을 계좌 A에 예금하고 B에는 한 푼도 예금하지 않는다면 각자 이자를 5,000원씩 받는 것으로 실험이 끝난다. 집단 전체가 받게 되는 이자 총액은 5만 원으로 가장 적으며 사회를 위한 기여는 전혀 없게 된다.

이제 어떤 참여자가 사회적으로 바람직한 결과를 얻을 수 있도록 계좌 B에 전액을 예금하려고 마음먹는 순간 불안한 생각이 머리를 스친다. 잠깐! 만약 다른 참여자가 B에 예금하지 않으면 어떻게 되지? 다른 사람 모두가 전액을 A에 예금한다면 B에 전액을 예금한 참여자의 이자 수입은 1,000원뿐이다. 최악의 상황이다. 그러면 다른 사람에게만 좋은 일을 해준 셈이 된다.

반대의 경우도 생각해 볼 수 있다. 다른 사람 모두가 B에 전액을 예금하고 자신만 A에 전액을 예금했을 때 이자 수입은 1만4천 원으로 그 어떤 경우보다 가장 많게 된다. 매력적인 선택이다. 그래서 자신은 계좌 B에 예금하지 않으면서 다른 사람이 B에 예금해 주기를 기대하는 유혹에 이끌린다. 만약에 실험 참여자가 호모 이코노미쿠스라면 모두 이런 생각으로 각자 A에만 10만 원을 예금하는 선택을 할 것이다. 결국 B에 예금하는 사람은 한 명도 없게 된다.

실험 결과는 어떨까? 실제로 호모 이코노미쿠스처럼 전액을 A에 예금하는 참여자가 많이 나온다. 그러나 모두 그러지는 않는다. 돈의 50퍼센트나 심지어 100퍼센트를 B에 예금하는 참여자도 나온다. 다양한 집단을 대상으로 실험을 진행한 결과 B에 예금하는 돈이 평균 30퍼센트 정도에 이르렀다.

🧠 부분적으로 협력하며 산다

이와 같은 실험 결과에 대해 다양한 해석이 가능하다. 가장 먼저 협력 동기를 생각해 볼 수 있다. 계좌 B에 예금하는 돈은 사회 구성원 모두에게 골고루 혜택이 돌아가는 공공재를 생산하기 위한 비용이 된다. 사회 구성원이 모두 공공재를 생산하기 위한 비용을 자발적으로 부담하면 바람직한 사회가 되고 구성원에게 더 나은 상태가 된다. 그렇지만 공공재 생산에는 기여하지 않은 채 무임승차를 선택한 사람이 개인적으로 남들보다 더 많은 혜택을 얻는다. 물론 이러한 무임승차자가 많아질수록 사회 전체의 후생 수준은 낮아진다.

이런 사실을 알고 있는 사람은 '부분적으로' 타인과 협력하려는 마음을 품는다. 전액을 공공재 생산에 기여하지는 않는다는 점에서 부분적 협력이다.

여기에서의 협력 관계는 조건부라 할 수 있다. '누군가 공공재에 기여하면 나도 기여할 용의가 있다. 그런데 아무도 기여하지 않으면 나도 협력하지 않겠다'는 심리이다. 한 연구자는 실험을 통해 자신의 기여액을 다른 사람의 기여액에 맞추려는 경향이 있음을 발견했다.

사회 구성원 사이의 협력 관계는 경우에 따라 매우 취약하며 가변적이다. 동일한 참여자를 대상으로 이 실험을 여러 차례 반복해 보면 계좌 B에 대한 예금액이 점차 감소하는 경향을 보인다. 타인을 고려하는 사회적 선호가 점차 약해지고 자신의 이익을 추구하는 사람이 많아진다는 뜻이다. 이로써 개인의 이익만 추구하는 사람이 존재함을 확인할 수 있다.

협력 관계는 집단 구성원 사이의 친밀함 정도에 따라서도 영향을 받는다. 실험 참여자 수가 적을수록, 참여자 사이의 친밀감이 높을수록 협력 관계는 튼튼하고 안정적으로 유지되는 경향이 있다. 대규모 사회보다는 소규모 부족 사회에서 사회적 선호가 의사결정에서 중요한 역할을 한다. 가족끼리는 재산을 공유하고 가족을 위해 자신을 희생하는 마음이 자연스럽게 형성되지 않는가.

선택에서 타인을 의식한다

사람은 다른 사람을 배려하는 행동, 즉 자신의 이익을 일부 희생하더라도 타인에게 도움이 되는 선택을 하기도 한다. 이러한 것을 '사회적 선호(social preferences)'라고 부른다.

사회적 선호를 따르는 사람이라고 해서 나 아닌 타인만을 위한 선택을 하는 이타심을 보인다고 단정 짓기 힘들다. 그보다는 '나를 포함한 우리'를 위한 선택을 한다고 보는 것이 정확하다. 보다 구체적으로는 우리 가정, 우리 사회, 우리 국가를 위한 선택을 한다.

사람은 왜 사회적 선호를 따를까? 다른 사람을 위하는 배려심 때문일 수 있다. 아니면 타인과의 불평등에서 불편함을 느끼거나 공정한 상태가 될 때 비로소 만족감을 느끼기 때문일 수도 있다. 그것도 아니면 서로 주고받는 상호주의 심리가 작용한 탓일 수도 있다. 원인이 무엇이든 사회적 선호는 호모 이코노미쿠스의 특성과는 거리가 먼 성격의 선호이다.

앞에서 본 돈을 나누는 게임에서도 사회적 선호에 따른 선택을 확인한 바 있다. 자신이 거의 모든 돈을 차지할 수 있는 상황에서도, 심지어 독차지할 수 있는 상황에서도 상대방에게 일부의 돈을 나누어주는 선택을 하는 사람이 꽤 있다.

현실의 경제에서도 타인을 배려하는 선택은 어렵지 않게 찾아볼 수 있다. 한번은 식당에서 식사를 마치고 나서 사용한 식탁을 깨끗이 정리해 종업원의 일손을 덜어주는 아름다운 고객을 본 적이 있다.

미국에는 식당 종업원을 위해 식탁 위에 팁을 남겨놓고 나오는 문화가 있다. 팁을 얼마나 놓을지는 손님 마음이다. 그런데 여행하다가 우연히 들른 식당에서 식사한 후에도 생면부지의 종업원을 위해서 상당 금액의 팁을 남기는 이도 있다. 팁을 남기지 않아도 문제 될 것이 없으며 그 종업원을 다시 볼 가능성이 전혀 없는데도 말이다.

그뿐만 아니다. 우리는 유모차를 힘겹게 들고 지하철 계단을 내려가는 아기 엄마를 그냥 지나치지 않으며 수술비가 모자라 힘겨워하는 가정의 소식을 들으면 자발적으로 익명의 성금을 보낸다.

 교실에서 하는 행동경제학 토론

◆ 공공재 게임에서 계좌 A와 B에 각 얼마씩 예금했나요?

◆ 주위에 무임승차하는 사람이 많아진다면 자신도 따라서 무임승차를 할 수 있나요? 아니면 그들과 상관없이 계속 사회를 위해 기여할 것인가요?

◆ 전혀 모르는 사람을 위해 도움을 준 적이 있나요?

경제적 선택 뒤에 놓여 있는 심리

행동경제학

🧠 마음의 경제학

지금까지 사람의 합리성에 대한 가정이 얼마나 비현실적인지를 확인했다. 사람이 이기심으로 똘똘 뭉쳐 오로지 자신만을 위하고 타인에 대한 고민은 전혀 하지 않는 냉혈한 동물이 아님도 확인했다.

이러한 사실에 주목한 일련의 연구자들이 있었다. 주로 심리학자였던 이들은 경제학 이론이 예측하는 바와 사람의 실제 행동 사이에 괴리가 발생하며, 괴리의 배경에 심리, 감정, 기분, 느낌 등이 작용하고 있음을 확인했다.

이러한 연구에서 선구자 역할을 한 사람이 이스라엘 출신의 심리학자 대니얼 카너먼(Daniel Kahneman)이다. 카너먼 교수가 이에 본격적으로 관심을 갖게 된 계기는 우연히 찾아왔다. 그는 이스라엘 공군 조종사의 비행 훈련에서 조종사의 의욕을 고취하고 비행 능력을 향상시키려면 어떻게 지도하는 것이 바람직한지를 놓고 항공 교관과 토론을 벌이게 됐다. 그런데 항공 교관의 의견은 단호했다. '칭찬보다 벌이 교육 효과가 더 좋다'는 것이었다.

교관은 자신의 경험을 근거로 내세웠다. 어느 날 비행이 좋았다고 칭찬을 받은 전투기 조종사는 다음번에는 오히려 비행 실력이 나빠졌고, 비행이 나빴다고 혼난 다음에는 비행 실력이 좋아졌다는 것이었다.

카너먼은 이에 동의하지 않았다. 그는 이 현상을 통계학에서 이야기하는 '평균으로의 회귀' 개념으로 해석했다(평균으로의 회귀에 대해서는 82쪽의 '확률 관련 편향'에 자세히 써두었다). 전투기 조종사의 비행은 당일 몸 상태에 따라 달라지지만 평균 비행 능력에 회귀한다는 것이 카너먼의 생각이었다.

그래서 좋지 못한 비행을 한 전투기 조종사는 다음 비행에서는 더 나은 비행을 하게 된다. 혼났기 때문이 아니라 평균으로 회귀하는 특성 때문이다. 반면에 비행이 좋았던 조종사는 통계적으로 다음 비행에서 실력이 나빠진다. 이 역시 칭찬을 받은 덕이 아니라 그저 평균으로 회귀한 것뿐이다.

아모스 트버스키(Amos Tversky, 1937~1996)
이스라엘 출신 인지심리학자이다. 인간의 의사결정에 관한 연구를 주로 했으며, 대니얼 카너먼, 리처드 탈러 등 여러 학자와 협업하여 심리학, 경제학, 법학 등 다양한 분야에 영향을 미쳤다.

이를 계기로 카너먼은 동료 아모스 트버스키*와 함께 작지만 위대한 발걸음을 성큼 내디뎠다. '일상생활 속에서 잘못된 직감 때문에 잘못된 결론을 내리는 상황이 더 많이 있지 않을까?' '어떤 경우가 더 있을까?' 연구를 통해 이들은 사람이 일상생활 속에서 통계학적으로 전혀 의미가 없는 작은 표본을 확대 해석해서 잘못된 결정을 내리는 경우가 상당히 많음을 깨달았다.

예를 들어 한 식당 체인점 문 앞에 길게 늘어선 손님을 보고 그 자리에서 해당 식당의 주식을 산 투자자가 있다. 이처럼 많은 손님이 줄을 서는 식당의 주가는 분명히 오를 것이라는 판단이었다. 그런데 주가가 오르기는커녕 내리기 바빴다.

이상하게 생각한 투자자는 다시 그 식당 체인점을 찾아갔다. 손님이 별로 없었다. 알고 보니 전에 사람들이 줄을 섰던 이유는 음식이 맛있기 때문이 아니라 음식을 조리하는 시간이 매우 길었기 때문이었다. 한 번 방문한 손님은 다시 그 식당을 찾지 않았고 주가도 내리막길을 걸었다. 이 투자자는 큰 손실을 보고 식당 주식을 팔아치웠다.

호모 이코노미쿠스라면 절대로 하지 않았을 투자 판단이었다. 그렇지만 우리 주위에는 이런 식으로 판단하는 사람이 생각보다 많다. 그런 사람의 선택이나 행동 이면에는 심리가 중요한 요인으로 작용하고 있다. 즉, 경제적 선택을 보다 현실적인 측면에서 이해하고 분석하려면 '호모 이코노미쿠스'가 아니라 심리가 중요하게 영향을 미치는 '호모 사피엔스'를 조명할 필요가 있었다.

새로운 경제학 분야인 '행동경제학(behavioral economics)'은 이러한 배경에서 탄생했다. 전통경제학은 인간의 심리를 중요하게 다루지 않고 인간은 늘 이성적인 판단을 한다고 전제한다. 그에 비해서 행동경제학은 경제적 선택 과정에 숨어 있는 심리나 감정의 영향을 적극 고려한다. 인간의 행동 뒤에는 항상 감정, 애착, 기쁨, 슬픔, 분노, 불안, 공정, 이타심 등 여러 가지 요인이 깔려 있다. 그러므로 인간의 행동에 영향을 미치는 심리를 파헤치고 그로 인한 영향을 분석하는 것이 행동경제학이다.

참고로 행동경제학에서 말하는 심리는 하트(heart), 즉 심장 활동의 산물이 아니다. 여기서의 심리는 뇌가 활동한 결과이자 뇌의 작용에 따른 마인드(mind)이다. 행동경제학에서는 현실에서 찾을 수 있는 보통의 인간을 '휴먼(human)'이라 부르기도 한다.

🌀 전통경제학과 행동경제학의 쓸모

그렇다고 해서 합리성을 전제로 하는 전통경제학 서적을 모두 쓰레기통에 넣어야 할까. 절대 그래서는 안 된다. 비현실적인 가정에 기초한 전통경제학을 여전히 소중히 여겨야 한다고 말하니 수긍하기 힘든가?

그러면 잠시 내비게이션을 생각해 보자. 운전자가 의존하는 내비게이션 속 지도는 상당 부분 비현실적인 단순화 가정에 기초해 그려진다. 옆에 지나가고 있는 자동차나 행인은 보이지 않는다. 도로 좌우에 있는 건물도 중요한 몇 개를 제외하고는 모두 없다. 도로의 경사도 전혀 반영하지 않아 내비게이션 속 모든 도로는 평평하게 보인다.

그렇다고 해서 내비게이션을 버려야 한다고 말하는 사람은 없다. 비록 단순화 가정을 통해 현실과 다소 차이가 있더라도 내비게이션이 주는 정보는 유용하다. 또 운전자가 목적지까지 안전하게 도착하는 데 도움이 되는 길잡이 역할을 하고 있으므로 내비게이션은 충분히 존재 가치가 있다.

마찬가지 이유로 전통경제학의 경제 이론도 소중하고 의미가 있다. 전통경제학의 기본 이론은 여전히 유효하다. 행동경제학이 전통경제학을 대체한다기보다 보완한다고 보는 편이 적절하다. 전통경제학과 행동경제학은 시너지 효과를 낳을 수 있으며 두 분야가 협업할 때 더 나은 경제 환경이 생겨난다.

🐘 행동경제학을 알아야 하는 이유

전통경제학에서는 사람이 경제 이론과 다르게 행동하는 현상을 이상 현상(anomaly), 즉 예외적 현상으로 치부하고 호모 이코노미쿠스를 전제로 한 경제 이론을 고수해 왔다.

그러나 행동경제학은 이상 현상을 호모 이코노미쿠스의 '이상한' 행동으로 보지 않고 그러한 행동을 유발하는 현실 속 보통 사람의 심리를 파고든다. 그러한 행동에도 일정한 규칙과 보편적 패턴이 있음을 보여줌으로써 인간의 선택과 행동을 더 정교하게 분석할 수 있도록 해준다.

사람이 논리적으로 불합리하고 자신에게 이익이 되지 않는 판단을 반복하는 이유가 무엇인지를 파악한다. 이러한 시도를 통해 행동경제학은 전통경제학에 새로운 시각과 접근법을 더해주고 있다.

행동경제학을 통해 우리는 사람이 비합리적으로 선택하는 이유를 이해하고 분석할 수 있다. 주식 투자나 금융 상품 선택에서 자주 저지르는 투자자의 실수가 무엇에서 비롯하는지를 이해할 수 있다면 실수를 줄이고 같은 실수를 반복하는 어리석음을 피할 수 있다.

기업이 소비자의 심리와 행동을 간파하고 이를 마케팅 전략에 반영해서 소비자의 지갑을 노린 지는 이미 상당히 오래됐다. 소비자도 이에 대응할 필요가 있다. 자신의 쇼핑 습관에 어떤 심리가 작용했는지를 인지하고 기업의 전략을 간파한다면 자신의 소중한 돈을 쉽게 빼앗기지 않는 합리성을 유지할 수 있다.

이제부터 사람이 어떤 상황에서 어떤 요인에 의해 어떻게 비합리적으로 선택하고 있는지를 하나씩 함께 알아보자.

 교실에서 하는 행동경제학 토론

◆ 직감에 의존한 탓에 또는 충동적으로 잘못된 선택을 했거나 틀린 결론을 내린 적이 있나요?

◆ 댓글만 보고 물건을 산 적이 있나요? 만족스러운 선택이었는지 말해 봅시다.

◆ 맛있다는 친구의 말이나 SNS 글만 믿고 식당을 찾아가본 적이 있나요? 후회하지 않을 만한 선택이었나요?

효율성과 형평성 알아보기

💵 경제 개념

효율성, 형평성, 상충관계

📢 준비물

메모지 또는 휴대전화

👍 규칙

1. 경제 수업에 참여한 학생을 환영하는 뜻에서 보너스 점수가 부여된다.

2. 각자 받고 싶은 점수로 5점이나 10점 가운데 하나만 선택해 선생님에게 신청한다. 각 학생이 희망한 점수는 공개되지 않는다.

3. 보너스 점수로 10점을 신청한 학생이 4명˙ 이하이면 각자의 희망대로 보너스 점수를 받는다.

4. 보너스 점수로 10점을 신청한 학생이 5명 이상이면 보너스 점수를 부여하는 계획이 폐기된다. 즉, 한 명도 보너스 점수를 받지 못한다.

• 이 설명은 교실의 학생 수를 25명 정도로 가정한 것이다. 학생 수가 이보다 많거나 적으면 보너스 점수 부여의 판단 기준인 4명을 적당히 가감한다.

👍 절차

1. 각자 메모지에 자신의 이름과 희망하는 보너스 점수를 적어 선생님에게 제출하거나 휴대전화 문자로 보낸다.

2. 선생님은 10점을 신청한 학생의 수만 공개한다.

3. 동일한 규칙으로 몇 차례 실험을 반복한다.

4. 몇 차례의 실험 후에 학생들끼리 논의할 시간을 갖는다. 논의 후 같은 실험을 한 차례 더 반복한다.

👍 **실험의 의미**

1. 10점을 희망한 학생이 5명 이상이 되어 한 명도 보너스 점수를 받지 못하면 보너스 점수가 동일하게(모두 0점) 분배된 상태이므로 사회의 형평성을 달성한다. 그러나 효율성 달성에는 실패한다.

2. 학생 4명이 10점의 보너스 점수를 받고 나머지는 5점씩 받는 상태가 되면 효율적이다. 물론 이때는 형평성이 깨진다.

3. 만약에 모든 학생이 5점씩 신청한다면 형평성은 달성할 수 있지만 효율성 달성에는 실패한다.

4. 어떤 상황에서도 효율성과 형평성을 동시에 달성하지 못한다. 이처럼 효율성과 형평성은 상충관계에 있으며 사회가 두 가지 목표를 동시에 달성하기 어려움을 경험할 수 있다.

* 자세한 실험 내용은 『경제 실험과 경제 교육』(한진수, 교육과학사, 2017)에서 확인할 수 있다.

　사람은 기본적으로 구두쇠이다. 최소의 노력, 최소의 비용으로 문제를 해결하려는 본능이 있다. 운동장을 가로지르는 지름길을 선택한다. 인지적으로도 마찬가지이다. 매사를 철두철미하게 분석하고 수많은 정보를 처리하려면 매우 많은 에너지가 소모돼서 생존이 위태로워지기 때문이다. 가장 큰 효용을 얻을 수 있는 간식을 하나 선택하기 위해서 수십 가지 후보 음식의 재료, 영양 성분, 가격, 식당 위치 등 많은 요인을 일일이 비교하고 따진다면 간식을 먹기도 전에 지쳐버린다.

　그래서 사람은 본능적으로 생존 방법을 찾아냈다. 대충 생각해서 결론을 내리고 신속하게 행동하는 방법을 고안한 것이다. 가장 이상적인 해답을 구하기보다는 어느 정도 만족스러운 해답을 구하고 이에 따른다. 시간을 절약하고 정보의 수집과 처리 과정을 단축하기 위해서 직관에 따라 어림짐작으로 판단한다. 이것이 이른바 인지적 지름길을 이용하는 신속한 의사결정 방법, 휴리스틱이다. 휴리스틱은 득이 되기도 하지만 의사결정의 오류 가능성 때문에 독이 되기도 한다.

2장

급히 먹는 밥이 체한다

휴리스틱

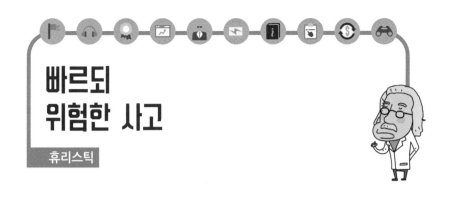

빠르되
위험한 사고

휴리스틱

 '그까이 꺼 뭐 대충'

우리나라를 대표하는 특징으로 '빨리빨리'가 있다. 오죽하면 '빨리빨리 문화'라는 말까지 나왔겠는가. '빠르게'를 원하는 분위기는 산업화에 따라 모든 국가에서 일반적으로 나타나는 현상이다. 하지만 한 세대 만에 급속한 산업화를 이룩한 우리나라에서는 유독 그 현상이 두드러진다. 기업 서비스 부서의 전화번호 끝자리는 한결같이 '8282'이다. 조금 느리되 정확한 것보다 부정확해도 빠르게 작업하는 사람이 더 유능하다고 인정받는 경향마저 생겨났다.

빨리빨리 문화는 과학 분야의 연구 지원 정책에도 영향을 미쳤다. 정부는 연구비를 지원하면서 단기간에 눈에 보이는 성과와 결과물을 요구했다. 그러다 보니 오랜 시간이 소요되고 실패 가능성이 많은 기초과학 연구에는 상대적으로 소홀했다. 이는 우리나라가 유독 기초과학 분야에 취약하고 노벨상을 받지 못하는 원인 가운데 하나라 할 수 있다.

'빨리빨리'에는 분명히 좋은 측면이 있다. 코로나19 바이러스가 확산될 때 빠른 대처가 가능했던 것처럼 말이다. 신속함과 정확성이 보장된다면 문제를 빨리 해결하는 편이 당연히 바람직하고 효율적이다.

그러나 현실은 그렇지 못하다. 신속함과 정확성은 기본적으로 함께하기 힘든 속성이다. 소비자가 빠름을 기대하다 보니 생산자는 품질이나 정확성에 신경을 덜 쓴다. 그 결과 '대충'이 용납되는 분위기가 되었다. 한동안 우리 사회에서 큰 인기를 얻었던 유행어 '그까이 꺼 뭐 대충'은 이러한 현상을 잘 투영한 말이다.

행동경제학의 핵심 이론 가운데 이에 해당하는 것이 있다. 다양한 변수를 종합적·논리적으로 고려해 합리적 의사결정을 하는 대신에 자신의 상식과 경험에 바탕을 두고 단순하게 생각해서 직감에 따라 빠르게 의사결정 하는 경향이 그것이다.

이렇게 사고하는 방법을 '휴리스틱(heuristic)'이라고 한다. 생소한 용어인 휴리스틱은 '찾아내다' 또는 '발견하다'라는 뜻의 그리스어에서 유래했다. 유레카(eureka)라는 말을 알고 있을 것이다. 고대 과학자 아르키메데스가 목욕탕 욕조에 몸을 넣자 물이 넘쳐흐르는 것을 보고 외친 말로 '나는 발견했다'라는 뜻이다. 휴리스틱과 유레카는 둘 다 '발견'이라는 뜻의 어원을 갖고 있다.

하지만 휴리스틱을 이런 뜻으로 직역하면 행동경제학에서 의미하는 바를 정확하게 표현하기 힘들다. 그러니 우리말로 의역하면 주먹구구식으로 따지기, 간편하게 판단하기, 어림짐작하기, 직감에 따르기, 지름길로 가기 정도가 되겠다. 이 책에서는 우리말로 번역하는 대신에 그냥 '휴리스틱'이라고 부른다.

철저한 이성과 합리성에 기초해 판단하는 호모 이코노미쿠스는 휴리스틱에 의한 의사결정을 하지 않아야 한다. 하지만 사람에게는 노력을 줄이려는 본능이 있다. 그래서 이왕이면 먼 길을 돌아가기보다는 지름길을 찾는다. 잔디밭에도 지름길이 생겨난다. 우리나라 인구가 몇 명이냐는 질문에 51,841,786명 식으로 답하는 사람은 아무도 없다. '5천만 명(정도)'라고 답하고 그것을 받아들이는 것이 휴리스틱이다.

 ## 지름신을 부르는 휴리스틱

어떤 학자는 휴리스틱이 인간의 생존 본능과 관계있다고 말한다. 수렵 생활을 하면서 예상치 못한 맹수의 공격, 가공할 만한 천재지변, 잠재적 적의 기습 침략 등에서 생존하려면 신속한 대처, 임기응변이 필요했다는 것이다. 신중하고 꼼꼼한 대응 방법을 숙고하기보다는 즉각적으로 현장을 피하는 방법이 상책이었을 테고, 이러한 본능이 유전자에 각인돼 오늘날 휴리스틱으로 드러나고 있다는 해석이다.

휴리스틱에 의존하는 선택은 완벽하지는 않더라도 대체로 만족스럽고 커다란 노력을 들이지 않은 채 답을 얻게 해준다는 긍정적인 측면이 있다. 이런 점에서 휴리스틱은 사이먼 교수가 주장한 '적당한 만족을 추구하는' 원리와 부합하는 사고방식이다. 아인슈타인은 휴리스틱을 '불완전하되 도움이 되는 방법'이라고 평가했다.

문제는 휴리스틱이 많은 경우에 옳지 않은 해답을 제공해 준다는 데 있다. 때로는 터무니없는 답을 내놓기도 한다. 운전자가 감에 의존해 주차하다가 옆 차를 긁어서 금전적 손해를 입는 것처럼 인간은 직감에 의존하다가 호랑이 굴로 들어가기도 한다.

여러분은 충동구매를 하는 편인가? 충동구매도 휴리스틱의 산물이라 할 수 있다. 많은 것을 소유하고 싶은 것은 모든 사람의 기본 욕구이다. 다만 합리적으로 생각하는 사람은 자신의 소득을 꼼꼼하게 고려해서 충동구매 하고 싶은 욕망을 억제한다. 그러나 휴리스틱이 강하게 작용하는 사람은 소득이나 상환 능력을 면밀하게 따지지 않는다. 어떻게든 해결할 수 있을 것이라는 막연한 기대감에 지름신을 영접한다.

휴리스틱에 대비되는 개념이 알고리즘이다. 알고리즘은 문제를 해결하기 위해 일정한 절차를 정해 놓고 풀어나가는 방법이다. 예를 들어 원의 면적을 구하는 공식이 알고리즘의 가장 기본적인 사례이며, 컴퓨터 프로그램은 정교한 알고리즘의 집합이다.

이세돌 기사와 알파고의 바둑에서 휴리스틱과 알고리즘을 대비해 볼 수 있다. 알파고는 바둑알을 놓을 때마다 수십 대의 컴퓨터를 이용해서 온갖 경우의 수를 알고리즘에 의해 계산하고 최선의 위치를 결정했다. 이에 비해 이세돌 기사는 휴리스틱에 의한 선택을 했다. 일반인보다는 엄청나게 숙련된 경험과 전문 지식을 바탕으로 바둑알 놓을 곳을 철저하게 계산한 이세돌 기사였지만 알파고에 비하면 상대적으로 휴리스틱에 의존한 셈이다.

축구 심판의 어림짐작 거리 재기

휴리스틱에는 의사결정을 직관적이고 신속하게 해준다는 장점이 있다. 그러나 신속한 의사결정은 종종 비합리적인 선택으로 이어지거나 최선의 판단과 거리가 먼 결과를 낳는다. 이를 인지적 편향(bias)이라 한다. 휴리스틱과 편향은 떼려야 뗄 수 없는 관계인 셈이다.

축구 경기에서의 프리킥을 생각해 보자. 수비수들은 공을 차는 상대 선수를 방해하려고 벽을 쌓는다. 이때 축구공이 놓인 위치와 수비수 사이에 최소한 유지해야 하는 거리는 9.15미터(10야드)이다.

심판이 이 거리를 측정하기 위해서 줄자를 사용하는 모습을 본 적이 있는가? 축구 역사상 이런 적은 단 한 번도 없다. 그러면 어떻게 거리를 잴까? 심판이 자기 걸음으로 몇 번을 내딛고 흰 스프레이로 선을 쭉 긋는다. 그게 다다. 정말 이 거리가 정확하게 9.15미터일까?

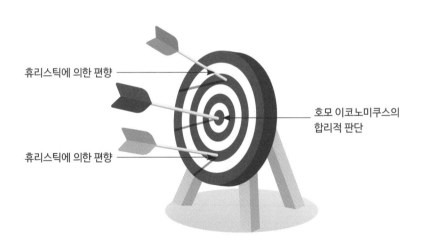

휴리스틱으로 인한 인지적 편향

아닐 것이다. 당연히 오차가 발생한다. 그렇다고 심판이 줄자를 가지고 거리를 정확하게 재어 주기를 원하는 축구 팬은 없다. 이 역시 스포츠의 일부라는 생각에서 심판의 '어림짐작 거리 재기', 즉 휴리스틱을 받아들인다. 그러나 대가가 따른다. 때로는 단 10센티미터 차이로 골대를 맞고 나오거나 골이 되면서 승패가 갈리는 치명적인 결과로 이어지니 말이다.

빠른 사고와 느린 사고

그렇다면 휴리스틱이 왜 나타날까? 그 비밀은 심리학자와 신경과학자에 의해 밝혀졌다. 이들은 인간의 뇌에 두 가지 차별화된 사고방식이 공존하고 있다고 말한다. 이를 각 '시스템 1'과 '시스템 2'로 명명했다. 두 시스템의 특징은 대조적이다.

시스템 1은 전혀 또는 거의 힘들이지 않고 자동적으로 그리고 빠르게 작동한다. 굳이 고민할 필요 없다. 그래서 '자동 시스템(automatic system)'이라 부르기도 한다. 이 시스템 1에 의존한 결과 휴리스틱이 발생한다.

시스템 2는 복잡한 계산이나 노력이 필요한 작업을 할 때 작동한다. 꼼꼼하게 생각하지 않으면 알 수 없기에 신중하게 사고하고 집중력을 발휘한다. 이른바 '숙고 시스템(reflective system)'이다. 이 책에서는 자동 시스템, 숙고 시스템보다는 기억하기 쉬운 시스템 1, 시스템 2라는 용어를 사용하기로 한다.

시스템 1은 신속하고 직감적이다. 갑자기 공이 날아올 때 피해야 하는지를 생각하는 사람은 없다. 본능적으로 몸을 피한다. 시스템 1이 작동한 결과이다. 귀여운 아이를 보면 자신도 모르게 미소를 짓는 행위, 엄마라는 말을 들으면 순식간에 사랑이나 미안한 감정이 드는 것, 끔찍한 이미지를 보면 미간이 찌푸려지는 반응 등이 시스템 1을 통해 일어나는 일들이다. 하등 동물에도 시스템 1이 있다.

인간을 특징짓는 것은 시스템 2로 이는 시스템 1보다 훨씬 늦게 진화했다. 시스템 2는 신중하고 의식적이며 논리적이므로 시스템 1에 비해 느리다. 수학 시험 문제를 풀 때, 배낭여행 계획을 세울 때, 토론 수업에서 상대방의 주장에 반박하기 위한 논리를 세울 때, 스마트폰 모델 두 개의 가치를 비교할 때 시스템 2에 의존한다. 호모 이코노미쿠스는 초고성능의 완벽한 시스템 2를 갖춘 인간이라 할 수 있다.

시스템 1(자동 시스템)	시스템 2(숙고 시스템)
빠름	느림
직관	이성
통제 불가능	통제 가능
노력 불필요	노력 필요
무의식	의식
인지적 능력과 무관	인지적 능력과 유관
일상적 일이나 의사결정	복잡한 일이나 의사결정
실수할 가능성 있음	신뢰할 만함

두 가지 인식 체계의 특징 비교

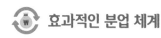 ## 효과적인 분업 체계

　인간의 뇌세포가 몸 전체에서 차지하는 비중은 2퍼센트에 불과하지만 소모하는 열량은 20퍼센트나 된다고 한다. 만약 일상적인 모든 일까지 시스템 2가 나선다면 인간의 뇌는 피곤함에 지쳐 정작 중요한 일을 해결하지 못할 것이다. 많은 에너지를 쓰면 인지 기능이 떨어지는 인지 고갈(cognitive depletion) 또는 자아 고갈(ego depletion) 현상이 나타난다. 이 책의 '들어가는 말'에서 판사의 가석방 판결 사례를 통해 이를 확인한 바 있다.

　그래서 두 시스템은 일종의 분업 체계를 구축해 놓고 있다. 매우 쉬운 일이나 일상적인 일은 시스템 1이 담당한다. 반면에 새로운 일이나 복잡한 일은 머리를 써야 하는 시스템 2가 나서서 맡는다. 이런 점에서 두 시스템 사이의 분업은 효과적이다.

다음 문제를 통해 두 시스템의 차이와 역할 분담을 확인해 보자.

야구 방망이와 야구공의 가격을 합하면 1,100원이다. 야구 방망이는 야구공보다 1,000원 비싸다. 야구공의 가격은 얼마인가?

먼저 이 질문이 퀴즈 대회에서 나왔다고 하자. 벨을 먼저 누른 사람이 답을 말할 권한을 확보한다. 경쟁자보다 빠른 속도가 중요하다. 그래서 문제를 듣자마자 시스템 1이 작동하고 벨을 누른다. 많은 사람의 머리에는 직관적으로 야구공 가격은 100원이고, 야구 방망이 가격은 1,000원이라는 생각이 떠오른다. 물론 이는 오답이다.

만약에 이 질문이 수학 시간의 시험 문제로 나왔다면 상황이 달라진다. 야구 방망이 가격을 x, 야구공 가격을 y로 놓고 연립방정식을 이용해서 야구공의 가격이 50원이고 야구 방망이의 가격이 1,050원임을 논리적으로 찾아낸다. 시스템 2가 정답을 알아내는 데 도움을 준 것이다.

직관에 의존하는 시스템 1의 결함

호모 이코노미쿠스로서 합리성을 발휘하려면 당연히 이성적으로 판단하는 시스템 2를 사용해야 한다. 그런데 시스템 2는 노력하거나 세심한 주의를 기울여야 작동한다. 성가시고 힘들고 에너지 소모가 많은 방법이다. 그래서 사람은 시스템 2를 활용하는 대신에 시스템 1에 많이 의존한다. 그러나 직관에 의존해서 빠르게 생각하는 시스템 1은 특정 상황에서 오류나 실수를 초래하는 경향이 있다.

모세는 동물 종별로 몇 마리씩 방주에 태웠을까?

이 질문을 받은 사람은 대부분 이렇게 쉬운 문제가 어디 있냐며 바로 '2마리'라고 답했다. 시스템 1 대신에 시스템 2에 의존해서 문제를 세심하게 살펴봤더라면 문제에 오류가 있음을 인지할 수 있었을 텐데 말이다. 대홍수 시기에 방주에 동물을 태운 『성경』 속 인물은 모세가 아니라 노아이다. 이를 '모세의 착각(Moses Illusion)'이라고 부른다.

사람이 인지적 착각에 빠져 실수를 저지르고 있음을 보여주는 간단한 사례이다. 이와 유사한 사례는 많다. '신데렐라에 나오는 난쟁이가 몇 명인가?'라는 질문에 바로 '7명'이라고 응답하거나 '백설공주는 무엇을 잃어버렸는가?'라는 질문에 '유리 구두'라고 자신 있게 응답한다. 일곱 난쟁이가 나오는 동화는 『백설공주』이며, 유리 구두를 잃어버린 주인공은 '신데렐라'인데 말이다.

시스템 1에 지나치게 의존하면 개인 차원을 벗어나 사회 문제로까지 비화할 수 있다. 사회 구성원 대부분이 시스템 1에 의존한다면 말이다. 1997년에 우리나라는 최악의 경제 위기를 경험했다. 외환보유액*이

외환보유액
한 나라가 비상 사태에 대비해 비축하고 있는 외화 자금을 가리킨다.

바닥을 드러내 국가 부도의 위기에 처한 정부는 급히 IMF에 손을 내밀었다. 이후 3년 만에 IMF에서 빌린 달러를 모두 상환하자 정부는 '우리나라가 경제 위기에서 완전히 벗어났다'라고 자랑스럽게 발표했다. 시

스템 1에 의존한 국민 대다수는 이 말을 냉철하게 따져보지 않고 곧이 곧대로 받아들였다.

하지만 시스템 2의 분석은 이와 다르다. 여러 경제 지표나 사회 현상을 곰곰이 따져보면 경제 위기로 인해 발생한 충격이 채 가시지 않은 상황이었다. 그 후유증은 지금 이 순간에도 우리를 괴롭히고 있다.

엄연한 현실을 직시해서 계속 허리띠를 졸라매고 한국 경제의 구조적 문제점을 해결하기 위해 노력해야 했다. 그럼에도 국민 대부분이 정부의 달콤한 말을 믿어버리고 문제점을 해결하기 위한 노력을 소홀히 했다. 그 결과 당시 지적됐던 한국 경제의 문제점 상당수가 여전히 해결되지 않은 채 남아 있다.

 교실에서 하는 행동경제학 토론

◆ 충동구매를 하고 나서 후회한 적이 있나요?

◆ 충동구매를 피하려면 어떻게 해야 할지 말해 봅시다.

◆ 시스템 1에 의존해서 직관적으로 판단한 경험이 있나요? 그 선택의 결과에 만족했나요?

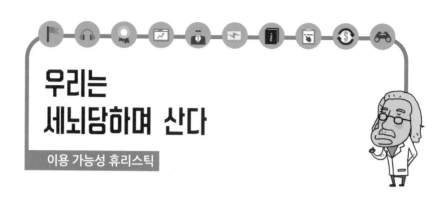

우리는
세뇌당하며 산다

쉽게 떠올린 그것은 진실일까?

행동경제학자들은 시스템 1로 인해 개인이 인지 오류에 빠지기 쉬운 여러 상황을 찾아냈다. 이제부터 어떤 상황에서 어떤 인지 오류가 발생하는지 하나씩 알아보자.

가장 먼저 트버스키와 카너먼은 국제학술지 《사이언스》에 투고한 논문에서 세 종류의 휴리스틱을 언급했다. 이용 가능성 휴리스틱, 대표성 휴리스틱, 닻(기준점)으로부터의 조정이다.

먼저 '이용 가능성 휴리스틱(availability heuristic)'과 그로 인한 편향을 살펴보자. 이용성 휴리스틱, 가용성 휴리스틱도 모두 같은 용어이다.

요즘은 많이 줄었지만 이따금 뉴스에 불량식품 이야기가 보도된다. 유효 기간이 지난 재료로 A 음식을 만든 식당이 단속돼 영업 정지를 당했다거나 불량 식재료 B를 식당에 납품한 공장이 적발됐다는 내용이다.

이러한 뉴스를 접하면 여러분은 어떻게 반응하는가. 나는 점심 메뉴를 고를 때 며칠 동안은 뉴스가 떠올라 A 음식을 후보군에서 제외한다. 단속된 식당은 이미 영업을 정지당하고 있지만 내가 이용하는 식당의 A 음식도 불량식품일 가능성이 있다고 느끼며 A 음식에 대한 입맛이 뚝 떨어진다. 이용 가능성 휴리스틱의 산물이다.

이용 가능성 휴리스틱은 머릿속에 쉽게 떠오르는 특정 사례 때문에 실제 발생 가능성이 크다고 판단하는 착각을 말한다. 다시 말하면 시스템 1이 작동해서 머리에 바로 떠오르는 특정 사건이 실제로도 발생할 가능성이 크다고 믿게 만드는 것이다. 이 책에서 A 음식의 이름을 구체적으로 사용하지 않는 이유도 이 글을 읽는 여러분이 이용 가능성 휴리스틱 때문에 당분간 A 음식을 기피할 우려가 있어서이다.

이용 가능성 휴리스틱은 로또를 구매하는 심리에도 큰 영향을 미친다. 거액의 로또 당첨자 이야기가 방송에 보도되면 로또를 사는 사람이 급증한다. 로또 당첨자가 발생했다는 사실이 로또 당첨 확률을 높여주지는 않는데도 말이다. 우리나라에서 로또 1등에 당첨되려면 45개 숫자에서 6개를 맞혀야 한다. 거액의 당첨자가 있든 없든 당첨 확률은 변함없이 약 814만분의 1이다.

그러나 사람들은 당첨 소식의 영향을 받아 마치 당첨 확률이 높아진 것처럼 너도나도 로또 구매에 나선다. 로또 사업자의 수입만 늘려준 채 구매자의 지갑은 얇아진다.

SNS에 몰입하는 학생은 이용 가능성 휴리스틱에 의한 인지적 편향에 쉽게 노출된다. 친구들이 SNS에 올린 글이나 이미지를 보면 온통 즐겁

거나 행복한 내용뿐이다. 멋진 여행지에서의 사진, 맛있는 음식을 실컷 먹었다는 글, 즐거운 모임 장면 등을 보노라면 친구들이 모두 자신보다 행복한 삶을 살고 있고 자신만 불행하다는 착각에 빠진다.

그러나 SNS에 있는 내용은 매우 심각하게 편향된 표본일 뿐이다. 자신의 불행한 모습이나 이별의 아픔을 SNS에 올리는 친구는 거의 없기 때문이다. 실제로 온라인 친구를 평균보다 많이 보유하고 있는 사람은 친구들이 자신보다 더 행복하다고 믿는 이용 가능성 휴리스틱에 의존하는 경향이 있다는 사실이 미국 학자들에 의해 밝혀졌다.

부부에게 각자 집안일에 어느 정도 기여하고 있다고 생각하는지를 질문한 연구가 있다. 쓰레기 버리기, 청소하기, 빨래하기 등 가사 활동별로 자신의 기여도를 평가하게 했다. 당연히 각 가사 활동별로 부부의 기여도 합은 100퍼센트가 돼야 할 것이다.

하지만 흥미로운 결과가 나왔다. 기여도를 합해 보니 100퍼센트가 넘었다. 남편이든 아내든 자신의 노력을 더 잘 기억하므로 자신의 기여도를 과대평가한 탓이다. 서로 상대방이 자신의 노력이나 기여도를 인정해주지 않는다며 서운한 감정을 토로하는 부부싸움 이면에도 이용 가능성 휴리스틱이 있다니 놀랍지 않은가.

 ## 어떤 것이 먼저 떠오르는 이유

사람은 어떤 것을 머릿속에 먼저 떠올릴까? 앞의 SNS 사례처럼 자주 접하는 이야기가 금방 떠오르게 마련이다. 접하는 빈도가 높을수록 머릿속에 기억되고 쉽게 떠오른다.

개인의 성격이나 취향으로 인해 유독 특정 사건에 관심이 많은 경우에도 이용 가능성 휴리스틱이 작용할 수 있다. 연예인의 파경 뉴스에 관심이 많고 사석에서 이를 자주 언급하는 사람은 연예인의 결혼생활이 대부분 불행할 것이며 오래 지속되지 못할 것으로 착각한다. 행복한 결혼생활을 하고 있는 연예인이 훨씬 더 많음에도 말이다.

개인의 생생한 경험이 영향을 미치기도 한다. 자동차 인명 사고를 직접 눈으로 목격한 사람은 세상이 매우 불안전하다고 느끼며 자동차가 많이 다니는 길로 다니기를 주저한다.

사고의 정도에 따라서도 영향을 받는다. 비행기 추락 사고는 대형사고로 이어지게 마련이며 생존 가능성도 매우 낮다. 그런데 실상 비행기가 추락할 확률은 자동차 사고 확률에 비해 훨씬 낮다. 그럼에도 연일 비행기 추락사고 소식이 언론을 지배하기 때문에 비행기가 안전하지 못하다는 인식이 팽배해진다. 이로 인해 비행기 여행을 두려워하는 경향마저 나타난다.

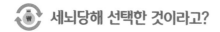

기업은 오래전부터 이용 가능성 휴리스틱을 이용해 이윤을 늘리는 전략을 구사해 오고 있다. 이 전략을 한마디로 정리하자면 '소비자를 세뇌시켜 자사 상품이나 브랜드를 기억의 맨 앞자리에 배치하기'이다.

이를 위한 구체적 방안으로 다다익선 전략이 있다. 갖은 방법으로 자사의 제품을 소비자의 시각에 자주 노출하는 전략이다. 방송 PPL, 영화 협찬 전략 등은 모두 자사 제품을 소비자에게 노출하기 위한 수단이다.

외국에서 제작되는 첩보 영화를 보면 유럽의 두 유명 회사의 자동차가 서로 경쟁하듯 나온다. 격렬한 자동차 추격 장면, 놀라운 스피드, 심한 충돌 후에도 멀쩡하게 달리는 장면을 강제로 기억하게 된 사람은 신차를 구매할 때 가장 먼저 두 회사의 자동차를 떠올린다.

강렬함을 전달하는 전략도 있다. 소비자의 뇌에 자사의 브랜드나 상품을 강렬하게 각인하여 쉽게 떠올리도록 만드는 전략이다. 기발한 아이디어로 소비자의 육감을 사로잡은 광고는 머릿속에 오래 기억된다. 소비자는 그와 관련된 제품을 살 때 해당 광고의 회사 제품을 가장 빨리 떠올려 장바구니에 담을 가능성이 짙다.

한 회사는 자사의 안전유리가 매우 튼튼하다는 사실을 알리기 위해 버스 정류장의 바람막이 유리창을 자사 안전유리로 바꾸고 그 속에 돈다발을 넣어두었다. 그리고 가져갈 수 있으면 유리를 깨고 가져가라는 광고를 해 대중의 시선을 사로잡는 데 성공했다. 이 광고를 접한 사람은 안전유리를 사야 할 때 가장 먼저 이 회사의 제품을 떠올린다.

특정 메시지를 통해 소비자의 기억을 사로잡으려는 광고도 있다. 강력한 핵심 메시지가 있다면 소비자가 구매의사를 갖게 될 때 머릿속에서 가장 먼저 떠올리는 데 도움이 되기 때문이다. 여러분은 '정(情)' 하면 어떤 간식 브랜드가 떠오르는가? 아마 대부분이 같은 제품을 떠올릴 것이다.

마지막으로 접근성을 높이는 전략이다. 우리나라에서 무엇인가를 검색하려 할 때 대부분의 사람들은 특정 회사 N을 제일 먼저 떠올린다. 이렇게 되기까지 이 회사는 소비자의 접근성을 높이는 노력을 기울였다. 접근성을 높이는 데 성공하면 시장 장악은 시간 문제이다.

메시지를 주고받을 때는 누가 뭐라 하지 않았음에도 '국민 앱(app)'이라는 별명이 붙은 K를 연다. 해외 여행을 하다가 지도가 필요하면 누구나 G 앱을 찾는다. 여러분도 기업의 세뇌 전략에 무너진 적이 있는가.

사회적 비효율을 초래하기도 한다

이용 가능성 휴리스틱으로 인한 개인의 인지 오류는 사회적으로 문제가 되기도 한다. 예를 들어 주택 가격 상승을 생각해 보자. 주변에서 주택 가격 오름세가 심상치 않다는 소식을 접한 사람은 머릿속에서 불안한 주택 가격이 좀처럼 떠나지 않고 걱정에 사로잡힌다. 주택이 없거나 주택을 사려는 사람의 경우에는 더욱 그러하다. 친구와 커피를 마실 때도 주택 가격이 중요한 이야깃거리가 된다.

주택 가격 상승 소식이 언론에 보도되면 걱정과 불안감은 이제 대중의 몫으로 확대된다. 걱정과 이야깃거리는 가속도가 붙어 확장되고 점점 과장되기까지 한다. 냉정하게 따지면 더 시급하고 중요한 사회 문제가 있음에도 국민은 이용 가능성 휴리스틱으로 인해 주택 문제의 심각성을 실제보다 더 중요하게 인식한다.

이 때문에 주택 문제는 정치적으로 중요해진다. 국민의 표를 의식하지 않을 수 없는 정부는 주택 가격 안정을 정책의 최상위 우선순위로 변경한다. 원래 계획하고 있던 정책의 우선순위는 뒤로 밀린다. 예산도 주택 가격 안정에 과도하게 많이 배분된다. 이용 가능성 휴리스틱으로 인해 정책의 우선순위 선정이나 예산 배분에 왜곡이 발생하는 것이다.

이처럼 특정 관점이 대중 사이에 퍼지면서 개인의 이용 가능성이 점차 사회 전반으로 확산되는 연쇄 과정을 '이용 가능성 폭포(availability cascade)'라고 한다. 폭포에서 떨어지는 물이 거슬러 위로 올라갈 수 없듯이 한번 형성된 생각은 되돌리기 어렵다는 뜻이다.

어떤 질병이 유행하기 시작하면 그 심각성을 경고하는 전문가가 나온다. 방심하다 당하는 편보다는 최악의 사태를 미리 대비하는 편이 더 낫다는 좋은 취지에서일 테다. 질병의 심각성에 대한 주장은 사람의 관심을 더 많이 끌게 되고 사람의 머릿속에는 이용 가능성 휴리스틱이 작동한다. 그러면 질병에 대한 두려움과 공포심이 급속히 확산된다. 정부나 사회도 이 문제를 해결하기 위해서 불필요한 조치를 취하거나 과도하게 많은 예산을 투입한다. 때로는 개인의 기본권 제약마저 정당화한다. 공포심에 사로잡힌 대중은 불가피한 조치라며 이를 용인한다.

 교실에서 하는 행동경제학 토론

◆ SNS에 있는 친구의 글이나 사진을 보고 부러워하거나 자신이 불행하다고 느낀 적이 있나요? 이런 일이 자주 있나요?

◆ 이용 가능성 휴리스틱에 의해 자주 이용하는 앱이나 소비하는 물건이 있는지 말해 봅시다.

하나를 보면
열을 안다

대표성 휴리스틱

 코로나19 치명률이 낮은 건 김치 덕분?

코로나19 바이러스로 인한 팬데믹 현상이 벌어진 2020년 당시에 세계가 주목한 나라가 있었다. 바로 인도이다. 중국 다음으로 많은 인구를 보유하고 있으면서도 의료 체계가 취약한 인도에 코로나19 바이러스 감염자가 본격적으로 발생하자 많은 이들이 사망자가 급증할 것을 우려했다. 그러나 인도의 치명률은 예상과 다르게 낮은 편이었다.

이 소식이 전해지자 사람들은 저마다 나름의 이유를 찾기 시작했다. 그 가운데 대표적으로 제기된 가설은 이렇다. "카레 때문에 그럴 거야." "카레를 많이 먹으면 코로나19 바이러스에 강해지나 봐."

'인도=카레' 등식이 성립할 정도로 카레는 인도를 대표하는 음식이다. 시스템 1을 통해 인도인의 낮은 치명률이 그들의 전형적인 식성에 기인한다고 판단해 버린 결과이다. 이런 식으로 판단하는 것을 '대표성 휴리스틱(representativeness heuristic)'이라 한다.

어떤 집단의 한 특징이 그 집단의 특성을 대표한다고 믿는 현상이다. 정말 카레에 코로나19 바이러스에 효과적인 성분이 포함되어 있다면 이 판단은 옳을 것이다. 그러나 둘 사이의 과학적 관련성이 없다면 이 판단은 시스템 1에 의한 인지적 편향으로 봐야 한다.

그렇다면 인도의 낮은 치명률은 정말 카레 덕분일까? 과학자들은 코로나19 바이러스와 카레 사이에는 아무 관계가 없다고 말한다. 다른 국가에 비해 젊은 층 인구 비중이 압도적으로 높고 '코로나의 무덤'이라고 불리는 양로원 문화가 도입되지 않은 것이 낮은 치명률의 진짜 요인이라고 과학자들은 해석했다.

우리나라에도 이와 관련한 대표성 휴리스틱 사례가 있다. 코로나19 바이러스 때도 그랬지만 그 이전의 메르스나 사스 때도 그랬다. 한국인이 이런 전염병에 강하다는 이야기만 나오면 바로 김치나 마늘 덕분이라고 연상한다. 발효 식품이 일반적으로 면역력 강화에 도움이 되는 것은 맞지만 김치와 이들 바이러스 사이의 과학적 관계가 규명되기 전까지는 섣불리 판단하지 말아야 한다.

척 보면 안다

사람은 대표성이 있다고 생각하는 단편적인 정보만을 가지고 섣불리 의사결정을 하는 인지 오류를 자주 범한다. 다음과 같은 특징이 있는 사람의 직업이 무엇인지 맞춰보자.

철수는 키가 작으며 호리호리한 체형이고 시를 좋아한다. 철수의 직업은 유학파 출신 교수일까, 아니면 운전기사일까?

대부분은 교수일 것이라고 답한다. 키가 작고 호리호리하며 시를 좋아하는 특징이 평균적인 교수의 특징에 해당한다고 믿은 결과이다. 그러나 시스템 1 대신에 시스템 2를 가동하면 전혀 다른 접근이 가능해진다.

우리나라에는 유학파 출신 교수의 수보다 운전기사의 수가 훨씬 많다. 운전기사라고 해서 시를 좋아하지 말라는 법이 없으며 모든 운전기사가 건장한 체격인 것도 아니다. 논리적으로 보면 철수는 숫자가 훨씬 많은 운전기사일 확률이 더 높다.

'척 보면 안다' '하나를 보면 열을 알 수 있다'는 대표성 휴리스틱을 상징하는 표현들이다. 대표성 휴리스틱에 의한 판단이 오죽 많았으면 이런 말까지 만들어졌을까. 그런데 이 말은 상당히 위험하다. 휴리스틱에 의한 의사결정으로 많은 편향이 발생했을 테고 그만큼 억울한 피해자도 많았을 것이기 때문이다.

예를 들어 학교 교실의 유리창이 누군가에 의해 깨졌다고 하자. 고정관념을 지닌 학교 당국은 앞뒤 따지지 않고 평소 품행에 문제가 있는 학생의 소행이라고 단정 짓는 우를 범한다. 정말 문제 학생의 소행이라면 그나마 다행이지만 아니라면 뒷감당을 어떻게 할 것인가?

이제 시스템 2를 가동해 논리적으로 따져보자. 학교 안에서 문제 학생의 수는 전체 학생의 수에 비해 극소수다. 문제 학생보다는 전체 학생 중 누군가의 실수로 유리창이 깨졌을 확률이 높다. 하나를 보고 열을 판단하지 말고 하나를 보면 하나만 판단하도록 시스템 2를 가동해야 한다.

다음의 두 사람이 있다. 누가 회사의 CEO일까?

A. 정장 차림에 멋진 넥타이를 맸다. 팔목에 고급스러운 시계를 차고 있다.

B. 청바지 차림에 운동화를 신었다. 지금 휴대전화로 열심히 문자를 보내고 있다.

여러분의 판단은 누구인가? 두 사람 가운데 A가 CEO라는 대답이 B보다 많다. 지금까지의 경험이나 고정관념에 따르는 시스템 1이 작동한 결과 CEO는 정장을 입는다는 판단을 내린 것이다. 그러나 요새는 운동화 차림의 벤처기업이나 IT 기업 CEO도 많다. A는 친구 결혼식장에 가는 사람일지도 모른다.

낙엽 하나로 가을을 판단해서야

사람이 대표성 휴리스틱에 노출되는 이유는 무엇일까? 이에 대해서 행동경제학자들은 다양한 해답을 제시하고 있는데 그 가운데 하나가 '작은 수의 법칙(Law of Small Numbers)'이다. 작은 수의 법칙에 따라 대표성 휴리스틱을 이해하려면 먼저 그에 반하는 '큰 수의 법칙'부터 알아야 한다. 작은 수의 법칙, 큰 수의 법칙은 원래 소수의 법칙, 대수의 법칙으로 더 널리 알려져 있는데, 이 책에서는 우리말로 순화한 용어를 쓴다.

동전의 앞면과 뒷면이 나올 확률이 0.5씩이라는 사실은 누구나 알고 있다. 그렇다고 해서 동전을 두 번 던지면 앞면과 뒷면이 한 번씩 나올까?

반드시 그렇지는 않다. 앞면만 두 번 또는 뒷면만 두 번 나오기도 한다.

그렇다면 앞면이 나올 확률이 0.5라는 것은 무슨 뜻인가? 동전을 던지는 횟수가 많아질수록, 예를 들어 수만 번, 수십만 번 던지면 앞면과 뒷면이 나오는 빈도가 각 0.5로 같아진다는 뜻이다. 이것이 큰 수의 법칙이다. 동전을 던지는 횟수가 많아질수록 수학적 확률에 가까워지고 모집단을 잘 대표한다는 것이다.

안타깝게도 사람의 시스템 1은 큰 수의 법칙을 종종 무시해 버린다. 동전을 한 번 던졌더니 앞면이 나왔다고, 바로 '동전을 던지면 앞면이 나온다'라고 판단해 버리는 식이다. 이러한 오류를 작은 수의 법칙이라 부른다. 작은 표본을 가지고 모집단의 특성을 대표한다고 착각하는 대표성 휴리스틱이다.

아리스토텔레스가 다음 같은 명언을 남긴 것을 보면 사람은 아주 오래전부터 작은 수의 법칙에 따른 판단을 많이 했음을 짐작할 수 있다.

"제비 한 마리가 왔다고 여름이 온 것은 아니다."

아리스토텔레스의 경고 이후 아주 많은 시간이 흘렀지만 작은 수의 법칙과 대표성 휴리스틱에 따른 판단은 여전히 진행형이다.

예를 들어 음식 배달 주문 앱을 켜서 마음에 드는 식당을 하나 찾았다고 하자. 하지만 그 식당에서는 음식을 배달해서 먹어본 적이 없어서 질과 양에 대한 확신이 없다.

이럴 때 누구나 본능적으로 고객 후기를 검색한다. 긍정적인 후기가 있으면 이를 받아들여 해당 식당에 배달 주문을 한다. 반대로 음식에서 머리카락이 나왔다는 글을 보면 어떻게 할까? 식당의 청결 면에 심각한 문제가 있다고 판단하고 다른 식당을 찾을 것이다. 머리카락이 나온 사례는 그 식당에서 몇 년 만에 한 번 있을까 말까 한 아주 예외적인 사건이었을 수 있는데도(물론 이마저도 없었다면 좋았겠지만) 작은 수의 법칙에 따라 소비자는 해당 식당과 결별한다.

이는 일부 경험자의 후기나 평가가 전체 소비자의 취향을 잘 대표한다고 믿는 대표성 휴리스틱에 해당한다. 이런 인지 오류가 소비자에게서 빈번하게 발생하니 기업은 입소문을 중시하지 않을 수 없다. 그래서 SNS를 통해서 사용자가 좋은 후기를 남기도록 적극 유도한다. 심지어 파워 블로거나 인플루언서에게 대가를 지급하고 자기 회사에 유리한 언급을 하도록 만들기도 한다.

피로엔 A, 두통엔 B

이유가 무엇이든 하여간 사람은 대표성 휴리스틱에 따른 의사결정을 자주 한다. 이러한 사실은 기업에 새로운 마케팅 기회를 열어준다. 소비자의 뇌에 자사 상품을 대표 브랜드로 각인시킬 수 있다면 매출 증가에 확실히 도움이 되기 때문이다.

예를 들어 '피로회복제=A'가 되도록 만들 수 있다면 소비자가 피로를 느낄 때 대표적인 브랜드 A를 먼저 떠올리고 구매할 가능성이 짙다. 이런 목적에서 기업은 '피로엔 A' '두통엔 B' 같은 홍보 문구를 반복 노출한다. 대표성 휴리스틱을 이용하는 전형적인 전략이다.

누구에게나 특정 제품군을 대표하는 브랜드가 있다. 김치냉장고 하면 C, 라면 하면 D, 구강청정제 하면 E가 바로 떠오르는 식이다. 그리고 구매할 때 대개는 그 브랜드를 선택한다.

브랜드의 전형성이 부각된 결과 아예 제품 이름으로 쓰이는 경우까지 있다. 제록스는 복사기를 만드는 하나의 회사이지만 대부분은 복사기라는 뜻으로 인식하고 있다. 우리나라에도 이런 사례가 있다. 손가락이나 몸에 가벼운 상처가 나면 주위에 도움을 청하며 말한다.

"대일밴드 주세요."

 교실에서 하는 행동경제학 토론

◆ 외모나 조건을 보고 사람을 섣불리 판단한 적이 있나요?

◆ 배달 음식을 주문할 때 이용 후기를 얼마나 중요하게 고려하나요? 이용한 식당에 대해서 과도하게 후하거나 나쁘게 평가한 적이 없는지 말해 봅시다.

◆ 대표성 휴리스틱에 의해 자주 구매하는 브랜드가 있나요? 그 브랜드가 정말 최선의 선택이라고 자신하나요?

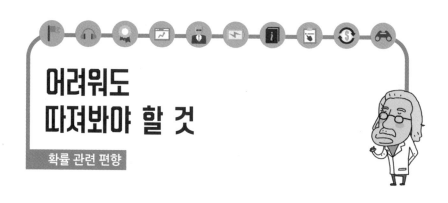

어려워도
따져봐야 할 것

확률 관련 편향

확률은 어려워

우리가 살아가고 있는 세상은 온갖 불확실성으로 가득 차 있다. 이런 상황에서 합리적으로 선택하려면 확률을 고려한 계산이 필수이다. 그런데 안타깝게도 사람은 대체로 확률 계산을 어려워 한다. 과학적으로 훈련을 받은 사람에게도 확률의 이해는 쉽지 않은 도전 과제이다.

진화심리학자 로빈 던바는 그 원인을 인간의 진화 과정에서 찾는다. 인간은 확률을 신중하게 따지며 진화한 존재가 아니라는 것이다. 확률을 모른다고 생존에 위협을 받는 것은 아니기에 확률을 이해하는 능력을 키울 필요가 없었다는 것이 그의 해석이다.

하여간 사람은 확률을 따져야 하는 상황에서 판단 오류를 자주 범한다. 대표적인 사례로 로또 당첨번호를 생각해 볼 수 있다. 지난주에 로또 1등 당첨번호로 5번과 7번이 들어 있었다고 하자. 이번 주에 로또를 사는 사람은 이 두 개의 번호가 2주 연속 나올 확률이 낮다고 생각하고 5번과 7번을 제외한 나머지 숫자에서 번호를 고르는 경향이 있다. 명백한 인지 오류이다.

로또 추첨을 통해 나오는 번호는 '임의적'이며 특정 숫자가 나올 확률은 매주 똑같다. 지난주에 나온 숫자가 다음 주에 나올 확률이 낮아지는 것은 절대 아니다. 주사위를 던져서 숫자 3이 나왔다고 바로 이어서 한 번 더 던질 때 3이 나올 확률이 6분의 1보다 낮아진다는 생각은 심각한 인지적 착각이다.

이것은 어떤가. 로또 번호를 고르면서 1, 2, 3, 4, 5, 6을 고르는 사람이 얼마나 될까. 대부분은 '그런 특이한 조합은 절대 나올 리 없다'고 믿으며 선택하지 않는다. 그러나 이들 6개 숫자가 연속으로 나올 확률은 다른 6개 숫자 조합이 나올 확률과 같다. 이는 엄연히 '팩트'이지만 우리가 받는 느낌은 그렇지 않다. 이에 대해서 '지금까지 그런 당첨 번호가 나온 적이 있냐?'고 의문을 던지는 사람이 있을지 모르겠다. 내가 아는 한 아직은 없었다. 말 그대로 '아직' 안 나온 것뿐이다. 이 조합의 당첨 번호가 나오는 것을 직접 보고 싶으면 확률상 15만 6천 년 넘게 살아야 한다.

기본 비율을 놓치지 마라

확률은 엄밀히 말하면 논리의 문제이다. 따라서 논리적으로 곰곰이 생각하면 옳은 선택을 할 수 있음에도 시스템 2를 가동하지 않고 성급히 시스템 1에 의존해 버리기에 인지적 편향이 발생한다. 이제부터 확률과 관련된 다양한 휴리스틱 사례를 확인해 보자.

어느 의사가 라디오 인터뷰에서 이렇게 말했다. "이번 겨울에 학교에서 감기에 걸린 학생 수를 조사했더니 절반 이상이 12세 이하의 초등학생이었습니다. 따라서 초등학생은 감기에 걸리기 쉬우므로 특별히 조심해야 합니다."

초등학생이 감기에 걸리지 않도록 특별히 조심해야 한다는 말에는 문제가 없지만 그 주장에 이르기까지의 근거는 전혀 객관적이지 못하다. 학교를 대상으로 조사했으니 원래부터 초등학생이 전체 학생의 절반 정도를 차지한다. 그러니 감기에 걸린 학생의 절반이 초등학생인 것은 당연한 결과이다.

설마 이와 같은 오류를 범하는 사람이 있겠냐며 의아해하는 사람이 있을지 모르겠다. 그렇다면 다음은 어떤가. 어느 날 전국으로 방송된 내용이다. 방송 내용의 요지는 이렇다.

성공한 CEO들을 인터뷰했는데 그들 가운데 70퍼센트가 자신의 이부자리를 직접 개고 있었다. 자신이 해야 할 일을 직접 해결하는 성실함이 성공의 지름길이다.

이 방송을 보고 '나도 내일부터 내 이부자리는 직접 개야지' 하고 결심한 사람이 있을 것이다. 하지만 이 사례는 초등학생의 감기 사례와 다를 바 없다. 성공한 CEO가 아니더라도 성인 대부분은 자신의 이부자리를 직접 갠다. 물론 이런 편향은 해를 끼치지는 않는다.

이번에는 우리나라 청소년 대부분이 좋아하는 게임과 관련된 사례이다. 한 연구자가 비행 청소년의 99퍼센트가 게임 중독 상태라는 조사 결과를 발표했다고 하자. 비행 청소년 100명 가운데 99명이 게임 중독자라는 말이다.

이 연구가 알려지자 청소년 전문가, 범죄학자, 그리고 정치인까지 나서서 저마다 대책 마련을 촉구한다. 게임이 비행 청소년으로 만드는 중요한 요인이라고 확대 해석하고 청소년이 게임을 하지 못하도록 막아야 한다고 주장하는 사람들이 많이 등장한다. 정말 게임이 비행 청소년으로 만드는 핵심 요인일까?

만약에 우리나라 모든 청소년이 비행 청소년이라면 이 논리는 설득력이 있다. 그러나 우리나라 청소년 가운데 비행 청소년이 차지하는 비율은 1퍼센트도 안 된다. 다시 말해 비행 청소년이 아닌 평범한 청소년이 거의 900만 명이나 될 정도로 훨씬 많다.

게다가 평범한 청소년 대부분이 게임을 좋아한다. 게임을 좋아한다고 모두 비행 청소년이 되는 것이 절대 아니라는 뜻이다. 게임을 좋아하면서도 평범하게 지내는 청소년이 훨씬 많이 있다. 그러므로 게임이 청소년 범죄의 핵심 원인이라는 주장은 오류이다.

비행 청소년 대부분이 게임을 좋아한다는 정보에 지나치게 집착한 나머지, 비행 청소년이 전체 청소년에서 차지하는 비율이 1퍼센트도 안 될 정도로 극소수라는 통계를 무시한 결과 나타난 판단의 오류이다. 이런 현상을 '기저율 무시(base rate neglect)'라고 부른다. 기저율은 어떤 사건이 전체에서 차지하는 기본 비율이다. 이 사례에서는 비행 청소년이 전체 청소년에서 차지하는 비율을 말한다.

두 사건이 동시에 발생할 확률은 낮다

트버스키와 카너먼은 다음과 같은 문제를 대학생들에게 제시한 적이 있다. 이것은 '린다 문제(Linda Problem)'라 불린다.

린다는 31살의 미혼 여성이며 직설적으로 말하고 매우 똑똑하다. 그녀는 대학교에서 철학을 전공했다. 학생 때 그녀는 차별 문제와 사회 정의에 관심이 매우 많았으며 반핵 시위에도 참여한 적이 있다. 다음 중 린다의 현재 직업일 가능성이 높은 것은?
A. 린다는 은행 직원이다.
B. 린다는 은행 직원이자 여성 운동가로 활동하고 있다.

응답한 대학생의 85퍼센트가 B를 골랐다. 이 문제는 확률적인 판단을 요구하고 있다. 린다가 은행 직원임과 동시에 여성 운동가일 확률은 린다가 은행 직원일 확률보다 결코 클 수 없다. 그림에서처럼 두 사건이 동시에 발행할 확률은 일반적으로 한 가지 사건만 발생할 확률보다 작기 때문이다. 즉, B라는 응답은 두 사건이 동시에 일어나기 어렵다는 확률

두 사건이 결합된 사건

의 기본 법칙에 위배된다. 수학의 교집합을 생각하면 된다. 이처럼 한 가지 사건의 발생 확률보다 두 가지 사건이 결합된 사건의 확률을 오히려 더 높게 인지하는 오류를 '결합 오류(conjunction fallacy)'라고 부른다.

미국 대학생들이 이처럼 판단 오류를 범한 이유는 차별, 정의, 반핵 등에 관한 관심이 여성 운동가를 대표하는 특징이라고 섣불리 판단한 탓이다. 대표성 휴리스틱의 한 사례이다. 주먹구구식 판단을 함으로써 확률의 기본 법칙을 무시했다. 다음은 이용 가능성 휴리스틱 때문에 확률 법칙을 무시하는 사례이다.

A. 어느 소설에서 임의의 4쪽 분량을 생각해 보자. 이 안에 7개 철자로 돼 있는 단어 가운데 끝이 ing로 끝나는 것은 몇 개일까?

B. 어느 소설에서 임의의 4쪽 분량을 생각해 보자. 이 안에 7개 철자로 돼 있는 단어 가운데 6번째 철자가 n인 것은 몇 개일까?

이 실험에 참여한 미국인들의 대답을 평균해 보니 A에 대해서는 13.4개, B에 대해서는 4.7개로 나타났다. 여러분의 생각은 어떤가?

미국인들이 ing로 끝나는 단어가 6번째 철자가 n인 단어보다 3배나 많다고 추측한 이유는 전자에 해당하는 단어가 머릿속에서 더 쉽게 떠올랐기 때문이다. 예를 들면 morning, evening, running, smoking, guiding 등의 단어들은 쉽게 떠오른다.

이에 비해서 B에 해당하는 사례는 머릿속에 쉽게 떠오르지 않는다. 여러분은 지금 이에 해당하는 단어를 말할 수 있는가? 아마 쉽지 않을 것이다. (이에 해당하는 단어로 command, garment, salient, violent 등이 있다.) 이로 인해 실험 참여자들은 A에 해당하는 단어 수가 B에 해당하

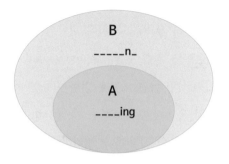

A는 B의 부분 집합

는 단어 수보다 훨씬 많다고 판단한다. 이용 가능성 휴리스틱에 의존한 판단임을 알 수 있다.

진실은 무엇일까. A에 해당하는 단어는 항상 B에 해당한다. 그러나 B에 해당하는 단어 가운데에는 A에 해당하지 않는 단어들이 많이 있다. 그러므로 B에 해당하는 단어가 A에 해당하는 단어보다 훨씬 많다. 즉, A는 B의 부분 집합이다. 따라서 A에 해당하는 단어가 더 많다는 판단은 오류이다.

평균으로의 회귀 현상일 뿐

통계와 확률을 가장 많이 사용하는 스포츠로 야구가 있다. 타자의 타율이나 출루율, 투수의 방어율과 승률, 심지어 포수의 도루 저지율까지, 한마디로 야구는 확률과 통계의 스포츠이다.

어느 뛰어난 신인 선수가 있다. 데뷔 첫해에 3할이라는 놀라운 타율로 신인상을 받았다. 그런데 다음 해에는 성적이 그리 좋지 못했다. 스포츠계에서는 이를 2년 차 징크스라고 부른다. 전문가들의 해석은 무척 다양하다. 상대방 투수들이 비시즌 동안 이 선수의 약점과 타격 자세에 대한 분석을 철저히 한 결과라 말하는 전문가도 있고 이 선수가 첫해의 성적에 자만해 동계 훈련을 게을리한 탓이라 말하는 전문가도 있다.

통계학적 해석은 다르다. 수십 년의 선수 생활 동안 평균 3할의 타율을 유지하기는 정말 힘들다. 역사에 남을 몇 선수나 예외적으로 달성하는 기록이다. 2년 차에 타율이 하락하는 것은 그 선수의 장기적인 평균 타율, 예를 들어 2할 8푼에 수렴하는 현상으로 본다. 첫해에 3할을 기록했으니 2년 차에는 2할 6푼 정도를 기록하는 것이 자연스럽다는 것이다.

특정 해에 타율이 높았다가 다음 해에 타율이 낮아지는 현상은 장기적으로 그 선수의 평균 타율로 수렴해 가는 과정이다. 46쪽에서 설명한 이스라엘 공군 조종사가 하루는 좋지 못한 비행을 하다가 다음 비행에서는 더 나은 비행을 했던 사례를 기억하는가. 이 역시 평균으로의 회귀 현상이라고 말한 바 있다.

사람은 평균으로의 회귀를 무시하고 그 시점에서의 한정된 통계를 바탕으로 단순하게 판단하는 경향이 있다. 예를 들어 프로축구에서 시즌 개막 한 달 동안 5골을 넣은 선수를 보고 이 추세대로라면 올 시즌에 35골을 넣어 신기록을 세울 것이라며 호들갑을 떤다. 한 달 동안의 작은 표본으로 한 해의 성적을 평가하는 오류이다. 작은 수의 법칙에 따른 착오이다. 안타깝게도 이 선수는 다음 달에 한 골도 넣지 못하는 경우가 많다.

작은 수의 법칙과 평균으로의 회귀 현상을 직접 경험할 수 있는 사례로 윷놀이가 있다. 윷가락을 던져서 개가 나올 확률이 16분의 6으로 가장 높으며, 도나 걸이 나올 확률은 16분의 4로 같다. 한편 윷이나 모가 나올 확률은 16분의 1로 가장 낮으므로 한 차례 더 던지는 기회가 주어진다.

윷놀이를 하다 보면 초반에 한쪽이 유독 윷이나 모가 잘 나와 판을 주도하는 경우가 있다. 상대 쪽은 당연히 의기소침해진다. 하지만 한쪽만 운이 좋아 윷이나 모가 자주 나온다고 믿는 것은 작은 수의 법칙이다. 확률은 공평하다. 한쪽에만 유리하게 작용할 리 없다.

다시 말하면 이기고 있던 쪽은 중반 이후부터 윷이나 모가 나올 확률이 떨어진다는 뜻이다. 실제로 경기를 하다 보면 초반에 지고 있던 쪽이 후반에 윷이나 모가 자주 나와 극적으로 역전하는 경우가 종종 발생한다. 평균으로의 회귀 현상이다. 이 덕분에 게임의 묘미와 극적인 반전이 나타나 많은 사람이 윷놀이에 빠진다.

 교실에서 하는 행동경제학 토론

◆ 아들만 둘을 연속으로 낳은 부부가 셋째를 임신했다면 셋째의 성별이 무엇이라고 짐작하나요?

◆ 이전 시험에서 운이 좋아 높은 점수를 받고 다음 시험에서도 운을 기대하며 공부에 소홀했던 적이 없는지 생각해 봅시다.

◆ 평균으로의 회귀 현상을 경험한 적이 있는지 말해 봅시다.

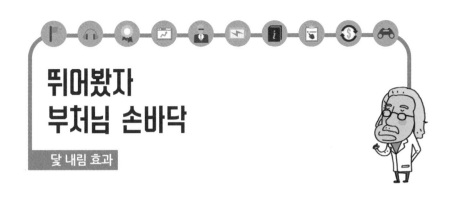

뛰어봤자
부처님 손바닥

닻 내림 효과

 기준점의 영향을 받는다

『서유기』를 모르는 사람은 없으리라. 원숭이 손오공은 사람의 지식과 힘을 상징한다. 자만심이 강했던 손오공이 부처님과 내기를 한다. 신통력으로 땅끝까지 가보겠다는 것이었다. 손오공은 근두운에 올라타 대륙을 뛰어넘어 오봉의 산까지 날아가 자신이 이겼다고 확신했으나 부처님 손바닥에 머물러 있었음을 깨닫게 된다. 마침내 손오공은 겸양을 배운다.

　사람의 능력은 손오공 같다. '제아무리 뛰어봤자 부처님 손바닥'이라는 말처럼 문제 해결 능력에 한계가 있다. 행동경제학이 이 사실을 그냥 지나칠 리 없다. 다음은 고등학생을 임의로 두 집단으로 나눈 후 진행한 실험이다.

다음 곱셈식의 값이 얼마인지 계산기 없이 5초 안에 답하시오.

A 집단: 8×7×6×5×4×3×2×1

B 집단: 1×2×3×4×5×6×7×8

여러분의 답은 얼마인가. 참고로 두 곱셈식의 값은 똑같이 40,320이다. 여러분은 정답에 가까운 수치를 답했는가?

암산으로 답하라 했으니 애초부터 정답을 기대하지는 않았다. 연구자들의 관심은 두 집단에서 나온 답에 의미 있는 차이가 있는지 없는지에 있었다. A 집단에 속한 고등학생들이 답한 값의 중앙값을 구해보니 2,250이었다. B 집단의 중앙값은 512였다. 두 집단의 대답에 매우 커다란 차이가 드러났다. 이유가 무엇일까? 왜 A 집단의 답이 B 집단의 답보다 4배 이상 컸을까?

이제 학생의 시각으로 가보자. 5초라는 짧은 시간 안에 곱셈식을 암산하는 일은 특별한 재능을 보유한 극소수를 제외하고는 애초에 불가능하다. 대개는 처음 몇 개 숫자까지 암산하고 그 이후에는 암산 값을 바탕으로 어림짐작해 답한다.

A 집단은 8부터 암산하기 시작한 탓에 7까지만 계산하더라도 56이라는 커다란 수치를 얻었다. B 집단은 1부터 암산하기 시작한 탓에 4까지 암산하더라도 24에 불과하다. 이쯤에서 지금까지 암산으로 구한 값을 얼마로 불리는 것이 정답에 가까울지 순간적으로 판단한다.

이 고민과 조정 과정에서 지금까지

구한 암산 값이 이후 추측 작업의 기준점이 된다. A 집단은 56이라는 기준점에서 수치를 늘리는 작업을 시작한다. 반면에 B 집단은 24라는 기준점에서 수치를 늘리는 조정을 한다. 아무리 숫자를 늘린다 하더라도 원래 기준점의 영향을 받는다. 결과적으로 기준점이 작은 B 집단이 제시한 답은 기준점이 큰 A 집단이 제시한 답보다 작을 수밖에 없다.

이런 현상을 닻 내림 효과* 라 한다. 이 용어의 의미를 제대로 이해하려면 배와 닻의 관계를 생각해야 한다. 배는 바다에서 한 곳에 멈출 때 닻을 내려 배를 고정한다. 이제 배는 닻을 중심으로 닻줄이 허용하는 범위 안에서만 움직일 뿐이다.

사람의 뇌가 하는 조정 작업도 이와 같다는 것이다. 닻이 처음 내려진 위치, 즉 기준점이 그 이후의 조정 작업을 구속한다. 그래서 최선의 해답을 구하는 노력이 한계를 드러낸다.

> **닻 내림 효과**
> **(anchoring effect)**
> 트버스키와 카너먼은 논문에서 이를 '닻(또는 기준점)으로부터의 조정(adjustment from an anchor)'으로 명명했는데, 이후 닻 내림 효과라는 용어로 더 널리 쓰이고 있다. 닻 내림 효과는 기준점 효과, 앵커링 효과, 정박 효과, 기준점 휴리스틱 등 다양하게 번역되고 있다.

닻이 내려진 곳이 관건

닻 내림 효과를 보여주는 유명한 실험이 하나 더 있다. UN 회원국 가운데 아프리카 국가가 차지하는 비율이 얼마인지를 실험 참여자에게 질문했다. 단, 실험 참여 전에 이들은 0부터 100까지의 숫자가 적힌 커다란 돌림판을 돌렸다. 이 돌림판은 10이나 65 가운데 하나에 멈추도록 연구자에 의해 사전에 조작돼 있었다. 물론 실험 참여자는 이 조작 사실을 모른다.

이제 각 참여자에게 돌림판에서 나온 숫자가 자신이 생각하는 아프리카 국가의 비율보다 큰지 작은지를 답하게 했다. 이 질문의 의도는 실험 참여자에게 돌림판 숫자를 기준점으로 각인시키려는 것이다. 그러고 나서 각자가 생각하는 아프리카 국가 비율을 말하도록 했다.

결과는 놀라웠다. 돌림판 숫자가 10이었던 참여자들이 응답한 아프리카 국가 비율의 평균값을 구하니 25퍼센트였다. 반면에 돌림판 숫자가 65였던 참여자들이 응답한 평균값은 45퍼센트였다. 참고로 실험 당시 UN 회원국 가운데 아프리카 국가의 비율은 32퍼센트였다.

돌림판에서 나온 숫자는 이 문제의 정답과 아무 관계가 없다. 사람들에게 돌림판의 숫자가 아프리카 국가의 비율을 추론하는 데 영향을 미친다고 생각하는지를 질문하면 분명히 '말도 안 되는 소리'라며 고개를 저을 것이다. 그러나 실험 결과는 엄연히 영향을 미치고 있음을 보여준다.

닻 내림 효과 때문이다. 돌림판의 숫자가 무의식중에 닻으로 작용했고 실험 참여자들이 아프리카 국가의 비율을 추정할 때 닻을 기준으로 해서 조정한 탓이다.

 ## 전문가들도 피할 수 없다

닻 내림 효과는 가치나 가격을 정확하게 평가하기 힘든 부동산이나 중고품 거래 협상 같은 경우에 두드러지게 나타난다. 몇 명의 행동경제학자는 오랫동안 부동산 중개업을 해온 전문가를 대상으로 어느 특정 주택의 가치를 평가하는 실험을 진행했다.

연구자들은 중개업자를 임의로 네 집단으로 나누고 그 주택의 상세한 정보가 담긴 10쪽 분량의 자료를 나눠줬다. 자료의 모든 내용은 한 가지만 제외하고 같았다. 유일한 차이는 주택의 희망 판매 가격을 다르게 설정했다는 점이다. 자료를 정독한 후 20분 동안 해당 주택의 내외부와 인근 지역을 살펴보도록 했다. 마지막으로 중개인에게 주택의 가치가 얼마라고 생각하는지 각자의 평가 금액을 제시하도록 했다.

희망 판매 가격이 12만 달러라는 정보를 받은 집단에 속한 중개인은 주택의 가치를 평균 11만 달러로 평가했다. 반면에 희망 판매 가격이 15만 달러라는 정보를 받은 집단에서는 평균 13만 달러라는 후한 평가가 나왔다. 같은 주택에 대해서 해당 분야 전문가들이 내린 평가가 희망 판매 가격(닻 또는 기준점)에 따라 달라진 것이다.

닻 내림 효과의 영향 말고는 해석하기 힘든 결과이다. 전문가도 닻 내림 효과로부터 자유롭지 못하다는 방증이다. 집의 정확한 가치를 모르는 상황에서 높게 설정된 닻(희망 판매 가격)을 접한 중개업자들은 자신도 모르게 주택의 긍정적인 측면이나 장점에 더 많이 이끌리고 주택 가치를 높게 평가하는 경향이 있음을 보여준다.

더 심각한 실험도 있다. 여러분은 이 세상에서 가장 공정하고 신중해야 할 것이 무엇이라고 생각하는가. 판사의 판결이라는 데 이의를 제기할 사람은 없을 것이다. 현실적으로도 정말 그럴까.

이에 관심을 가진 연구자가 흥미로운 실험을 진행했다. 이번에는 경험이 풍부한 판사를 실험 대상자로 끌어들였다. 판사를 두 집단으로 나누고 특정 사건에 대한 자료를 제공했다. 여기까지는 집단 사이에 아무런 차이가 없다. 이 상태에서 한 집단에는 이 사건에 대해 검사가 12개월을 구형했다고 알려주고, 다른 집단에는 검사가 34개월을 구형했다고 알려줬다.

이제 판사에게 판결을 해보도록 했다. 동일한 사건이고 같은 내용의 자료를 읽었으므로 두 집단 사이에 형량의 차이가 없어야 한다. 그러나 검사의 구형량이 12개월이었던 집단에 비해서 34개월이었던 집단의 판사가 내린 형량이 평균 8개월이나 많았다.

구형량이 닻이 됐기 때문이다. 경험이 풍부한 판사들조차 닻 내림의 영향을 받고 있음을 알 수 있다. 아직 놀라기는 이르다. 판사에게 검사의 구형량이라고 알려준 것은 실은 법과 전혀 관계없는 컴퓨터 전공 대학생이 정한 구형량이었다. 헛웃음이 절로 나온다.

 교실에서 하는 행동경제학 토론

◆ 닻 내림 효과에 의해 자신의 선택이 영향을 받은 사례를 찾아봅시다.

◆ 중고 시장에서 물건을 사면서 판매자가 제시한 높은 가격 때문에 결국 원래 생각보다 많은 돈을 지출한 적이 있나요? 거래 결과에 만족하나요?

◆ 닻 내림 효과를 극복하려면 어떻게 해야 한다고 생각하나요?

세일 가격표에
정가를 남겨놓는 이유는?

소비와 닻 내림

 구매 욕구를 자극하는 할인 가격 표시

오프라인 매장이든 온라인 매장이든 공통점이 하나 있다. 정상 가격만 제시된 상품보다 정상 가격 표시를 지우고 그 아래에 할인 가격을 적어 놓은 상품이 훨씬 많다는 점이다. 아니, 대부분 상품이 그렇다. 왜 지저분하게 이렇게 표시할까?

상점은 신상품 옷 가격을 고가로, 예를 들어 30만 원으로 설정한다. 가격 탄력성*이 낮거나 꼭 새 옷을 사야 하는 소비자는 이 돈을 내고 옷을 산다. 이제 시간이 조금 흐르면 상점은 옷 가격을 15만 원으로 내려 할인 판매를 시작한다. 가격 탄력성이 높은 사람이 옷을 사도록 유도하는 가격 차별 전략이다. 여기까지는 전통경제학 내용이다.

이제 행동경제학이 개입한다. 소비자가 50퍼센트 할인된 옷을 많이 사는 심리적 이유를 따진다. 여러 심리 가운데 하나로 바로 앞에서 확인한 닻 내림 효과를 꼽는다.

상점은 소비자의 닻 내림 효과를 극대화하기 위해서 정가를 없애지 않고 그 아래에 할인 가격을 덧붙이는 전략을 쓴다. 원래 가격이었던 30만 원을 소비자의 뇌에 기준점으로 각인시켜 닻을 내리게 하는 전략이다.

가격표를 본 소비자는 30만 원보다 훨씬 할인된 가격의 옷을 매우 싸다고 인식하게 되고 지갑을 연다. 이게 다가 아니다. 소비자는 15만 원짜리 옷을 산다고 생각하지 않는다. 30만 원짜리 옷을 15만 원에 산다고 여기며 심리적 만족까지 얻는다. '15만 원에 산 것'이 아니라 '15만 원이나 싸게 산 것'으로 여겨 흡족해하는 것이다.

실제로 동일한 옷을 '15만 원'이라는 가격표를 붙여서 파는 경우와 '30만 원에서 15만 원으로 할인'이라는 가격표를 붙여서 파는 경우의 판매량을 비교해 보면 어떨까. 쉽게 짐작할 수 있듯이 후자의 경우가 더 많이 팔린다.

어느 연구자들이 슈퍼마켓에서 캔 수프를 가지고 흥미로운 실험을 했다. 연구자들은 개당 89센트인 캔 수프를 79센트로 할인 판매했다. 그러면서 하루는 1인당 최대 4개까지만 구매 가능하다는 문구를 넣었다. 이날 소비자는 1인당 평균 3.5개를 샀다.

다른 날에는 수량 제한 없이 무제한 살 수 있다는 문구를 넣어보았다. 이날에는 1인당 평균 3.3개를 구매해 앞의 구매량과 통계적으로 유의미한 차이가 없었다.

마지막 날에는 1인당 최대 12개까지 구매할 수 있다는 문구를 넣어보았다. 그러자 놀라운 변화가 일어났다. 소비자의 평균 구매량이 7.0개로 크게 늘어났다.

가격이 같음에도 추가된 문구에 따라 이처럼 소비자의 선택이 달라진다. 이 역시 닻 내림 효과 때문이다. 최대 12개까지 가능하다는 문구를 본 소비자는 12라는 숫자가 무의식중에 닻으로 작용했다. 그렇지만 12개는 너무 많다는 판단에서 캔 수프 구매량을 나름대로 줄였지만 충분하게 줄이지 못한 채 7개를 구매하고 만 것이다. 소비자 입장에서 적절한 구매량은 아무런 제약이 없었을 때의 3~4개 정도인데 말이다.

다이아몬드는 영원하다

이제 기업이 어떻게 해야 매출을 늘릴 수 있을지 분명해진다. 의도적으로 소비자의 뇌에 매우 높은 기준의 닻을 심어주면 된다. 그러면 소비자인 우리는 어떡해야 할까. 나의 소비 의사결정이 기업이 의도적으로 심어놓은 닻의 결과가 아니었는지 확인해 볼 필요가 있다.

어느 기업이 기존 상품보다 고가, 고사양의 상품을 개발했다고 하자. 소비자들은 이 상품이 생소하거나 고가인 탓에 구매를 망설일 우려가 있다. 이 경우에도 기업은 닻 내림 효과를 이용하는 마케팅 전략을 구사할 수 있다.

기업은 기존 상품에 비해서 개선된 부분을 부각하는 광고를 한다. 소비자의 뇌에 높아진 새 기준점을 각인시키는 전략이다. 이제 소비자의 머릿속에 기존 상품보다 한 단계 높은 기준점의 닻이 자리 잡는다. 다음번에 상품을 구매할 때 이 기준점이 작용한 결과 고가의 신상품에 대한 구매 욕구가 꿈틀거린다.

불멸, 고귀, 순수함, 견고함, 희소성, 영원한 사랑 등의 의미를 지니는 물건이 있다. 바로 다이아몬드이다. 젊은 사람에게는 결혼반지의 상징으로 다가오지 않을까 싶다.

고가의 다이아몬드가 결혼반지의 상징이 된 배경에도 기업의 치밀한 전략이 있다. 다이아몬드는 워낙 비싸서 처음에는 결혼반지로 잘 팔리지 않았다. 이에 당시 전 세계 다이아몬드 생산량의 90퍼센트를 차지했던 드비어스(De Beers) 회사는 새로운 광고를 내보냈다. "다이아몬드는 영원하다(A diamond is forever)"라는 문구와 함께 남녀가 행복하고 다정하게 미소 짓고 있는 광고이다.

이 광고가 주는 의미는 분명하다. 두 사람의 영원한 사랑 약속과 영원한 다이아몬드를 일치시킨 것이다. 광고 덕분에 미국 젊은이들 사이에서 다이아몬드가 변하지 않는 사랑을 상징하는 새로운 기준점으로 자리 잡았다. 반면 다이아몬드를 선물하지 않는 사람은 영원한 사랑을 원하지 않는 사람으로 인식됐다. 덕분에 미국에서 비싼 다이아몬드의 판매량이 크게 증가했다.

드비어스 회사는 여기에서 멈추지 않았다. 이왕이면 더 비싼 다이아몬드를 팔고 싶어졌다. 이에 회사는 새 광고를 시작했다. "두 달의 월급으로 사랑을 영원히 지속하게 만들 수 있는 방법은? 다이아몬드 반지!"라는 내용의 광고였다.

이 광고로 미국 젊은이들 사이에서 반지 가격의 기준점이 새롭게 정해졌다. 반지 사는 데 두 달 치 월급도 쓰지 않으려는 사람은 구두쇠라는 낙인이 자연스럽게 형성됐다.

 피자 토핑 선택에도 닻이

피자를 주문할 때는 항상 토핑 선택이 고민스럽다. 토핑을 많이 선택하면 맛은 풍부해지나 비용이 부담스럽다. 미국 대학생을 대상으로 한 피자 주문에서의 토핑 선택과 관련된 실험이 있다. 이 실험에서 12가지 토핑이 가능한 피자 가게는 두 가지 방식으로 주문을 받았다.

A. 아무런 토핑이 없는 기본 치즈 피자에 원하는 토핑을 추가하는 방식으로 주문을 받는다.
B. 메뉴에 있는 토핑을 모두 넣은 피자에서 원하지 않는 토핑을 빼는 방식으로 주문을 받는다.

고객은 어떤 방식에서 더 많은 수의 토핑을 주문했을까? 짐작하듯이 방식 B였다. 그들은 방식 A에서 평균 2.71가지, 방식 B에서 평균 5.29가지 토핑을 선택했다(이 사례는 3장에서 서술하는 보유 효과나 현상 유지 편향과도 관련 있다). 피자 가게의 매출이 방식 B에서 더 많았음은 당연하다. 닻 내림 효과를 효과적으로 활용해서 소비자의 지갑을 많이 열게 하는 기업의 마케팅 전략이 가능함을 보여주는 사례이다.

 물건을 사고팔 때 처음의 중요성

아이돌 굿즈나 한정판, 신발, 모바일 기기나 데이터 등을 거래하기 위해 중고거래 플랫폼을 이용해 본 사람이 많을 것이다. 경험해 봐서 잘 알겠지만 중고 거래에는 가격 협상이 필수적으로 따른다.

중고품을 5만 원에 팔겠다는 판매자가 있다. 이때 여러분은 그 물건을 3만 원에 사겠다며 상당히 낮은 가격을 제시할 것이다. 그래야 협상 결과 4만 원 정도에서 가격이 결정될 것임을 잘 알고 있기 때문이다. 만약 4만 원에 사겠다고 한다면 최종 가격은 4만5천 원 정도에서 결정될 것이다. 이 역시 닻 내림 효과에 해당한다. 전자의 경우 가격 협상의 기준점이 3만 원인데 후자의 경우에는 기준점이 4만 원이다. 물론 중고품을 파는 사람도 이 전략을 구사할 가능성이 짙다.

실제로 협상할 때 닻이 내려진 기준점이 매우 중요하다고 연구자들은 말한다. 즉, 협상가가 구체적이고 높은 목표를 설정할 때가 그렇지 않을 때보다 더 좋은 성과를 거둔다는 것이다.

닻 내림 효과는 우리의 일상 소비와 관련해서 중요한 시사점을 던져준다. 몇 년 전까지만 해도 우리나라 사람은 이른바 '커피믹스'에 의존했다. 한국인의 최대 발명품 중의 하나라며 식사 후 조그마한 종이컵에 커피믹스와 뜨거운 물을 넣고 마시는 것을 작은 행복으로 여겼다.

이후 우리나라에 본격적으로 커피 전문점이 보급됐다. 누군가를 만날 일이 있을 때 비싸다고 생각하면서도 어쩔 수 없이 아메리카노 한 잔을 주문했다. 하지만 처음이 힘든 법이다. 비싼 아메리카노를 한 번 마신 후부터는 커피를 마실 때 아메리카노가 먼저 떠오른다. 커피의 기준점이 한 단계 상향 조정된 탓이다.

또다시 어느 날, 역시 약속이 있어 커피 전문점에 들렀다. 상대방이 권하는 대로 더 비싼 캐러멜마키아토를 마셨다. 달콤하고 신선한 맛이다. 다음에 커피를 마셔야 할 때 자기도 모르게 입에서 주문이 튀어나온다. "캐러멜마키아토 한 잔이요."

소비는 습관이다. 아무리 비싼 물건이라도 처음에 사는 것이 힘들지 한 번 소비하고 나면 반복적으로 소비하는 경향이 있다. 일단 닻의 위치, 즉 기준점이 높아지면 그 이후부터는 소비 기준이 좀처럼 싼 물건으로 내려가지 않는다. 용돈이나 월급은 별로 늘어나지 않는데 생활비는 빠른 속도로 늘어난다.

그러니 비싼 상품을 처음 선택할 때는 최대한 신중해야 한다. 이후에 지속적으로 소비하더라도 감당할 여력이 자신에게 충분히 있는지 따져 볼 필요가 있다.

 교실에서 하는 행동경제학 토론

◆ 가격 할인이라는 광고 문구에 현혹되어 의도하지 않은 물건을 덥석 사거나 사고 싶은 충동에 휩싸인 적이 있나요? 자주 그러나요?

◆ 좋아하는 아이돌이 출연하는 광고라서 물건을 사고 싶은 욕구가 생겨난 적이 있는지 말해 봅시다.

◆ 점점 더 고급스러운 상품을 소비하게 된 경험이 있나요? 용돈도 그만큼 늘어나고 있나요?

'옳고 그름' 대신
'좋고 싫음'

감정 휴리스틱

좋은 게 좋은 거야

지금까지 살펴본 세 가지의 휴리스틱(이용 가능성, 대표성, 닻 내림)이 학계에 보고되자 많은 행동경제학자들이 휴리스틱과 그로 인한 인지적 편향에 관심을 보이기 시작했으며 새로운 유형의 휴리스틱을 연이어 확인했다. 그 가운데 두 유형만 더 살펴보자.

합리적 판단을 방해하는 여러 요인 가운데 감정을 빼놓을 수 없다. 인간은 감정의 동물이라는 말도 있지 않던가. 감정은 이성에 대비되는 말이다. 우리는 종종 '감정에 휩싸이지 마라' '감정에 따라 판단하지 마라'는 충고를 듣는다. 그만큼 사람의 판단이 이성이 아니라 감정의 영향을 받기에 하는 소리이다.

실제로 행동경제학자들은 감정이 의사결정에 영향을 미치는 구체적 증거를 발견했으며 이를 '감정 휴리스틱(affect heuristic)'이라고 부른다. 어떤 사건이나 상황에 대해서 논리적으로 판단하는 대신에 자신의 주관적 경험에서 우러난 호불호 감정에 따라서 반응함으로써 합리적 판단을 그르치게 되는 휴리스틱을 말한다.

감정 휴리스틱이 나타나는 이유는 이렇다. 사람이 어떤 사건이나 상황에 대해 평소에 우호적이거나 좋은 감정을 지니고 있을 때는 시스템 1이 작동해서 장점은 부각하되 단점은 축소하는 경향이 있다. 반면에 어떤 사건에 대해 싫거나 불쾌한 감정을 지니고 있을 때는 단점을 과대평가하는 식으로 서둘러 판단해 버린다.

예를 들어 전동 킥보드를 타다가 커다란 부상을 입은 부정적인 경험이 있는 학생은 그 이후에 전동 킥보드를 타려 하지 않는다. 부정적인 경험으로 전동 킥보드의 장점은 애써 무시하고 안전성이 떨어지는 기구라고 폄하한다.

원자력 발전에 대해 찬성하는가, 아니면 반대하는가? 이를 엄밀히 판단하려면 원자력 발전의 장단점에 대한 다양하고 전문적인 정보를 바탕으로 시스템 2에 의한 논리적인 분석 과정을 거쳐야 한다.

그러나 대개의 사람은 신속하고 감정적으로 반응한다. 평소에 원자력에 대해 우호적인 감정을 보이는 사람이나 원자력을 옹호하는 정책을 전개하는 정당을 지지하는 사람은 원자력 발전의 경제성이나 청정함을 적극 받아들여 과대평가하고 불안전성은 축소해 버린다. 반면에 원자력에 대해 나쁜 경험이 있거나 원자력을 부정하는 정책을 전개하는 정당을 지지하는 사람은 그 반대로 생각한다.

뇌의 쾌감 영역이 활성화된다

감정 휴리스틱이 존재한다는 사실을 과학적으로 입증한 실험이 있다. 어느 신경과학자가 코카콜라와 펩시콜라를 가지고 선호도, 맛 테스트 그리고 이에 따른 두뇌의 반응을 기능성 자기공명영상(fMRI)*을 이용해 측정해 봤다.

> **기능성 자기공명영상**
> 뇌의 혈류와 뉴런의 활동성이 연관이 있다는 것을 전제로 뇌의 혈류를 측정하기 위해 뇌의 활동을 촬영한 영상이다.

그는 콜라 브랜드를 알려주지 않고 블라인드 테스트를 진행했다. 실험 결과 두 콜라에 대한 실험 참여자의 선호도가 비슷했으며 실제로 두뇌의 반응도 유사했다. 그런데 콜라 브랜드를 알려주자 놀라운 변화가 일어났다. 실험 참여자들이 한 브랜드의 콜라를 두 배나 많이 선호했으며 그 콜라를 마실 때 쾌감을 관장하는 뇌의 영역이 함께 활성화됐다.

감정 휴리스틱에 의해 판단이 흐려지는 대표적 사례가 주식 투자이다. 잘 알고 있듯이 주식은 고위험 고수익 상품이다. 즉, 높은 수익률을 기대할 수 있지만 동시에 원금 손실의 위험성도 크다. 그래서 전문가들은 주식 투자에 신중히 접근하라고 조언한다.

감정 휴리스틱에 굴복당하는 사람은 이러한 투자 원칙을 무시한다. 주식 투자에 몰두해 주식의 수익성은 과대평가하고 손실 위험은 대수롭지 않다고 평가절하한다. 그래서 전문가의 만류에도 무리하게 주식 투자를 한다.

반대로 평소 주식에 대해 곱지 않은 시각을 지닌 사람은 주식 투자의 긍정적 측면은 무시하고 고위험 같은 부정적 측면만 부각한다. 그 결과 주식 투자를 아예 하지 않는 것이 최선의 재테크라고 성급히 결론짓는다.

# 빈도가 비율보다 더 자극적이다

사람이 감정 휴리스틱에 휘둘리는 데는 여러 원인이 있다. 연구자들은 그 원인을 찾기 시작했다. 가장 먼저 밝힌 원인은 의사결정을 하는 시간의 길고 짧음이다. 의사결정 시간이 짧을수록 시스템 2에 의존하기보다는 시스템 1에 의존할 가능성이 짙다. 따라서 감정 휴리스틱이 나타날 가능성도 높을 것이다.

실험에 참여한 대학생을 두 집단으로 나눈 후 한 집단에는 시간에 제약을 가하면서 어떤 기술의 편익과 위험도를 판단하도록 요구했다. 다른 집단에는 시간 제약 없이 충분한 시간을 갖고 해당 기술의 편익과 위험도를 판단하도록 요구했다. 실험 결과는 예상한 대로 나타났다. 시간 제약을 받은 집단의 대학생들이 위험도에 관한 판단을 더 즉각적으로 내려 시스템 1에 많이 의존하는 경향을 보였다.

연구자들이 밝힌 두 번째 원인은 제공되는 정보의 형태이다. 사람이 의사결정을 할 때 어떤 형태의 정보를 접하는가에 따라 감정 휴리스틱 발생 가능성이 달라진다는 가설이다.

이 가설을 확인하기 위해서 범죄 심리학자와 정신과 의사를 실험에 초빙했다. 그리고 이들은 특정 정신질환 환자의 퇴원 허용 여부를 판단하는 심사자가 됐다. 심사자를 임의로 두 집단으로 나눈 후 각 집단에 소견서 A, B를 보여줬다.

A. 이 환자와 유사한 환자 100명 가운데 20명이 퇴원 후 폭력 행동을 할 것으로 추정된다.

B. 이 환자와 유사한 환자가 퇴원 후 폭력 행동을 할 확률이 20퍼센트로 추정된다.

두 소견서는 사실상 같은 내용이다. 소견서 A는 빈도(숫자)로, 소견서 B는 비율(확률)로 표현하고 있을 뿐이다. 따라서 두 집단에서 환자의 퇴원 허용을 반대하는 심사자 비율은 같아야 할 것이다.

그러나 실험 결과는 그렇지 않았다. 소견서 A를 본 심사자 가운데 41퍼센트가 이 환자의 퇴원 허용에 반대했다. 이는 소견서 B를 본 심사자의 반대 비율인 21퍼센트보다 훨씬 높았다. 실험 결과는 위험도 정도가 비율(확률)로 표시될 때보다 빈도로 표시될 때 사람은 감정적으로 더 민감하게 반응한다는 것을 보여준다.

감정에 호소하는 기업과 정치인

사람이 감정 휴리스틱에 의해 의사결정을 하는 경향이 있다는 사실을 기업은 놓치지 않는다. 그리고 소비자의 감정에 호소하고 마음을 움직이기 위한 다양한 전략을 구사한다.

먼저 '감정 꼬리표(tag)'를 활용하는 전략이 있다. 소비자의 심리적 만족도를 높여 제품의 본래 가치보다 더 높게 인식하도록 유도하는 전략이다. 이때 유용하게 쓰이는 꼬리표가 웰빙, 국산, 자연산, 신선, 프리미엄, 유기농 등이다.

여기에 더해서 부정적 이미지를 주는 지방이나 콜레스테롤의 경우에는 '0퍼센트', 국산이나 유기농 등의 경우에는 '100퍼센트'를 강조하는 꼬리표를 추가한다. 자녀에게 최상의 음식을 먹이려는 부모의 감정에 호소하기 위해서 분유 시장에서는 고급이나 프리미엄 같은 말로도 모자라 앱솔루트, 임페리얼, 그랑노블 등 꼬리표 인플레이션 현상마저 나타난다.

다음으로 친숙함에 호소하는 전략도 있다. 사람은 바깥에서 아무리 힘든 일이 있더라도 집에 들어오면 편안함을 느낀다. 집에 대해서는 구석구석 모르는 게 없으니 친숙하고 편안한 감정을 느낀다. 오죽하면 '아무리 누추해도 집이 최고'라는 말이 있을까.

사람은 시스템 1에 의해서 '친숙함＝우수함' 또는 '친숙함＝믿을 만함'과 같은 등식의 휴리스틱을 작동한다. 친숙함이 반드시 우수함을 의미하지 않음에도 친숙한 것에 무의식적으로 호감을 보이는 것이다. 신생 기업보다는 오래되어 친근한 기업을 좋아하고 새 브랜드 제품보다는 익숙한 브랜드 제품을 선호한다.

소비자에게 친숙한 유명인을 내세워 제품을 홍보하는 이유가 여기에 있다. 학자들은 이러한 현상에 대해서 '친숙 휴리스틱(familiarity heuristic)'이라는 별도의 이름을 붙였다. 친숙 휴리스틱은 일종의 이용 가능성 휴리스틱으로도 볼 수 있다. 낯선 것보다 친숙한 것이 먼저 머릿속에 떠오르기 때문이다.

감정 휴리스틱의 수혜를 가장 많이 보는 집단은 정치인일 듯하다. 유권자에게 특정 정당이나 정치인을 지지하는 이유를 질문하면 논리에 따른 판단이라고 답한다. 하지만 몇 단계 질문을 거치면 '그냥 마음에 들어서' 지지하는 것임을 알 수 있다. 그뿐만 아니라 지지하지 않는 정당의 정책에 대해서는 일단 부정적인 시각으로 판단하는 경향이 있다.

그러다 보니 감정 휴리스틱이 지배하는 사회에서는 정치가 발전하기 힘들다. 옳은 정책으로 승부할 필요가 없으니까 말이다. 옳은 정책은 증발하고 유권자의 마음을 건드리는 감정적 정책이 최선의 정책이 된다. 우리가 'A를 선택하기로 결정했다'라는 말은 'A를 좋아한다'라는 말이다. 좋아하는 것이 항상 옳은 것을 의미하지는 않으므로 이는 'A가 합리적 선택이다'라는 말과 분명 차이가 있다.

 교실에서 하는 행동경제학 토론

◆ 가격이나 품질이 만족스러워서가 아니라 단순히 좋아하는 브랜드의 상품이라서 구매한 적이 있나요? 그 브랜드의 경쟁 상품을 어떻게 평가하나요?

◆ 웰빙, 프리미엄, 유기농 등과 같은 문구 때문에 품질과 가격에 대한 꼼꼼한 비교 없이 비싼 가격에 구매한 물건이 있는지 생각해 봅시다.

◆ 소비자의 감정에 호소하는 광고 사례를 찾아봅시다.

선무당이
사람 잡는 이유

재인 휴리스틱

 휴리스틱의 재발견

'선무당이 사람 잡는다'는 속담이 있다. 능력 없는 사람이 함부로 나서다가 일을 그르치고 낭패를 보게 되는 현상을 비유하는 말이다. 비단 이는 우리나라만의 현상이 아닌 듯하다. 세계 각국에 이러한 의미의 격언이 있다고 한다. 영어권에는 '섣부른 지식은 위험하다(A little knowledge is a dangerous thing)'가 있다.

이러한 현상을 확인할 수 있는 연구를 하나 보자. 어느 연구자들이 다음의 질문을 미국 대학생과 독일 대학생에게 각각 던졌다.

샌디에이고와 샌안토니오 가운데 어느 도시의 인구가 많다고 생각하는가?

어느 나라 대학생의 정답률이 더 높았을까? 샌디에이고와 샌안토니오는 모두 미국에 있는 도시이다. 두 도시에 대한 지식이 상대적으로 더 많은 미국 대학생의 정답률이 높을 것으로 추론할 수 있다. 정말 그랬을까? 조사 결과 미국 대학생의 62퍼센트가 정답을 샌디에이고라고 말했다.

실험에 참여한 독일 대학생에게 두 도시의 이름을 들어본 적이 있는지 조사했다. 샌디에이고를 들어본 적이 있는 경우는 100퍼센트였지만 샌안토니오를 들어본 적이 있는 경우는 겨우 4퍼센트였다. 독일 대학생에게 샌안토니오는 사실상 모르는 도시라 할 수 있다. 그런데 놀랍게도 독일 대학생의 정답률은 100퍼센트였다. 참고로 이 실험이 진행되었던 당시에는 샌디에이고의 인구가 더 많았다.

어떻게 두 도시에 대한 지식이 상대적으로 적은 독일 대학생이 더 정확하게 정답을 고를 수 있었을까? 이에 대한 해석으로 연구자들이 제시한 것이 재인 휴리스틱이다. 재인은 영어로 'recognition' 즉 알고 있다는 뜻이다. 즉, 재인 휴리스틱은 자신이 아는 대상이 알지 못하는 대상보다 더 비싼 값 또는 높은 가치를 지닌다고 판단해 버리는 휴리스틱이다. 이런 점에서 재인 휴리스틱도 이용 가능성 휴리스틱과 통한다고 볼 수 있다.

독일 대학생이 정답을 고른 배경은 단순하다. 그들은 전혀 들어본 적 없는 샌안토니오보다는 들어본 적이 있는 샌디에이고의 인구가 더 많을 것이라고 어림짐작해 판단했다. 그 결과 독일 대학생 전체가 정답을 골랐다.

반면에 두 도시를 모두 알고 있는 미국 대학생은 어땠을까. 나름대로 보유한 두 도시에 대한 (얕은) 지식을 활용해 답을 구했다. 그 결과 많은 학생이 틀렸다. 단순히 재인 휴리스틱에 의존한 독일 대학생보다 시스템 2에 의존한 미국 대학생의 정답률이 더 낮은 역설적인 상황이 발생했다.

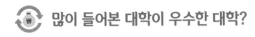 **많이 들어본 대학이 우수한 대학?**

재인 휴리스틱에 의해 판단한 결과가 역설적이라는 점이 흥미롭다. 알고는 있지만 어설프게 아는 미국 학생보다 재인 휴리스틱에 의해 단순하게 판단한 독일 학생이 결과적으로 더 제대로 판단했다.

이 실험은 선무당이 사람 잡는다는 말처럼 어설프게 알아서 잘못된 판단을 하는 것보다 직관적으로 휴리스틱에 의존한 판단이 더 나을 수 있음을 보여준다. 때로는 단순한 의사결정이 더 정확한 추론을 이끌 수 있다는 뜻이다. 이를 영어로 'less-is-more effect'라고 한다. '적은 게 더 좋은 것' 정도로 번역할 수 있다.

예를 들어 학교에서 오지선다형 객관식 시험을 치르는 학생을 생각해 보자. 정답을 확실히 알지 못하는 문제가 있을 때 어떤 학생은 지식을 최대한 이용해서 선택지를 하나씩 지워나가다가 남아 있는 두세 개 선택지 가운데 하나를 최종적으로 낙점한다. 반면에 어떤 학생은 가장 긴 선택지나 정답으로 고른 번호 중 가장 적은 빈도의 번호로 낙점하는 단순 전략을 쓴다. 그런데 전자의 학생은 틀리고 후자의 학생이 맞는 경우가 있다.

그렇다고 오해는 하지 말자. 그런 경우가 있다는 뜻이지 항상 그렇다는 뜻은 절대 아니다. 재인 휴리스틱이 항상 훌륭한 판단을 보장하지는 않는다.

재인 휴리스틱에 의한 직관적 판단이 정확한 답이 되려면 재인과 판단의 정확성 사이에 정(+)의 상관관계가 성립해야 한다. 무슨 소린가 하면 샌디에이고라는 도시를 들어본 적이 있다는 것은 그곳으로 오가는 사람이 많거나 그곳에 프로스포츠팀이 있어 뉴스에 자주 등장했거나 유명 관광지이기 때문이다. 이들 요인은 모두 많은 인구와 밀접한 상관 관계가 있다. 그래서 재인 휴리스틱이 정답률을 높일 수 있었다.

그런데 이런 경우가 있을 수도 있다. 외국의 우수 대학에 유학 가려는 학생이 있다. 어느 대학이 우수 대학인지 정확히 모르는 상태에서 학생은 '많이 들어본 대학=우수한 대학'이라고 생각하고 해당 대학에 지원했다. 이것이 재인 휴리스틱이다. 이 등식이 옳을 수도 있지만 옳지 않은 경우도 많이 있다. 학교 규모가 크거나 운동을 잘하는 대학이어서 이름을 날려도 우수하지는 않은 대학이 있기 때문이다.

인지도나 유명세를 따르기 전에

재인 휴리스틱에 특별한 관심을 두는 곳은 역시 기업이다. 소비자는 생소한 물건을 살 때 어떤 브랜드를 골라야 할지 몰라 어려움을 겪는다. 가격이 중요한 요인이지만 가격 차가 크지 않다면 선택하기 힘들다. 어떤 때는 싼 가격의 물건은 품질이 떨어질까 봐 구매를 망설이기도 한다. 이런 경우에 소비자는 널리 알려져 자신이 들어본 적이 있는 브랜드의 상품을 고르는 경향이 있다.

이는 나름대로 현명한 선택 방법이다. 재인될 정도의 브랜드라면 오랫동안 시장에서 살아남았으며 품질도 일정 기준 이상을 유지하고 있을 테니 말이다. 따라서 유명 브랜드가 무명 브랜드보다, 유명 기업이 무명 기업보다 재인 휴리스틱에 의해서 소비자의 선택을 받을 가능성이 짙다.

이제 기업의 방향은 뚜렷해진다. 브랜드 인지도를 높여야 한다. 광고의 중요한 목적은 상품의 장점을 소비자에게 알려 구매를 설득하는 데 있지 않고, 소비자의 머리에 상품 브랜드를 각인시키는 데 있다. 좋은 정보를 전달하는 광고보다는 소비자의 관심을 끄는 광고가 기업이 원하는 광고이다.

이처럼 재인이 반드시 품질의 우수함을 보장하는 것은 아니다. 익숙한 것이 늘 옳음을 의미하지도 않는다. 그러므로 소비자는 여러 제품 가운데 하나를 선택할 때 단순히 인지도나 브랜드 유명세에 따라 판단을 내리는 재인 휴리스틱이 발생하지 않도록 유념해야 한다.

 교실에서 하는 행동경제학 토론

◆ 알려지지 않은 기업이 생산한 물건이거나 처음 들어보는 브랜드라는 이유로 구매하지 않기로 결정한 적이 있나요?

◆ 많이 들어본 대학의 비인기 학과와 생소한 대학의 인기 학과 가운데 어느 곳을 선호하는지 생각해 봅시다.

교실에서 하는 행동경제학 실험 2

공공재와 사유재 알아보기

💵 경제 개념

공공재, 사유재, 무임승차, 효율성

📢 준비물

트럼프 카드(모둠당* 같은 숫자 카드 4장씩), 기록지

• 학생 수에 따라 개인별 또는 모둠별로 진행한다. 학생 수가 많아질수록 실험 소요 시간이 길어지므로 실험 시간에 따라 적절한 수로 구성한다.

👍 규칙

1. 각 모둠은 검은색 카드 2장과 빨간색 카드 2장을 받으며, 이 중 2장은 선생님에게 제출해야 한다.

2. 각 모둠은 보유한 빨간색 카드 1장에 4,000원을 받는다. 선생님에게 제출한 빨간색 카드에 대해서는 1장에 1,000원씩 받는다. 검은색 카드로는 아무런 수익을 얻지 못한다.

3. 따라서 각 모둠의 수익은 '(4,000원×보유한 빨간색 카드의 수)+(1,000원×선생님에게 제출한 빨간색 카드의 수)'가 된다.

4. 여러 회에 걸쳐 수익이 가장 많아지게 하는 것이 모둠의 목표이다.

👍 절차

1. 각 모둠에 검은색 카드 2장과 빨간색 카드 2장을 나누어준다.

2. 각 모둠은 어떤 색 카드 2장을 선생님에게 제출할지 의논한다.

3. 선생님에게 카드 2장을 제출할 때 다른 모둠이 카드 색깔을 볼 수 없도록 카드를 뒤집어 제출하고 나머지 카드는 책상 위에 엎어 놓는다.

4. 선생님은 모둠이 제출한 카드 가운데 빨간색 카드가 몇 장인지 공지한다.

5. 각 모둠은 수익을 계산한다.

6. 실험을 반복하면서 빨간색 카드 제출 개수의 변화를 살펴본다.

👍 실험의 의미

1. 각 모둠이 보유하기로 한 빨간색 카드는 해당 모둠에만 4,000원의 수익을 가져다주므로 사유재에 해당한다. 선생님에게 제출한 빨간색 카드는 전체 모둠에 1,000원의 수익을 가져다주므로 공공재에 해당한다.

2. 모든 모둠이 빨간색 카드 2장을 선생님에게 제출하면 사회 전체의 수익이 최대로 되며 효율성이 달성된다.

3. 선생님에게 빨간색 카드를 제출한 모둠이 없으면 사회 전체의 이익이 최소가 된다.

4. 실험 결과는 위의 양 극단의 사이에 위치할 것이다.

5. 선생님에게 빨간색 카드를 제출하지 않는 모둠은 사회에 기여하지 않은 채 다른 모둠의 기여로 혜택을 누리는 무임승차 행위를 한 것이다.

6. 무임승차를 하는 모둠이 많아질수록 비효율적인 사회가 된다.

* 자세한 실험 내용은 『경제 실험과 경제 교육』(한진수, 교육과학사, 2017)에서 확인할 수 있다.

한두 명이 아니라 많은 사람이 전통경제학이 예상하는 바와 다르게 선택하고 행동하고 있다면 거기에는 그만한 이유가 있을 것이다. 그 이유를 찾아내고 현실 속 사람이 하는 경제 의사결정에 영향을 미치는 심리적 요인을 규명한 것이 전망 이론이다. 이 이론을 제시한 학자는 노벨 경제학상을 수상한 최초의 심리학자가 되었다. 전망 이론이 무엇이고 어떤 역할을 하고 있기에 심리학자가 노벨 경제학상을 받을 수 있었을까?

주식 투자, 아파트 구매 등 우리가 이득을 기대하며 선택하는 의사결정에는 손실이 발생할 수 있는 위험이 따른다. 전망 이론은 이처럼 위험한 상황에서 사람이 어떻게 의사결정을 하며 그러한 결정을 하는 이유가 무엇인지를 규명한다. 사람은 이익보다 손실에 훨씬 더 민감하므로 손실을 회피하는 성향을 보인다는 것이 전망 이론의 핵심이다. 그래서 사람은 비록 기대 수익이 적더라도 안전한 쪽을 선택하는 경향이 있다. 그러면서도 당첨될 확률이 극히 낮은 로또 앞에서는 오히려 위험을 무릅쓰고 로또 구매 행렬에 동참한다. 도대체 왜 그럴까?

상대적 변화와 손실에 민감하다

전망 이론

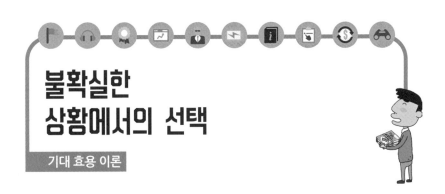

불확실한 상황에서의 선택

기대 효용 이론

곳곳에 위험이 도사린 환경

불확실성(uncertainty)이 없는 상황에서의 합리적 선택은 비교적 분명하고 쉽다. 다음 문제를 보자.

아르바이트 일자리를 구하고 있는 여러분은 다음의 두 제안을 받았다. 어떤 일자리를 선택하겠는가?

A. 100만 원을 얻을 수 있는 일자리

B. 120만 원을 얻을 수 있는 일자리

물어볼 필요조차 없이 이 문제에서는 백이면 백 모두 B를 선택할 것이다. 물론 노동 강도 등 나머지 요인은 같다는 전제에서 그렇다. 이 선택에 이의를 제기할 사람은 없다. 어떤 일자리를 선택하든 내가 얻을 수 있는 이득에 불확실성이라곤 없는 상황이다.

안타깝게도 우리가 일상생활에서 하는 선택은 이처럼 단순하지만은 않다. 우리는 불확실성 속에서 살고 있다. 불확실한 상황에서는 기대하는 결과와 기대하지 않는 결과 가운데 어떤 결과가 실현될지 모른다. 기대하지 않는 결과 때문에 손실(피해)이 발생할 가능성이 잠재해 있다. 이런 상황을 '위험(risk)이 존재한다' 또는 '위험한 상황'이라고 말한다.

우리가 직면하는 위험의 종류는 무척 다양하다. 날씨가 더워져 친구들과 냉면을 먹기로 하고 유명한 식당을 겨우 예약했는데 정작 당일에 비바

람이 불어 냉면의 맛이 뚝 떨어지는 것 역시 위험 가운데 하나이다. 주가 상승을 기대하고 주식을 샀는데 주가 하락으로 손실을 볼 위험, 보행 중에 교통사고를 당할 위험, 로또를 샀는데 당첨되지 않을 위험도 있다. 이렇게 다양한 위험 중 이 책은 금전적 손실과 관련된 위험에 초점을 둔다.

역사 이래 인간은 온갖 위험이 도사리고 있는 상황에서 더 나은 선택을 하기 위한 방법을 끊임없이 모색해 왔다. 고대인은 신에게 의존하는 신탁, 운에 맡기는 점술 등에 상당 부분 매달렸다. 일부 현대인도 여전히 이런 것에 의존하고 있다.

📊 기대 효용이 큰 것을 선택한다

냉철한 경제학자들은 불확실성이 있는 상황에서 어떻게 선택하는 것이 합리적인지를 분석하는 데 큰 노력을 기울였으며 하나의 과학적인 방법을 제시했다.

집을 사는 경우를 생각해 보자. 사려는 집의 가격이 향후 올라갈 것이 확실하다면 집을 사는 데 주저할 사람은 없을 것이다. 그러나 집 가격은 하락할 수도 있다. 이처럼 집을 살 때는 손실 발생 위험이 따르게 마련이다. 다음의 불확실한 상황을 보자.

사려는 집의 가격이 1억 원이며 이 집을 살 수 있는 돈도 갖고 있다. 두 지역에 각각 한 채씩 매물이 있다. 여러분은 어느 집을 사겠는가?

A. 이 지역에 있는 집은 향후 가격이 1억 원 오를 확률이 30퍼센트, 5,000만 원 오를 확률이 70퍼센트이다.

B. 이 지역에 있는 집은 향후 가격이 1억 원 오를 확률이 70퍼센트, 5000만 원
　 오를 확률이 30퍼센트이다.

　물론 향후 기대할 수 있는 이득을 제외한 나머지 조건은 모두 같다.
여러분의 선택은 어떤 집인가? 어떻게 선택했는가?

　수학 시간에 배운 기댓값을 사용해야 한다. A 지역에 있는 집에서 향
후 기대할 수 있는 이득은 '(1억 × 0.3) + (5,000만 × 0.7) = 6,500만 원'이다.
반면에 B 지역에 있는 집에서는 '(1억×0.7)+(5,000만×0.3)=8,500만 원'의
이득을 기대할 수 있으므로 B 지역의 집을 사는 것이 합리적이다.

　이처럼 불확실한 상황에서 호모 이코노미쿠스는 기대할 수 있는 이득
또는 기대할 수 있는 효용을 따져서 이왕이면 더 큰 쪽을 선택한다. 이것
이 전통경제학자들이 내놓은 '기대 효용 이론(expected utility theory)'
이다. 단, 기대 효용 이론은 설명을 단순화하기 위해서 '1원=1효용'이라
고 가정한다.

　기대 효용 이론이 유용하게 쓰이는 분야 가운데 하나로 보험이 있다.
우리나라 사람이 암에 걸릴 확률이 500분의 1이라 하자. 이 확률은 우
리나라 전체 국민의 평균일 뿐이지 개개인이 인지하는 확률은 저마다
다르다.

　평소 업무 스트레스를 많이 받고 술과 담배를 즐기며 암 가족력까지
있는 사람은 자신이 암에 걸릴 확률이 평균보다는 높다고 생각한다. 그
확률이 예를 들어 100분의 1이라고 하자. 그리고 만약 암에 걸리면 수술
비로 1억 원이 필요하다. 이 사람이 암 보험에 가입할 경우 기대 효용은
'(1억 × 0.01) + (0 × 0.99) = 100만 원'이다.

　한편 운동을 꾸준히 하는 등 건강 관리를 철저히 할 뿐 아니라 암 가

족력이 없는 사람이 생각하는 암 발생 확률은 평균보다 낮은 1,000분의 1이다. 이 사람이 암 보험에 가입할 때의 기대 효용은 '(1억×0.001)+(0×0.999)=10만 원'에 불과하다.

이제 누가 암 보험 가입에 더 관심이 있을지는 분명하다. 암 보험에서 기대할 수 있는 효용이 더 많은 앞의 사람이다. 현실 세계에서도 실제로 이런 현상이 나타난다. 암 발생 확률이 낮다고 생각하는 젊은 층은 암 보험 가입에 별 관심이 없다. 그러다가 나이가 많아지면서 암 보험 가입을 알아보기 시작한다.

물론 보험회사는 나이에 따라 암 보험료를 차등 적용하는 방식으로 이에 대처한다. 젊은 사람보다 나이가 많은 사람에게 더 비싼 보험료를 부과한다. 그리고 특정 나이를 넘어서면 아예 암 보험 가입을 허용하지 않기도 한다.

그런데 행동경제학에서는 기대 효용 이론에 허점이 있다고 지적한다. 사람의 인지적·심리적 요인과 개인적 가치를 고려하지 않는다는 것이다. 이를 보완하기 위한 대안도 제시한다. 그 대안이 무엇일까.

 교실에서 하는 행동경제학 토론

◆ 기댓값을 따져서 선택했던 경험이 있는지 생각해 봅시다.

◆ 1백만 분의 1의 확률로 당첨되면 10억 원을 주는 복권과 1만 분의 1의 확률로 당첨되면 1억 원을 주는 복권 가운데 하나를 선택해야 한다면 어떤 복권을 선택할 것인가요? 그 이유가 무엇인지 말해 봅시다.

같은 상황,
다른 선택

전망 이론

📊 은메달보다 동메달에 기뻐하는 이유

올림픽 시상대에는 금메달, 은메달, 동메달 수상자가 오른다. 당연히
금메달리스트의 얼굴에서는 미소가 떠나지 않는다. 그런데 학자들은 흥
미로운 점 하나를 발견했다. 은메달리스트의 표정은 어두운데 동메달리
스트가 오히려 더 행복한 표정을 짓는다. 어째서 이런 현상이 발생하는
것일까.

은메달리스트는 금메달을 기대하고 시합했지만 패했다. 그 쓰라림과
안타까움이 표정에 드러나는 것이다. 동메달리스트는 자칫 잘못했으면
메달을 따지 못할 위험이 있었는데 3~4위전에서 승리해 기쁘다. 4위였
다면 시상대에도 오르지 못했을 것이기 때문이다.

실제로 이는 행동경제학자들에 의해 밝혀진 결과이다. 은메달리스트는 금메달이라는 더 좋은 결과를 떠올리는 상향 가정법식 사고를, 동메달리스트는 메달권 탈락이라는 더 나쁜 결과를 떠올리는 하향 가정법식 사고를 한다.

이것이 사람이다. 사람이 하는 선택을 자세히 관찰해 보니 전통경제학의 기대 효용 이론으로는 설명하기 힘든 사례들이 다수 나타났다. 이제 행동경제학이 나설 차례이다. 다음 상황을 생각해 보자.

서준이와 기준이가 논술 시험을 치렀다. 답안지를 잘 썼다고 생각한 서준이는 90점을 기대했고, 시험을 망쳤다고 생각한 기준이는 70점을 예상했다. 실제 발표된 성적은 예상 밖으로 두 사람 모두 80점이었다. 두 사람은 점수가 같으니 행복도도 같을까? 아니라면 누구의 행복도가 더 높을까?

기준이의 행복도가 더 높을 것이라는 데 여러분도 동의할 것이다. 같은 80점이라도 서준이는 10점을 손해 본 느낌 때문에 실망감을 느낄 것이다. 아마 서준이의 점수가 85점이었더라도 마찬가지일 것이다. 반면에 기준이는 80점에 승자라도 된 듯한 기분을 느낄 것이다.

기대 효용 이론으로는 이 상황을 설명하기 힘들다. 이 이론대로라면 두 사람이 같은 점수를 얻었으니 얻는 효용도 같을 테고 따라서 두 사람이 누리는 행복감의 크기도 같아야 한다. 그러나 현실적으로 사람의 행복감은 그렇지 않다.

사례를 하나 더 생각해 보자. 두 사람 모두 올해 연봉이 4천만 원이라는 통보를 받았다.

A. 이 사람의 작년 연봉은 3천만 원이었다.

B. 이 사람의 작년 연봉은 5천만 원이었다.

기대 효용 이론에 의하면 올해 두 사람은 같은 금액의 연봉을 받으므로 효용 수준도 같다. 그러나 두 사람의 만족도나 행복도는 분명히 다를 것이다. A는 뛸 듯이 기쁜 마음이 들지만 B는 실망감에 풀이 죽을 것이다. 같은 4천만 원이 두 사람에게 미치는 영향은 사뭇 다르다.

기대 효용 이론의 문제점을 해결하기 위해서 행동경제학이 대안으로 제시한 것이 '전망 이론(prospect theory)'이다. 영어 발음을 살려 '프로스펙트 이론'이라고도 부른다. 전망 이론은 행동경제학의 핵심 이론이자 행동경제학이 본격적으로 발달하게 된 기폭제가 됐다.

전망 이론이 가장 주목한 것은 사람은 상대적인 변화에 민감하게 반응한다는 점이다. 예를 들어 같은 라면을 먹더라도 집에서 평소의 한 끼로 먹는 경우와 해외여행 중 느끼한 음식 섭취 후 숙소에서 먹는 경우의 효용 사이에는 커다란 차이가 있다. 실내의 적정 온도도 그렇다. 여름철 적정 온도는 26~28도인데 겨울철 적정 온도는 18~20도이다.

행동경제학자들은 사람의 선택을 제대로 설명하려면 이런 점들을 반영하고 설명할 수 있어야 한다고 본 것이다.

📊 전망하지 않는 전망 이론

'전망'이라는 이름이 붙어 있으니 미래를 예상하고 조망하는 데 도움이 되는 이론이라고 오해할 수 있다. 전망 이론에 그런 '전망'은 없다. 그러면 왜 '전망 이론'이라 이름 붙였을까?

'전망'이라는 용어의 의미는 크게 고민할 필요 없다. 처음 이 용어를 쓴 카너먼과 트버스키가 특별한 의미 없이 작명했다고 밝혔으니 말이다. 전망 이론은 불확실성이 존재하는 상황에서 사람이 어떻게 선택하는지를 설명하는 이론이다.

전망 이론에서는 사람의 인지에 세 가지 공통된 특징이 있다고 말한다. 손실 회피성, 준거점 의존성, 민감도 체감성이다. 이 가운데 '민감도 체감성(diminishing sensitivity)'은 이득이나 손실의 크기가 커짐에 따라 변화에 대한 민감도가 줄어든다는 특성이다. 소득이 300만 원 증가했을 때의 즐거움은 100만 원 증가했을 때 즐거움의 3배에 이르지 못한다는 뜻이다. 이는 전통경제학에서의 한계 효용 체감*에 해당하는 개념이므로 굳이 이 책에서 더 이상 설명하지 않는다.

이제부터 나머지 두 가지 특성, 손실 회피성과 준거점 의존성에 대해서 차례로 생각해 보자. 이 두 가지 특성은 사람의 선택을 행동경제학적 시각으로 이해하는 데 매우 긴요하다.

 교실에서 하는 행동경제학 토론

◆ 시험 점수가 기대했던 것보다 나쁘게 나온 경우와 예상한 대로 나쁘게 나온 경우 가운데 언제 실망감이 더 큰가요?

◆ 좋아하는 빵을 처음 한 입 먹을 때 얻게 되는 만족(효용)을 상상해 봅시다. 그다음에 한 입 더 먹을 때 얻게 되는 만족(효용)의 크기는 이전보다 늘어날지, 아니면 줄어들지 말해 봅시다.

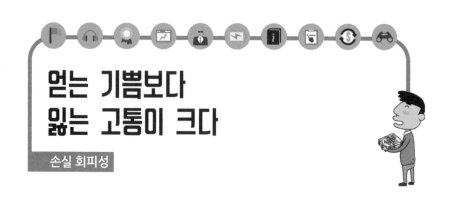

얻는 기쁨보다 잃는 고통이 크다

손실 회피성

📊 든 자리는 몰라도 난 자리는 안다

아주 단순한 동전 던지기 게임을 생각해 보자.

동전을 던져서 앞면이 나오면 10만 원을 따고 뒷면이 나오면 10만 원을 잃는다. 이 게임에 참여비는 없으며 원하는 사람은 누구나 자유롭게 참여할 수 있다. 당신은 이 게임에 참여하겠는가?

이 세상에 있는 게임 가운데 가장 단순한 게임이 아닐까 생각한다. 속임수나 함정도 없다. 그냥 동전을 던지는 게임이다. 이 게임의 기댓값은 0원이다. 게임 참여자에게 특별히 불리하지도 않고 게임을 주관하는 진

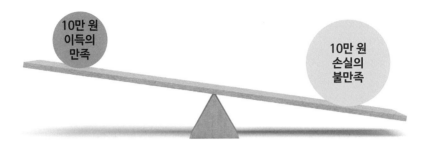

손실 회피성

행자에게 유리하지도 않은 공정한 게임이다.

그럼에도 사람들은 이 게임에 좀처럼 참여하지 않는다. 여러분이라면 참여하겠는가? 게임에 걸려 있는 돈이 10만 원이 아니라 100만 원, 1,000만 원이라면 그나마 참여하려고 했던 사람도 생각을 바꿀 것이다. 왜 대부분은 이 게임에 도전하지 않을까?

10만 원을 땄을 때 얻는 만족(가치)의 크기보다 10만 원을 잃을 때 빼앗기는 불만족(가치)의 크기가 훨씬 크게 느껴지기 때문이다. 전통경제학에서 이 게임이 공정하다고 말할 때는 10만 원을 딸 때의 플러스 효용과 잃을 때의 마이너스 효용의 크기가 같음을 전제로 한 것이다.

그러나 현실의 사람은 같은 금액이라 하더라도 이득에서 얻는 만족(기쁨, 즐거움)보다 손실에서 더 커다란 불만족(고통, 상실감)을 느낀다. 따라서 10만 원의 손실을 상쇄하려면 앞면이 나올 때 10만 원이 아니라 수십만 원의 이득이 있어야 한다.

사람은 이득보다 손실에 더 민감해서 가급적 손실을 피하려 한다. 이것이 '손실 회피성(loss aversion)'이다. 손실 기피성도 같은 말이다. 간단히 말하면 사람은 이득과 손실에 비대칭적으로 반응하며, 같은 금액이라도 '손실의 불만족〉이득의 만족'이 성립한다.

옛말에 '든 자리는 몰라도 난 자리는 안다'고 했다. 물론 이는 사람과 관련된 말이지만 돈으로 바꿔도 무방할 듯하다. 들어온 돈(이득)보다는 나간 돈(손실)에 신경이 더 많이 쓰인다는 뜻이므로 손실 회피성과 맥을 같이한다.

연구자들은 같은 금액의 이득보다 손실에서 1.5~2.5배의 영향을 받는다고 추정하고 있다. 이 말이 옳다면 동전 던지기 게임에서 앞면이 나오면 25만 원 정도를 받아야 비로소 이에 참여할 마음이 생길 것이다.

예를 들면 10만 원짜리 복권에 당첨된 날 10만 원짜리 교통 위반 범칙금 고지서를 받으면 어떨까. 기쁨과 고통이 깨끗이 상쇄되지 않을 것이다. 지갑에 든 돈에는 변화가 전혀 없더라도 마음은 고통스럽다.

📊 왜 비싼 보험료를 내며 보험에 가입할까

손실을 회피하는 성향은 경제학의 아버지 애덤 스미스가 이미 18세기에 거론했을 정도로 사람의 중요한 특성이다.

고통은 내가 지금껏 주시한 것 가운데 거의 모든 경우에 있어서 그와 정반대로 대응하는 즐거움보다 훨씬 자극적인 느낌이다. 즐거움이 우리를 정상 상태 또는 우리의 자연 상태의 행복감이라 부를 수 있는 수준 위로 끌어올리는 것보다 고통은 훨씬 많이 그 아래로 떨어뜨린다.

— 『도덕감정론』[2]

손실 회피성을 인류 진화 과정에서 자연스럽게 형성된 특성으로 해석하는 시각이 있다. 자신의 목숨을 유지하고 종족을 번식하기 위해서는 기회보다 안전을 더 중요하게 여겨야 했다. 사냥감을 획득하는 기회는 며칠 정도의 포만감을 주지만 맹수에 희생당하는 일은 목숨을 잃어버리는 치명적 결과를 초래한다.

따라서 생존하려면 손실에 더 큰 가치를 둘 필요가 있었다는 것이다. 미국 심리학자 브라이언 넛슨(Brian Knutson)은 기능성 자기공명영상을 이용해 인간의 뇌 전두엽에 손실을 회피하려는 부위가 있다는 사실을 발견했다.

한 생물학자의 연구에 따르면 특정 지역의 터줏대감인 동물이 경쟁자의 도전을 받는 경우 대부분 터줏대감이 승리한다고 한다. 싸움에서 지면 현재 지배하고 있는 지역을 내놓아야 하는 엄청난 손실이 발생하기 때문에 경쟁자보다 더 죽기 살기로 싸움에 임하는 것이라고 해석할 수 있다.

여러분은 다음 말에 얼마나 동의하는가.

'사람을 비롯해 동물은 이득을 얻기보다는 손해를 보지 않기 위해 열심히 싸운다.'

사람이 보험에 가입하는 동기도 손실 회피 성향 때문이다. 암이 발생하거나 교통사고를 당할 확률과 사고가 발생했을 때 생길 금전적인 피해를 따져 계산해 보면 보험료가 기대 손실보다 훨씬 비싼 것이 사실이다. 예를 들어 어떤 사고의 기대 손실이 100만 원이라 하자. 그런데 사고에 대비하는 보험에 가입하기 위해 보험료로 총 150만 원이나 내게 된다면 보험 가입은 비합리적이다.

그럼에도 수많은 사람이 자발적으로 보험에 가입하는 이유는 만에 하나 사고가 발생할 때 손실이 매우 커다란 고통으로 다가오므로 이를 회피하기 위함이다. 단순히 돈의 크기로만 비교할 일이 아니다.

윤리적인 차원에서도 도박은 하지 말아야 하지만 우리가 도박을 피해야 하는 또 다른 이유가 있다. 바로 손실 회피성이다. 도박 참여자들의 금전적 손익을 합하면 당연히 0이 된다. 즉, 딴 사람의 획득 금액을 모두 합하면 잃은 사람의 손실 금액 합과 일치한다.

그렇지만 손실 회피 성향으로 인해 돈을 딴 사람이 얻는 기쁨보다는 잃은 사람이 느끼는 고통의 크기가 훨씬 크다. 기쁨과 고통의 합은 항상 마이너스가 된다. 전체적으로 고통만 남게 되는 도박은 백해무익하다.

📊 지금 안 사면 손해

기업은 소비자의 손실 회피 성향을 어떻게든 이용하려 한다. '지금 안 사면 손해'라는 인식을 소비자에게 심어주기 위해 온갖 노력을 한다.

"지금까지 보지 못한 최고의 조건입니다. 남은 시간 얼마 없습니다. 준비한 물량 거의 소진되고 있다는 소식입니다. 매진 임박입니다!" 소비자가 주문하도록 심리적 압박을 가하는 쇼핑 호스트의 방송 멘트이다. 방송을 보는 많은 소비자는 기회를 놓쳐 발생하는 고통을 회피하려고 구매 대열에 동참한다.

미국에서 손실 회피성을 이용한 마케팅으로 성공을 거둔 유명한 두 사례를 보자. 2008년 금융위기 때의 일이다. 미국 경기가 급랭했고 소비자는 지갑을 열지 않았다. 이에 한 자동차 회사는 다음과 같은 조건을 내세우며 광고했다.

"자동차를 할부로 구매한 고객이 1년 이내에 실직하면 구매비 일부를 보상해 드립니다."

이 광고는 자동차 구매 후 실직하면 할부금도 내지 못하고 자신의 자동차를 압류당할 수 있다는 미국 소비자의 불안감을 해소하는 데 도움이 됐다. 그 결과 자동차를 사려는 소비자가 2배 가까이 증가했다.

두 번째 사례는 유방암 조기 검진 사례이다. "매년 유방암 검사를 받으세요. 암을 조기에 발견해서 제거할 수 있습니다"라고 광고했으나 검진을 받으러 오는 여성은 기대치보다 적었다. 이에 병원은 문구를 일부 수정했다.

"만약 매년 유방암 검사를 하지 않는다면 몸속에서 자라고 있는 암을 발견하지 못할 수 있습니다."

이 광고는 암으로 인한 손실 가능성을 효과적으로 자극했고 여성들을 조기 검진하도록 이끄는 데 크게 도움이 됐다.

 교실에서 하는 행동경제학 토론

◆ 참여비가 없는 동전 던지기 게임에서 앞면이 나오면 10만 원을 잃고 뒷면이 나오면 얼마를 딸 수 있을 때 이 게임에 참여하겠는지 말해 봅시다. 친구들의 생각과 비교해 봅시다.

◆ 이득도 가능했으나 손실을 피하기 위해서 포기한 사례가 있나요?

요즘 애들이
늘 버릇없는 이유는

기대치를 낮추면 행복해진다

주식을 보유하고 있는 두 사람이 있다. 두 사람 가운데 누가 더 행복할까?

A. 주식 평가액이 3,000만 원에서 2,000만 원으로 줄어들었다.

B. 주식 평가액이 1,000만 원에서 1,500만 원으로 늘어났다.

절대적인 규모로 보면 여전히 2,000만 원어치의 주식을 보유하고 있는 A가 1,500만 원어치의 주식을 보유하고 있는 B보다 주식 자산이 많으므로 더 행복해야겠지만 사람은 그렇게 느끼지 않는다. 그 이유를 이해하기는 어렵지 않다.

A에게는 3,000만 원이 판단의 준거점(기준)이다. 준거점과 비교할 때 그의 주식 가치가 줄어들었으므로 손실로 인식해 마이너스의 만족감을 얻는다. 반면에 B의 준거점(기준)은 1,000만 원이다. 준거점에 비해 그의 주식 가치가 늘어났으므로 이득으로 인식해 플러스의 만족감을 얻는다. 그래서 A보다 B가 더 큰 행복도를 확보한다.

이러한 현상을 '준거점 의존성(reference dependence)'이라고 부른다. 사람이 준거점으로부터의 상대적 변화를 바탕으로 이득인지 손실인지를 평가하는 특성을 말한다. 물의 온도 변화에 따라 손이 느끼는 차가움이 달라지는 현상과 마찬가지 이치이다. 예를 들어 0도의 물에 담갔던 손을 10도의 물로 옮기면 따뜻하게 느끼지만 20도의 물에 담갔던 손을 10도의 물로 옮기면 차갑다고 느낀다.

사람에게 중요한 것은 절대량이 아니라 준거점(기준)으로부터의 변화량이다. 이런 의미에서 준거점 의존성은 '상대 평가성'이라고도 불린다. 어제와 오늘 상황이 같으면 사람이 추가로 얻는 만족감은 없다. 어제보다 오늘의 자산이나 수입이 증가하면 비로소 이득으로 인지하고 플러스의 만족감을 얻는다. 준거점이 아무리 높더라도 준거점에 비해서 자산이나 소득이 조금이라도 감소하면 사람은 이를 손실로 인지하고 불만족한다.

신학자 토마스 아퀴나스˚는 이미 오래전에 "인간은 변화가 일어나는 과도기에만 행복이나 불행을 느낀다"라고 말했다. 가난했다가 부자가 될 때는 행복을 느끼지만 일단 부유함이 지속되면 더 이상 행복감을 느끼지 못한다는 것이다. 선진국보다 일인당 소득이 훨씬 낮은 국가에서 종종 국민의 행복도가 더 높다고 보고되는 현상도 준

토마스 아퀴나스
(Thomas Aquinas, 1225 추정~1274)
중세 유럽의 스콜라 철학을 대표하는 이탈리아의 신학자이다.

거점 의존성과 관련 있다.

부자에 대한 증세는 우리나라에서 늘 뜨거운 감자이다. 일 년에 몇억, 몇십억씩 벌면서 세금 몇 푼 더 낸다고 뭐가 문제 되느냐며 당당하게 증세를 주장하는 사람이 있다. 이는 사람의 특성을 잘 모르고 하는 소리이다.

부자에게도 준거점이 있다. 현재의 부가 그 준거점이다. 증세가 되면 손실 회피성에 따라 고통을 느낀다. 부자도 사람인지라 그 고통의 크기가 결코 작지 않다.

준거점은 다양하게 설정된다. 보통은 자신의 현재 상태가 자동적으로 준거점이 되지만 미래의 목표가 준거점이 될 수도 있다. 시험에서 자신이 설정한 목표치보다 점수가 낮게 나오면 심적 고통을 느끼는 이유가 여기에 있다.

타인에게 준거점을 설정하는 경우도 있다. 대부분의 부모는 자녀에 대한 기대치가 있다. 예를 들어 돌아오는 생일에 자녀가 줄 선물에 대한 기대치를 설정해 놓을 수 있다. 그런데 자녀는 부모가 설정한 준거점이 어느 수준인지 알 턱이 없으므로 또는 부모가 자식에 대한 준거점을 과도하게 높게 설정하는 경향이 있으므로, 자녀의 행동은 부모에게 만족보다는 불만족을 줄 가능성이 있다.

░▂▄ 라떼는 말이야

"요즘 애들은 버릇이 없어." 어른들이 흔히 하는 말이다. 기원전 소크라테스 역시 요즘 애들은 부모나 스승에게 대든다며 버릇없음을 지적했다. 요즘 애들이 버릇없는 것이 아니라 어느 시절이나 젊은이들은 다 그랬다.

이와 질적으로 같은 말이 하나 있다. "나 때는 말이야." 이런 잔소리 때문에 세대 갈등이 심해진다. 이런 말들이 시대를 가리지 않고 끊임없이 이어지는 것도 모두 준거점 의존성 때문이다.

나이 먹은 사람은 자신이 젊었을 때를 준거점으로 삼고 요즘 젊은 사람을 평가한다. 준거점과 멀리 떨어진 행동을 하니 젊은 사람이 마음에 들 리 만무하다. '그때가 좋았지' 하면서 과거를 그리워한다. 이런 경우를 므두셀라 증후군* 이라 한다. 반면에 젊은 사람은 자신이 사는 현재와 옆에 있는 친구들이 준거점이다. 이들에게는 당연히 경험해 보지 못한 그때가 좋을 리 없으며 비교 자체가 무의미하다.

서로 다른 준거점을 설정한 채 상대방을 평가하니 '요즘 것들은……'

'라떼는……' '꼰대들이란……' 같은 말들이 끊이질 않고 세대 차이는 좁혀지지 않는다. 그러나 준거점을 상대방 중심 또는 미래를 향해 설정하면 세대 차이는 예상외로 쉽게 좁혀질 수 있다.

📊 기쁨은 나누어서, 고통은 한꺼번에

백화점이 물건을 할인 판매하면서 20퍼센트 할인 후에 10퍼센트를 추가 할인하는 경우가 있다. 아예 처음부터 30퍼센트 할인이라고 해놓으면 깔끔하고 좋을 텐데 군이 이런 표현을 유지하는 이유는 무엇일까.

전망 이론에 그 해답이 있다. 할인 판매는 소비자에게 이득이다. 다만 한꺼번에 30퍼센트 할인 판매한다고 광고하면 소비자가 누리는 이득은 한 번만 발생한다. 더욱이 민감도 체감성 때문에 20퍼센트 할인할 때에 비해서 만족도도 그렇게 많이 높아지지 않는다.

이와 달리 할인 소식을 쪼개면 소비자에게 이득이 두 차례 발생한다. 그만큼 소비자의 만족도가 높아지고 그들은 지갑을 활짝 연다. 일반적으로 이득을 제공할 때 여러 개로 쪼개서 주면 상대방의 만족도가 한층 높아지는 효과가 있다. 이러한 특성을 활용해서 상대방의 즐거움을 늘리거나 고통을 줄이려고 시도하는 것을 '쾌락적 편집(hedonic editing)'이라고 부른다.

최종 판매 가격 면에서도 추가 할인 방법이 백화점에 유리하다. 물건 가격이 10만 원이라 하자. 단순히 30퍼센트 할인 판매하면 백화점은 7만 원을 받을 수 있다. 그런데 20퍼센트 할인에 10퍼센트 추가 할인을 할 때는 처음 할인된 값 8만 원에서 10퍼센트를 추가 할인(즉, 8천 원)해 주므로 최종 가격은 7만 2천 원이다. 엄밀히 말하면 30퍼센트 할인이 아니라 28퍼센트 할인이다.

하지만 추가 할인이라는 문구에 유혹당해서, '20퍼센트+10퍼센트=30퍼센트' 할인으로 받아들이는 휴리스틱에 지배당한 소비자는 선뜻 지갑을 연다. 카드 영수증을 보고 28퍼센트 할인이었음을 알게 되더라도 구매 의사를 번복하는 소비자는 거의 없다. 크게 할인된 가격에 샀으므로 '이 정도쯤이야' 하면서 대수롭지 않게 여긴다.

기업이 직원에게 보너스를 주는 경우도 마찬가지이다. 보너스 1백만 원을 한꺼번에 주는 대신에 이런저런 이름을 붙여 두 차례에 걸쳐 50만 원씩 나눠 주면 직원의 기쁨은 더 커진다. 당연히 회사에 대한 만족도도 높아진다. 이렇듯 기쁨은 여러 개로 쪼갤 때 효과가 크다.

반대로 손실의 경우에는 합해야 상대방의 고통을 줄일 수 있다. 기업의 제품 가격 인상은 소비자에게 손실이다. 생산 원가가 조금씩 상승할 때마다 기업이 제품 가격을 인상하면 어떻게 될까? 그때마다 소비자의 불만족이 쌓일 것이다. 그러지 않고 모아서 한 번에 제품 가격을 10퍼센트 인상하면 그나마 소비자의 불만족을 줄일 수 있다. 그래서 기업은 매월 또는 매년 가격을 인상하는 대신에 몇 년에 한 번씩 큰 폭으로 가격 인상을 단행한다.

놀이공원의 이용권에도 같은 논리가 깔려 있다. 만약 고객이 놀이시설을 이용할 때마다 이용권을 사야 한다면 구매 때마다 고통을 느끼므로 놀이시설 이용을 주저하고 씀씀이도 줄어든다. 그래서 놀이공원은 한 번의 고통으로 모든 시설을 이용할 수 있는 자유 이용권을 판다. 고통을 한꺼번에 주는 것이다.

시험 성적을 부모님께 보여드릴 때도 이 논리를 적용할 수 있다. 국어와 수학 시험을 모두 잘 봤으면 성적을 따로따로 보여드려야 한다. 오늘은 국어 성적, 내일은 수학 성적 식으로 말이다. 그러면 부모님의 기쁨이 배가 된다. 그러나 시험 성적이 나쁘면 두 과목의 성적을 한꺼번에 보여드려야 한다.

한편 시험 성적에도 준거점이 있음을 생각해야 한다. 국어에서는 목표 점수(준거점)보다 20점을 더 얻은 반면에 수학에서는 목표 점수에 10점 모자랐다. 이때 대개 사람은 '국어에서 20점 플러스, 수학에서 10점 마이너스'라고 분리해 생각하지 않는다. 그보다 '시험 전체로 보면 목표보다 10점 플러스였어'라고 생각한다. 고통을 줄이려는 본능이다.

반대로 국어에서 목표 점수보다 20점을 적게 얻었고 수학에서 10점을 더 얻었다. 이때는 '국어에서 20점 마이너스였지만 수학에서는 10점 플러스였어'라고 생각한다. 역시 고통을 조금이나마 줄이려는 심리이다.

모든 것은 마음먹기에 달려 있다. 같은 일이라도 생각하기에 따라 편집하기에 따라 만족도가 달라진다.

 교실에서 하는 행동경제학 토론

◆ 용돈이 처음 인상된 달에 느꼈던 기쁨이 그 이후에도 계속 유지되었는지 생각해 봅시다.

◆ 추가 할인 광고에 현혹되어 물건을 산 적이 있나요? 정확하게 몇 퍼센트 할인된 가격에 물건을 샀는지 계산해 보았나요?

◆ 자신에게 준거점을 설정하고 친구를 평가한 적이 있나요? 아니면 자신이 다른 사람과 비교돼 기분 나빴던 적이 있나요?

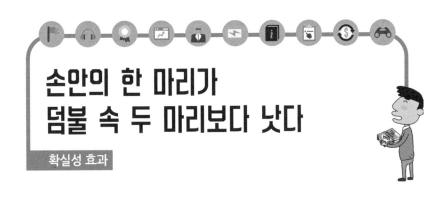

손안의 한 마리가 덤불 속 두 마리보다 낫다

확실성 효과

📊 확률은 숫자에 불과하다

'손에 있는 새 한 마리가 덤불 속의 새 두 마리보다 낫다(A bird in the hand is worth two in the bush)'는 영어 속담이 있다. 덤불 속에 있는 새는 놓쳐서 한 마리도 잡지 못할 불확실성이 있으므로 적더라도 확실하게 확보하는 편이 더 낫다는 뜻이다. 사람이 얼마나 불확실성을 피하고 확실한 것을 좋아하는지를 보여준다. 다음 질문에 답해 보자.

여러분은 둘 중 어떤 것을 선택하겠는가?

A. 300만 원을 딸 확률 25퍼센트, 아무것도 따지 못할 확률 75퍼센트

B. 450만 원을 딸 확률 20퍼센트, 아무것도 따지 못할 확률 80퍼센트

여러분은 어떤 것을 선택했는가? B를 선택하지 않았는가? 실제로 응답자의 58퍼센트가 B를 선택했다. 확률이 있으므로 기댓값을 따진다. A의 기댓값은 75만 원, B의 기댓값은 90만 원이니 더 많은 사람이 기댓값이 높은 B를 선택한 것은 예상할 수 있는 결과이다. 이제 다음 질문을 보자.

여러분은 둘 중 어떤 것을 선택하겠는가?

C. 450만 원을 딸 확률 80퍼센트, 아무것도 따지 못할 확률 20퍼센트

D. 300만 원을 딸 확률 100퍼센트

여러분은 어떤 것을 선택했는가? 이 경우에도 확률이 있으니 기댓값을 따져야 한다. 기댓값이 C는 360만 원, D는 300만 원이므로 C의 기댓값이 높다. 여러분은 기댓값이 높은 C를 선택했는가? 그렇지 않은 사람이 많이 있을 것이다. 실제로 응답자의 78퍼센트가 D를 선택했다.

이 사례에서는 왜 기댓값이 낮은 D를 많이 선택했을까? 이는 모순 아닌가. 해석은 이렇다. 첫 번째 게임에서는 A와 B의 확률에 별 차이가 없다. 반면에 딸 수 있는 돈은 A와 B의 차이가 확연해서 450만 원에 끌리는 사람이 많다. 굳이 기댓값을 계산하지 않더라도 B를 선택한다.

두 번째 게임은 상황이 다르다. C는 아무것도 따지 못할 확률이 있지만 D는 300만 원을 확실히 얻을 수 있다. 따라서 C보다 D가 끌리는 것이다. 비록 기댓값이 낮더라도 확실한 것을 선호하는 것이 사람이다.

이처럼 사람에게는 금액이 적더라도 확실한 것을 좋아하는 성향이 있다. 확실성에 높은 가중치를 두는 심리이다. 이를 '확실성 효과(certainty effect)'라 한다. 이 문제를 처음으로 제시한 프랑스의 노벨 경제학상 수상자 모리스 알레(Maurice Allais)의 이름을 따서 '알레의 역설(Alllais

Paradox)'이라 부르기도 한다. 다음 상황을 생각해 보자.

여러분은 10억 원을 놓고 소송을 진행할 생각이다. 여러분 앞에 두 명의 변호사
가 나타났다. 어떤 변호사를 선택하겠는가?

E. 내가 변호를 맡으면 승소할 가능성이 90퍼센트입니다. 내 변호 수임료는
1억 원입니다.

F. 내가 변호를 맡으면 승소할 가능성이 100퍼센트입니다. 내 변호 수임료는
3억 원입니다.

여러분은 어떤 변호사를 선택하겠는가? 변호사 F를 선택하는 사람이
많이 있다. 재판에서 이길 가능성이 10퍼센트포인트 올라가는 데 기꺼
이 2억 원이라는 변호사 수임료를 추가로 부담할 의향이 있다는 뜻이다.
승소하더라도 변호사에게 3억 원을 주고 나면 손에 쥐는 돈은 7억 원에
불과하지만, 그래도 패소해서 10억 원을 전부 날릴 위험보다는 확실한
보장을 선호한다. 확실성 효과가 작동한 결과이다.

📊 불가능과 확실 사이에 생긴 가능성

사람은 확률이 등장하면 확률의 수치를 있는 그대로 받아들이지 않
는다. 그 대신에 확률이 100퍼센트이면 '확실', 확률이 0퍼센트이면 '불가
능', 나머지 0과 100 사이의 확률은 그냥 '가능'으로 판단하는 경향이 있
다. 확률을 논리적으로 평가하지 않고 시스템 1이 작동해서 세 가지 상
황으로 단순화해 버리는 것이다.

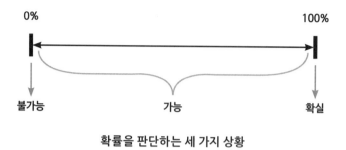

확률을 판단하는 세 가지 상황

그래서 어떤 일이 발생할 확률이 95퍼센트에서 100퍼센트로 달라지면 수학적으로는 단지 5퍼센트포인트 높아진 것에 불과한데도 사람은 그 이상의 커다란 의미로 받아들인다. '가능성이 있는' 상황에서 '확실한' 상황으로 돌변한 탓이다.

이와 유사하게 확률이 0퍼센트에서 5퍼센트로 달라지는 것 역시 엄청난 의미를 지닌다. 확률 0퍼센트는 불가능을 의미하지만 5퍼센트로 변하는 순간, 그 이전까지는 존재하지 않던 '기대감'이 생겨난다. 가능성이 생겨나기 때문이다. 엄밀하게 말하면 그 가능성이라고 해봤자 겨우 5퍼센트에 불과하더라도 사람은 이 희박한 가능성에 대해서 '적합한' 수준보다 훨씬 큰 의미를 부여한다. 이것을 '가능성 효과(possibility effect)'라고 한다. 가능성 효과의 사례를 보자.

다음 상황에서 여러분은 치료 약값으로 얼마를 낼 의향이 있는가?

G. 여러분은 희귀 질환에 걸려 있다. 1년을 생존할 가능성은 0퍼센트이다. 어느 제약회사가 치료 약을 개발했는데 이 약을 투여하면 생존 가능성이 3퍼센트로 올라간다.

H. 여러분은 희귀 질환에 걸려 있다. 어느 제약회사가 새 치료 약을 개발했는데 이 약을 투여하면 생존 가능성이 50퍼센트에서 53퍼센트로 올라간다.

어느 상황에서 치료 약에 더 많은 돈을 낼까? 두 상황 모두 치료 약 덕분에 생존 가능성이 기존보다 3퍼센트포인트 높아진다는 점은 같다. 그러나 약값으로 내려는 돈의 금액은 크게 차이 난다. 상황 H에서는 생존 가능성의 변화가 유의미하게 다가오지 않는다. 처음부터 '가능한' 상황이었으며 여전히 '가능한' 상황일 뿐이다.

하지만 상황 G는 전혀 다르다. 확실한 죽음이었던 상황이 순식간에 생존 가능한 상황으로 바뀐다. 한 줄기 빛이 보인다. 따라서 상황 G에서 훨씬 더 많은 돈을 낼 가능성이 높다. 이것이 가능성 효과이다. 여기에 한 가지 상황을 더 추가해 보자.

J. 당신은 희귀 질환에 걸려 있다. 어느 제약회사가 새 치료 약을 개발했는데 이 약을 투여하면 생존 가능성이 97퍼센트에서 100퍼센트로 올라간다.

상황 H보다 상황 J에서 더 많은 돈을 내겠다는 응답이 나왔다. 상황 J의 경우 97퍼센트는 상당히 높은 생존 가능성이지만 여전히 3퍼센트라는 사망 위험이 도사리고 있다. 새 치료 약은 '확실한' 생존을 보장해 주므로 같은 3퍼센트포인트 개선 효과에도 불구하고 J의 치료 약에 더 많은 돈을 낼 의향이 있다.

📊 일말의 기대에도

가능성이 가져다주는 효과를 확인하는 데 확률 변화가 반드시 이처럼 클 필요는 없다. 로또에서 이 효과를 확인할 수 있다. 로또 1등에 당첨될 확률은 0.000012퍼센트이다. 사실상 0퍼센트와 별 차이가 없으며 0퍼센트로 보아도 무방하다. 그러나 뇌의 시스템 1은 그렇게 인지하지 않는다. '당첨 가능성이 있는' 사건으로 인지한다.

만약 로또 1등 당첨 확률이 정확히 0퍼센트라면 로또를 사려는 사람이 있겠는가. 하지만 당첨 확률이 0.000012퍼센트로 올랐을 뿐인데 매주 수많은 사람이 로또를 사기 위해 줄을 선다. 아주 희박한 확률임에도 말이다. 가능성 효과의 위력을 보여주는 전형적인 사례이다.

손실이 발생하는 위험한 상황에서도 가능성 효과는 여지없이 작동한다. 우리나라 국민의 암 발생 확률은 3퍼센트 정도이다. 물론 낮지 않은 수치이지만 사람은 단순히 3퍼센트의 확률로 여기지 않고 자신에게도 '발생할 가능성이 있는' 사건으로 여긴다. 이 가능성 때문에 암을 끊임없이 걱정하고 암을 예방하기 위해 노력한다.

의학 기술의 발달로 암 발생 확률이 3퍼센트에서 1퍼센트로 낮아지더라도 상황은 크게 달라지지 않을 것이다. 걱정이 완전히 사라지려면 확률이 아예 0퍼센트로 내려가야 한다. 만약 돈으로 이 걱정을 없앨 수 있다면 기꺼이 많은 돈을 낼 의향도 충분히 있다. 마음의 평안을 얻기 위한 대가이다. 보험회사가 돈을 벌 수 있는 이유가 여기에 있다.

지금까지 본 확실성 효과와 가능성 효과가 사람의 인지에 미치는 영향을 다음과 같이 간단히 정리해 볼 수 있다. 여러분이 1,000만 원을 받을 확률이 아래 K~N 상황처럼 5퍼센트포인트씩 늘어난다고 하자. 그 결과 각 상황은 여러분에게 모두 같은 가치로 다가오는가?

  K. 0퍼센트 → 5퍼센트

  L. 10퍼센트 → 15퍼센트

  M. 60퍼센트 → 65퍼센트

  N. 95퍼센트 → 100퍼센트

  당연히 아니다. 1,000만 원을 받을 확률이 아예 없다가 가능성이 생기는 K, 확률이 95퍼센트에서 100퍼센트로 늘어나 확실해지는 N 상황이 나머지 두 상황보다 훨씬 더 인상적으로 다가올 것이다. 사람이니까.

 교실에서 하는 행동경제학 토론

◆ '손에 있는 새 한 마리가 덤불 속의 새 두 마리보다 낫다'라는 속담처럼 생각하고 결정한 경험이 있는지 말해 봅시다.

◆ 희박한 가능성 때문에 희망을 지닌 채 기다린 적이 있나요? 이런 일이 자주 있나요?

안전하게
혹은 대담하게

위험 선호

상황에 따라 의사결정도 다르게

카너먼은 이득을 얻는 상황인지 손실을 보는 상황인지에 따라 사람의 의사결정이 달라진다고 봤다. 그리고 그 일이 발생할 확률이 높은지 낮은지에 따라서도 사람이 위험에 대처하는 태도가 달라진다고 봤다. 그 결과 사람의 의사결정은 다음 페이지의 표처럼 네 가지 유형으로 구분할 수 있다는 것이 카너먼의 생각이다. 카너먼은 이것을 '4중 패턴(fourfold pattern)'이라고 불렀다. 물론 이 모든 것은 시스템 1의 영향을 받아 직관적으로 판단하는 결과이다.

확률＼상황	이득 상황	손실 상황
높은 확률 확실성 효과	이득을 얻을 확률 95퍼센트 이득이 사라질 두려움 ⇨ 위험 회피 (가)	손실을 볼 확률 95퍼센트 손실 회피에 대한 일말의 희망 ⇨ 위험 추구 (다)
낮은 확률 가능성 효과	(나) 이득을 얻을 확률 5퍼센트 큰 이득에 대한 일말의 희망 ⇨ 위험 추구	(라) 손실을 볼 확률 5퍼센트 큰 손실에 대한 두려움 ⇨ 위험 회피

상황과 발생 확률에 따라 달라지는 위험 선호

첫째, 이득을 얻을 확률이 높을 때이다. 이때는 몸을 사린다. 이 상황은 표의 셀 (가)에 해당한다. 돈을 딸 확률이 상당히 높은 경우이다. 이런 상황에서 사람은 기댓값이 낮더라도 확실한 돈을 선택하는 경향이 있다. 돈을 잃을 확률이 5퍼센트에 불과하더라도 이 낮은 가능성으로 인해 돈을 따지 못할 수 있다는 두려움이 앞선 결과 위험을 피하고 안전한 쪽을 선택한다. 이로써 이득을 확보한다.

둘째, 반대로 이득을 얻을 확률이 낮을 때이다. 이때는 도박하거나 복권에 매달린다. 이 상황은 표의 셀 (나)에 해당한다. 돈을 딸 확률이 매우 낮더라도 큰돈을 딸 수 있다는 일말의 희망이 있다. 이 희망의 끈을 놓치고 싶지 않아서 사람은 이번에는 위험을 선택한다. 낮은 확률은 중요하지 않다. 딸 가능성의 존재 자체가 중요하다.

셋째, 손실을 볼 확률이 높을 때이다. 이때는 위험을 무릅쓰고 올인한다. 이 상황은 표의 셀 (다)에 해당한다. 돈을 잃을 확률이 상당히 높은 경우이다. 그렇지만 일말의 희망은 있다. 비록 희박한 가능성이지만 손실을 피할 수 있는 한 줄기 빛을 잡고 싶은 심리가 작동해서 위험을 추구하는 쪽을 선택한다. 손실을 피하려는 유혹에 넘어가 위험스러운 선택을 하지만 안타깝게도 이는 대체로 더 큰 재앙으로 이어진다.

넷째, 손실을 볼 확률이 낮을 때다. 이때는 보험을 든다. 이 상황은 표의 셀 (라)에 해당한다. 돈을 잃을 확률이 매우 낮은 경우이다. 하지만 이 낮은 가능성 때문에 큰 손실을 볼 수 있다는 두려움이 작용하고, 두려움을 떨쳐 버리기 위해서 안전한 쪽을 선택한다. 보험에 가입해서 마음의 평화를 얻는다.

📊 쥐도 궁지에 몰리면 고양이를 문다

표에 있는 4개의 셀 가운데 (가)는 손실 회피성 때문에 그럴 수 있다. (나)는 가능성 효과에 의한 로또나 도박 심리 사례로 설명할 수 있다. (라) 역시 보험 가입을 통해 마음의 평안을 얻으려는 심리라는 점에서 이해하기 쉽다.

이에 비해 상대적으로 셀 (다)는 이해하기 어려울 수 있다. 손실로 인한 고통이 매우 큰 상황에서 그 손실을 피할 수 있는 아주 작은 희망을 버리지 않고 위험을 추구한 결과 오히려 더 나쁜 상황을 맞이할 수 있는 경우이기 때문이다.

그렇다고 해서 전혀 이해할 수 없다거나 비현실적이지도 않다. 다만 일상에서 이런 상황이 잘 발생하지 않을 뿐이다. 궁서설묘(窮鼠齧猫)라는 사자성어가 있다. 쥐도 궁지에 몰리면 고양이를 문다는 뜻이다. 사지에 몰린 약자가 강적에게 죽기 살기로 저항함을 비유하는 말이다. 어차피 죽을 목숨인데 무엇인들 못 하겠는가.

암 말기 환자가 있다. 병원에서는 더 이상 치료할 약도 방법도 없다고 한다. 그래도 환자는 포기하지 않는다. 실낱같은 희망으로 암에 좋다는 소문만 있으면 따라 한다. 별의별 민간요법을 받아들인다. 이 중에는 오히려 건강을 해치는 것도 있다.

2007년에 개봉한 영화 〈300〉이 있다. 페르시아의 100만 군대에 맞선 스파르타 군인 300명의 전투를 그린 영화이다. 수적으로 보면 절대 말이 안 되는 전쟁이었다. 그럼에도 300인의 스파르타 군인이 자기 목숨을 건 전투에 나선 이유를 셀 (다)와 연결지어 볼 수 있다.

페르시아에 항복하면 온 가족이 자유와 재산을 송두리째 빼앗기고 노예의 삶을 살아야 한다. 그렇게 되지 않으려고 자신들의 용맹함과 전투력으로 승리를 거둘 가능성에 기대어 희망의 끈을 놓지 않는다. 그래서 자살 행위와도 같은 전투에 나선다. 용기와 애국심과 절대복종이 없었다면 불가능했을 전투였지만 국가 멸망이라는 엄청난 손실을 피할 수 있다는 희망으로 극단적인 위험을 선택했다고 해석할 수 있다.

📊 작은 위험도 피하고 보기

셀 (라)의 전형적인 사례는 보험에 가입하는 행위이지만 원자력 발전도 좋은 사례가 된다. 원자력 전문가들은 최근에는 이중 삼중으로 안전 기술이 마련돼 있어 원자력 발전이 안전하다고 주장한다. 그렇지만 사람의 머릿속에는 1986년 소련 체르노빌과 2011년 일본 후쿠시마 원전 사고로 인한 피해가 생생하게 저장돼 있다. 그래서 '원자력 발전' 하면 사고가 먼저 떠오르는 이용 가능성 휴리스틱이 작동한다.

또한 원전 사고는 잘 발생하지 않지만 한번 발생하면 참상이 이루 형언하기 힘들 정도로 심각하다. 이에 사람은 아예 위험 자체를 피하려는 경향을 보인다. 그래서 사고 확률에 따른 논리적인 시스템 2를 가동하기에 앞서 아예 원자력 발전을 포기하는 쪽으로 시스템 1이 판단을 내린다.

조류 독감의 경우도 이와 유사하다. 실제 조류 독감으로 사람이 감염되는 사례는 극히 드물지만 일단 감염되면 생명이 위험해진다. 그래서 사람은 아예 위험을 회피하려는 생각에 닭고기나 오리고기를 먹지 않고 식당은 경영난에 처한다. 전문가들이 조리해서 먹으면 문제없다고 설득해도 통하지 않는다. 조그마한 위험이라도 원천적으로 피해서 편안한 마음을 얻으려는 생각에서다.

 교실에서 하는 행동경제학 토론

◆ 이판사판이라는 심정으로 무엇인가를 결정한 적이 있나요? 결과가 어땠는지 생각해 봅시다.

◆ 코로나19 바이러스가 유행했을 때 사적 모임을 가진 적이 있나요? 왜 그런 선택을 했나요?

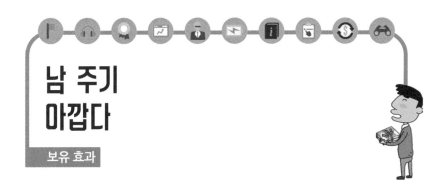

남 주기 아깝다

보유 효과

자신의 소유물에 대한 짝사랑

모바일 게임이나 컴퓨터 게임을 무료로 체험해 보지 않은 사람은 별로 없을 것이다. 일정한 기간 게임을 자유롭게 해보고 마음에 들지 않을 경우 포기하면 그만이니 누구나 부담 없이 체험에 나선다. 컴퓨터 소프트웨어도 종종 무료 체험 행사를 한다. 가전제품, 정수기, 비데 등 집에서 쓰고 있는 가전제품부터 심지어 스마트 기기에 이르기까지 무료 체험 행사의 대상도 무척 다양하다.

무료 체험은 기업에 손해인 행사가 아닐까. 고객들이 이 제품 저 제품을 무료로 체험하고 약속 기간이 끝난 후 모조리 반품하면 어쩌지? 이런 염려는 기우에 지나지 않는다. 만약 무료 체험 행사가 기업에 손해라는 판단이 섰다면 그토록 많은 기업이 지금까지 이 마케팅을 유지하고 있을 리 없다. 여기에도 소비자의 심리가 중요한 역할을 한다. 무료 체험 행사 기간이 끝난 후 제품을 반품하는 사례는 드물다. 왜 그럴까?

사람은 한동안 특정 제품을 사용하다 보면 그것이 마치 자기 것인 양 착각하거나 애착을 갖는다. 그리고 무료 체험 행사 기간이 끝나 제품을 돌려줘야 할 즈음이 되면 제품을 내놓는 것이 손실로 여겨져 커다란 고통을 느낀다. 손실 회피성이 작동하는 것이다. 그래서 어지간하면 제품을 계속 사용한다.

이러한 심리 현상을 '보유 효과(endowment effect)'라고 한다. 소유 효과, 부존 효과도 다 같은 말이다. 우리가 어떤 대상을 보유(소유)하는 순간 그것에 대한 애착이 생겨 객관적인 가치보다 더 큰 가치로 평가하는 현상이다. 보유 여부에 따라 물건의 가치에 대한 평가가 달라지고, 남 주기 아깝다는 심리가 작용하는 것이다.

무료 체험 이벤트는 소비자의 보유 효과를 적극 이용하는 마케팅 전략이다. 물건에만 보유 효과가 나타나는 것은 아니다. 재산, 지위, 권리, 건강 상태 등 다양한 대상에서 보유 효과를 찾아볼 수 있다.

두 청소년이 사귀고 있을 때 흥미로운 현상이 하나 나타난다. 남학생의 부모는 자신의 아들이 여학생보다 더 낫다고 생각하는 경향이 있다. 여학생의 부모 역시 남학생을 본 후 자신의 딸이 아깝다고 생각한다. 십여 년 동안 함께한 자식에 대한 보유 효과가 나타나는 것이다. 이런 심리가 강한 부모는 불만감을 표출한다. "왜 그런 애랑 사귀니?" 자식을 소중히 아끼는 부모일수록 이런 말을 할 가능성이 높다.

온 집안이 오래된 물건들로 가득 차 발을 내디딜 공간조차 없는 장면이 간혹 뉴스에 나온다. 저장 강박 장애를 겪는 사람의 이야기이다. 이만

큼 심하지는 않더라도 우리는 정도의 차이가 있을 뿐 대개 저장 강박 장애를 겪고 있다. 입던 옷, 신던 신발, 먼지만 쌓이고 있는 필기구, 누가 줬는지 기억조차 나지 않는 잡동사니가 온 집안을 점령하고 있다. '버려야지' 하고 마음먹었다가도 '혹시나' 하는 마음에 슬그머니 제자리에 내려놓은 적이 누구나 있을 것이다. 보유 효과가 작동한 탓이다.

파는 심정 따로, 사는 심정 따로

보유 효과의 존재를 주장한 세일러 교수는 포도주 사례를 들었다. 어떤 사람이 1950년 후반에 생산된 포도주 한 병을 5달러에 샀다. 시간이 흐른 뒤 상인이 포도주를 100달러에 되사겠다고 제안했으나 그는 팔지 않았다. 하지만 그는 동일한 포도주를 사기 위해서는 35달러 이상을 낼 생각이 전혀 없다.

같은 포도주임에도 팔려는 가격과 사려는 가격 사이에 커다란 괴리가 있음을 알 수 있다. 자신이 보유하고 있는 포도주를 과도하게 높게 평가하는 인지적 오류이다. 실제로 사람에게 보유 효과가 보편적으로 나타나는지를 확인하기 위해서 많은 연구자가 다양한 실험을 진행했다. 다음은 그 가운데 하나이다.

실험 참여자들을 세 집단으로 나누었다.

A. 이 집단 참여자는 머그잔을 1개씩 받았다. 원하는 사람은 머그잔을 400g의 초콜릿 바로 교환할 수 있다.

B. 이 집단 참여자는 400g의 초콜릿 바를 1개씩 받았다. 원하는 사람은 초콜릿 바를 머그잔으로 교환할 수 있다.

C. 이 집단 참여자는 머그잔이나 400g의 초콜릿 바 가운데 하나를 원하는 대로 선택할 수 있다.

실험 결과는 흥미로웠다. 집단 A의 경우 참여자의 89퍼센트가 처음 받은 머그잔을 그대로 간직했다. 집단 B의 경우에는 참여자의 90퍼센트가 초콜릿 바를 그대로 가졌고 머그잔으로 교환을 원한 비율은 10퍼센트에 불과했다.

한편 처음부터 둘 중 하나를 선택할 수 있는 집단 C의 경우 참여자의 56퍼센트가 머그잔을, 44퍼센트가 초콜릿 바를 선택했다.

만약 보유 효과가 없다면 집단 A나 B 참여자도 집단 C처럼 머그잔과 초콜릿 바를 비슷하게 선호해야 할 것이다. 그러나 결과는 전혀 달랐다. 집단 A와 B의 참여자들은 대부분 자기가 보유하고 있는 물건이라는 이유만으로 더 높게 평가했고 다른 것으로 바꾸려 하지 않았다. 똑같은 물건이라도 자신의 소유물을 다른 사람의 소유물보다 과대평가하는 보유 효과의 영향이다.

보유 효과가 발생하는 이유도 손실 회피성으로 설명할 수 있다. 보유하고 있는 물건을 내놓는 것은 손실이며, 그것을 팔아서 얻는 금액은 이득이다. 손실 회피 성향 때문에 손실을 이득보다 훨씬 크게 평가한다. 따라서 손실을 피하려고 보유하고 있는 물건을 팔지 않으려 한다. 부득이하게 팔아야 한다면 시장에서의 객관적인 가격보다 훨씬 높은 가격을 기대한다.

여기에서 한 가지 주목할 점이 있다. 시장에서 보편적인 가격이 정해져 있는 물건의 경우에는 보유 효과가 나타나지 않는다는 사실이다. 극단적인 예로 현금을 생각해 보자. 5만 원짜리 지폐를 보유하고 있는 사람이 1만 원짜리로 환전하려고 할 때 보유 효과 때문에 1만 원짜리 6장을 요구하는 일은 없다.

물건을 팔아서 돈을 버는 것이 직업인 상인에게서도 파는 물건에 대해서는 보유 효과를 찾을 수 없다. 만약 보유 효과가 존재한다면 상인은 물건을 팔 수 없으며 생계 유지가 불가능해질 것이다. 물론 개인 소장품에 대해서는 보유 효과가 나타난다.

📊 거래를 가로막는 요인

보유 효과의 존재를 발견한 연구자들은 보유 효과의 크기가 어느 정도인지를 측정하기 시작했다. 보유 효과의 크기를 측정하려면 특정 물건을 팔면서 대가로 받기를 원하는 최소 금액에서 그 물건을 손에 넣기 위해 자신이 낼 생각이 있는 최대 금액을 빼면 된다.

전문 용어로 이 금액을 각각 수취의사액(Willingness To Accept, WTA), 지불의사액(Willingness To Pay, WTP)이라고 한다. 보유 효과의 크기는 'WTA-WTP'로 측정할 수 있다.

예를 들어 특정 물건을 팔 때는 적어도 3만 원을 받고 싶은 사람이 그것을 살 때는 최대 1만 원까지만 내려고 한다면 차액인 2만 원이 보유 효과의 크기이다. 호모 이코노미쿠스라면 이 둘 사이에 차이가 없다.

연구자들의 측정 결과는 놀라웠다. 팔 때 받기를 원하는 최소 금액이 살 때 낼 생각이 있는 최대 금액보다 물건에 따라 2~17배나 많았다. 이 차이가 오로지 보유 효과에 의해서만 비롯했다고 보기는 힘들다 하더라도 보유 효과의 영향이 상당히 크다는 사실을 보여주기에는 충분하다.

이미 이야기했듯이 시장에서 일상적으로 거래되며 가격이 널리 알려진 상품일수록 보유 효과는 줄어든다. 시장에서의 라면 가격이 공공연한 상식인 상황에서 자신이 보유하고 있는 라면 한 봉지를 수천 원 받고 팔려는 사람은 없다.

보유 효과는 가치가 객관적으로 정해져 있지 않은 상품에서 두드러지게 나타난다. 환경, 권리, 공공재 같은 것이 이에 해당한다. 이런 것들은 시장에서 잘 거래되지 않으므로 가치를 객관적으로 측정하기 어렵다. 중고품, 골동품, 그림처럼 주관적 평가가 중요하게 작용하는 상품의 경우에도 보유 효과가 상대적으로나 절대적으로 크다.

보유 효과가 심하면 물건의 거래가 위축되는 문제가 발생한다. 팔려는 가격과 사려는 가격 사이의 괴리가 크다면 거래가 원활하게 될 리 없지 않은가. 주택을 거래할 때 이런 현상을 쉽게 목격할 수 있다.

자신이 소유하고 오랫동안 살아온 집에 대해서는 특별한 애착이 생기게 마련이다. 살고 있는 동네의 교육 환경이나 교통 여건이 매우 좋다고 믿는다. 그래서 집의 가치를 높게 평가하는 편향이 발생한다. 그러나 집을 구매하려는 사람의 시각은 다르다. 이 차이로 인해 집을 매도하는 사람이 부르는 값이 매수하는 사람이 제시하는 값보다 한참 높을 경우 거래가 성사되기 힘들어진다.

📊 전액 환불 보장부터 옵션 상품까지

앞에서도 이야기했듯이 무료 체험 행사는 기업이 보유 효과를 이용하는 마케팅 전략 가운데 하나이다. 이것 말고도 보유 효과를 이용하는 기업의 전략은 더 있다.

전액 환불 보장도 이에 속한다. 일정 기간 사용하다가 마음에 들지 않으면 전액 환불해 준다는 약속을 믿고 소비자는 부담 없이 제품을 산다. 그런데 제품을 집에 가져가 쓰기 시작하면서 보유 효과가 발생한다. 이제 자신의 물건을 반환하는 것을 손실로 느끼고 웬만해서는 환불을 요청하지 않는다.

이번에는 옵션이 있는 상품의 사례이다. 예를 들어 자동차를 생각해 보자. 자동차를 살 때 고객은 개인 취향에 따라 이런저런 옵션을 선택할 수 있다. 컴퓨터를 사면서 여러 가지 사양을 개인이 가감하는 것과 마찬가지이다. 선택하는 옵션 수가 많아지면 자동차 가격이 올라간다. 어느 기업이 다음처럼 정반대의 방식으로 자동차를 판매해 봤다.

A. 아무 옵션이 없는 기본 모델에 고객이 원하는 옵션을 추가할 수 있다.
B. 풀 옵션 모델에서 고객이 원하지 않는 옵션을 제외할 수 있다.

어떤 판매 방식이 기업에 유리한 결과를 가져다줬을까? 자동차 구매자가 호모 이코노미쿠스라면 어느 방식이든 차이가 없다. 그러나 구매자가 실제로 선택한 옵션의 수를 평균해 보니 A 방식에서는 4.30개(이는 2,251달러의 가치에 해당), B 방식에서는 6.65개(이는 3,161달러의 가치에 해당)였다. 자동차 구매자는 왜 B 방식에서 더 많은 옵션을 선택했을까?

우선 앞에서 이야기했던 닻 내림 효과가 작동한다. A 방식에서는 기본 모델이, B 방식에서는 풀 옵션 모델이 닻이 된다. 여기서부터 자신의 상황에 따라 옵션을 추가하거나 제외하는 조정을 했으나 닻의 영향으로 충분히 조정하지 못한 탓에 이런 결과가 나온다.

여기에 보유 효과까지 더해진다. B 방식에서 구매자는 풀 옵션이 장착된 자동차를 자신의 소유물로 인지한다. 이제 옵션을 하나씩 제거할 때마다 커다란 아쉬움이 생기고 손실의 고통을 느낀다. 그 결과 예를 들면 5개 옵션을 빼는 것이 합리적임에도 3~4개밖에 빼지 못한다. 그리하여 자동차를 사면서 계획한 것보다 더 많은 돈을 쓴다. 이 사례는 101쪽에서 제시한 피자 토핑 선택 사례와 결을 같이한다.

마지막으로 옷가게에서의 보유 효과를 생각해 보자. 옷가게에서 손님이 옷을 사게 만드는 핵심이 무엇이라고 생각하는가. 저렴한 가격, 좋은 디자인, 좋은 품질은 기본이다. 그다음은 무엇일까? 고객이 일단 옷을 입어보게 만드는 것이다. "잘 어울릴 것 같은데 한번 입어보세요."

정리가 번거로워지지만 종업원이 굳이 옷을 입어보도록 권유하는 것은 보유 효과를 이용하는 전략이다. 사람은 새 옷을 입은 자신의 모습을 거울을 통해 확인하는 순간 옷이 자기 것인 양 생각하게 된다. 옷을 내려놓고 빈손으로 매장을 떠나면 커다란 고통이 엄습한다. 그래서 옷을 입어보지 않을 때보다 입어볼 때 구매할 가능성이 한층 올라간다.

 교실에서 하는 행동경제학 토론

◆ 친구나 가족은 버리라고 하는데 자신은 아까워서 버리지 못하고 있는 물건이 있는지 말해 봅시다.

◆ 자신에게는 별 쓸모 없지만 남 주기는 아까운 물건이 있는지 찾아봅시다.

◆ 자신의 물건을 중고거래 플랫폼에서 팔려고 했지만 가격이 맞지 않아 팔지 못한 적이 있다면 말해 봅시다.

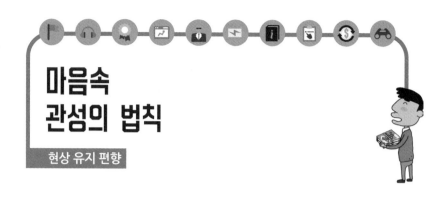

마음속
관성의 법칙

현상 유지 편향

📊 지금 이대로가 좋다

손실 회피성 때문에 발생하는 현상 가운데 하나로 보유 효과가 있음을 확인했다. 이번에는 비슷하지만 조금 다른 현상을 보자. '현상 유지 편향(status quo bias)'이다. 달리 이야기하면 변화에 저항하는 특성이다.

사람이 현재의 상태에서 벗어나는 것을 일종의 손실로 느끼는 탓에 변화를 회피하려는 심리적 경향을 말한다. 현재 상태에서 벗어나면 더 좋아질 가능성이 있음에도 변화를 시도하지 않아 최적의 의사결정을 하지 못하는 편향이 발생한다. 현재 상태를 자신이 현재 보유하고 있는 물건으로 해석한다면 보유 효과로도 해석할 수 있다. 그뿐만 아니라 현재 상태를 닻으로 본다면 닻 내림 효과와도 깊은 관계가 있다.

모두가 세상을 변화시키려고 생각하지만 정작 스스로 변하겠다고 생각하는 사람은 없다.

사람의 현상 유지 편향을 잘 지적하고 있는 톨스토이의 명언이다.

더 좋은 대안이 있음에도 현상을 고집해 효용을 늘릴 기회를 날린다는 점에서 현상 유지는 분명히 편향이며 극복할 필요가 있다. 매일 마시는 음료수 대신에 새 음료수를 시도하고 등하굣길도 가끔 바꿔볼 가치가 있다.

ᶉ 양극화된 장기 기증 의사의 비밀

우리나라의 운전 면허증에는 운전자의 장기 기증 여부가 표시돼 있다. 운전자가 불의의 사고로 사망할 경우 신속하게 장기를 다른 환자에게 이식해서 새 생명을 살리려는 취지에서이다. 우리나라 국민은 4.7퍼센트만 장기 기증 의사를 밝히고 있어 선진국에 비해 크게 낮은 비율을 보인다.[3]

유럽에도 장기 기증 여부를 운전 면허증에 표시하고 있다. 운전 면허 시험을 치르거나 갱신할 때 이를 조사해서 면허증에 표시한다. 그런데 국가별로 장기 기증 비율을 비교하면 흥미로운 사실 하나가 드러난다. 장기 기증 비율이 양극화돼 있다는 점이다. 오스트리아, 프랑스, 헝가리, 포르투갈 등의 국민은 100퍼센트가 기증 의사를 보였다. 반면에 덴마크, 네덜란드, 영국, 독일 국민의 기증 의사 비율은 높아야 20퍼센트 대였다.

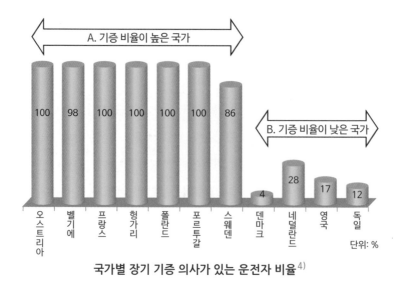

국가별 장기 기증 의사가 있는 운전자 비율[4)]

어째서 이처럼 극심하게 차이가 날까? 동양과 서양의 차이라면 문화적 요인에 기인한다고 해석할 수 있겠지만 모두 유럽에 있는 국가이다. 물론 이들 국가에도 문화와 민족성의 차이는 있다지만 그로 인해 장기 기증 의사 비율이 이토록 다르다는 것은 설득력이 떨어진다.

원인은 전혀 다른 곳에 있다. 장기 기증 의사 비율이 높은 국가(A 집단)의 경우 운전 면허증을 신청하는 양식에 다음과 같은 항목이 있다.

A. 장기 기증 프로그램에 참여하고 싶지 않으면 옆의 박스에 체크하세요.

사람은 신청서 양식의 필수 항목만 기재하고 나면 선택 항목의 경우에는 하나라도 더 작성하는 일을 귀찮아한다. 그래서 선택 항목은 그냥 그대로 놔두는 현상 유지 성향을 보여 대개는 이 박스에 체크하지 않는다. 그 결과는? 자신은 어느새 장기 기증 프로그램에 가입돼 있다.

반면에 기증 의사를 밝힌 운전자 비율이 낮은 국가(B 집단)의 신청서 양식은 사뭇 다르다.

B. 장기 기증 프로그램에 참여하고 싶으면 옆의 박스에 체크하세요.

이들 국가의 운전자 역시 같은 이유로 박스에 체크하지 않는다. 그 결과 대부분은 장기 기증 프로그램에 가입되지 않는다.

이 모든 것이 신청서 양식에 적혀 있는 초깃값(디폴트)의 차이에서 오는 결과임을 알 수 있다. 두 집단 속 운전자는 공통적으로 현상 유지 편향에 따라 박스에 체크하지 않았을 뿐이다. 그러나 결과는 대조적이다. 한쪽은 장기 기증을 하고 다른 한쪽은 장기 기증을 하지 않는다. 이런 점에서 현상 유지 편향을 디폴트 편향으로 부르기도 한다.

📊 디폴트 설정이 중요

1990년대 미국에서 실제로 있었던 일이다. 뉴저지주와 펜실베이니아 주에서 운전자가 두 종류의 자동차 보험 가운데 하나를 선택할 수 있게 허용했다. 한 종류의 보험은 사고 발생 시 운전자가 소송을 제기할 권리가 제한되어 있다. 그래서 보험료가 상대적으로 싸다. 다른 종류의 보험은 사고 발생 시 운전자가 소송을 제기할 권리가 포괄적이다. 대신에 보험료가 상대적으로 비싸다.

A. 뉴저지주에서는 운전자의 소송 권리가 제한적인 보험을 디폴트로 설정했다.

원하는 운전자는 보험료를 더 내고 포괄적 권리의 보험으로 변경할 수 있다.

B. 펜실베이니아주에서는 운전자의 소송 권리가 포괄적인 보험을 디폴트로 설정했다. 원하는 운전자는 제한적 권리의 보험으로 변경하고 보험료 일부를 돌려받을 수 있다.

두 주에 거주하는 운전자의 선택 결과는 어땠을까? 1992년 자료에 의하면, 뉴저지주 운전자는 80퍼센트가 저렴한 보험료의 보험을 그대로 유지했다. 물론 이것만 가지고는 현상 유지 편향이 발생했다고 결론 내릴 수 없다. 운전들이 저렴한 보험료에 이끌려 현재의 보험을 그대로 유지하기로 선택한 것일 수 있으니까 말이다.

펜실베이니아주 운전자의 선택과 비교해 봐야 한다. 이들 대부분이 저렴한 보험으로 변경했다면 더 이상 할 말이 없다. 그런데 놀랍게도 이들의 25퍼센트만 저렴한 보험으로 변경했다. 나머지 75퍼센트의 운전자는 비싼 현재의 보험을 그대로 유지했다는 뜻이다.

현상 유지 편향으로 인해 발생하는 전형적인 오류로 해석할 수 있다. 보험료가 비싸든 싸든, 자신에게 유리한 조건이 담겨 있든 아니든, 운전자들은 현재 상태의 보험을 유지하는 현상 유지 편향을 드러냈다.

실험 결과에서 매우 의미 있는 정책 시사점을 얻을 수 있다. 정부가 국민에게 기대하는 바람직한 선택이 있다면 그 선택을 디폴트로 설정하고 정책이나 공공서비스를 제공하면 된다는 점이다. 현재 상태에서 벗어나기를 싫어하는 사람은 '자동적으로' 정부가 원하는 상태에 머무른다. 예를 들어 학교, 사무실, 공공장소를 기본적으로 금연 구역으로 설정해 놓고, 흡연이 가능한 공간을 예외적으로 설치한다. 흡연 가능 공간이 멀리 있을수록, 찾기 힘들수록 흡연량이 줄어든다.

📊 최초 고객을 우대하라

현상을 그대로 유지하려는 성향은 물리학에서 말하는 관성의 법칙이 사람 마음속에도 있음을 의미한다. 친숙한 것에 집착하고 변화를 싫어하는 것은 사람의 본성이다. 사람은 본능적으로 새로운 것, 변화를 두려워한다. 현재 상태는 익숙함, 적은 스트레스, 위화감이 적음을 의미하지만 새로운 상태는 생소함, 두려움, 불확실성, 스트레스가 많음을 의미한다.

원시 시대에 새로운 환경은 생명을 위태롭게 할 가능성이 있었기에 유전학적으로 사람은 현재 상태를 선호한다는 해석도 있다. 예를 들어 새로 발견한 버섯을 먹다가는 독에 의해 목숨을 잃을 수도 있다. 새로운 맛, 새로운 음식을 추구하느니 지금까지 먹던 안전한 버섯을 선택하는 게 생존에 도움이 된다.

코로나19 바이러스든 메르스든 처음 전파될 때 우리는 그 위험성을 애써 무시하려는 태도를 취한다. 전문가의 말을 잘 듣지 않는다. '난 건강하니까 괜찮아' 하면서 나름의 방어 논리도 편다. 그래야 지금까지의 일상생활을 그대로 유지할 수 있기 때문이다.

이로 인해 더 커다란 피해를 입게 된다. '호미로 막을 것을 가래로 막는' 형국을 맞이하는 것이다. 많은 대가를 치르고 바이러스의 감염력과 치명률이 높다는 것이 사실로 밝혀지고 나서야 우리는 마지못해 기존의 익숙한 상태에서 이탈해 새로운 사회적 거리 두기 상태에 적응하기 시작한다.

현상 유지 편향 때문에 소비자는 쓰던 브랜드의 상품을 반복 구매한다. 음료수도 매일 마시던 것만 마신다. 이용하는 미용실도 바꾸지 않는다. 브랜드 충성도가 높다는 뜻이다. 이는 기업에 매우 중요한 의미로 다가온다.

은행은 최초 거래 고객에게 아주 조건이 좋은 우대 금리를 적용해 준다. 사회 초년생이나 월급 자동이체를 신청하는 젊은 고객이 이러한 은행 전략의 주 대상자가 된다. 이들에게 높은 금리를 제공하면 은행에는 당장 남는 게 없을 수 있다. 이들의 돈이 많은 것도 아니다. 그럼에도 이들에게 특혜 조건을 주는 이유가 무엇일까?

한 번 거래를 튼, 즉 통장을 개설한 고객은 평생 그 은행과 거래하는 경향이 있어서이다. 웬만해서는 주거래 은행을 바꾸지 않는다. 비록 지금은 소득이 높지 않은 사회 초년생이지만 이들도 세월이 흐르면 재산이 많아질 것이고 계속 고객으로 남게 된다. 장기적인 마케팅 전략이다. 실제로 이들은 다른 은행에 조건이 더 좋은 예금 상품이 있다는 사실을 몰라서 또는 알더라도 '얼마 차이도 안 나는데 귀찮게 뭘 옮겨' 하면서 단골 은행에 계속 예금한다.

스포츠센터, 음원 사이트, 신문사 등은 엄청난 상품을 미끼로 내걸며 고객에게 자동이체를 적극적으로 권장한다. 때에 따라서는 배보다 배꼽이 큰 상황이 된다. 어지간해서는 거절하기 힘든 유혹이다. 고객 마음속에는 '이러고도 수지 타산이 맞을까' 하는 의구심마저 생긴다.

염려할 필요 없다. 이 역시 현상 유지 편향에 의존하는 마케팅 전략이다. 일단 고객이 자동이체를 신청하고 나면 잘 취소하지 않아 장기 고객으로 남을 것이기 때문이다. 때로는 취소하는 것을 잊어버리거나 차일피일 미룬 탓에 요금이 빠져나가기도 한다.

"이놈의 회사 그만둬야지." 직장인이 입버릇처럼 달고 사는 대표적 거짓말이다. 회사를 옮기고 싶은 마음이 굴뚝 같더라도 선뜻 실행으로 옮기지 못한다. 여기에서도 현상 유지 편향이 중요한 이유가 된다. 다른 회사로 옮긴다면 새로운 업무, 낯선 사무실 환경, 새 동료에 적응해야 한다. 이는 엄청난 스트레스이며 생각만 해도 끔찍하다. 웬만하면 현재 직장이 낫다는 생각에 결국 다니던 직장으로 출근을 되풀이한다.

 교실에서 하는 행동경제학 토론

◆ 변화가 필요함을 알면서도 귀찮아서 변화를 포기하고 그대로 유지한 경험이 있나요? 결과는 좋았나요?

◆ 신제품이 나오면 과감하게 사용하거나 먹어보는 성향인지 말해 봅시다.

◆ 지금 이용하고 있는 미용실이나 학원을 얼마 동안 다니고 있나요? 바꿔볼 생각이 있나요? 왜 바꾸려고 하지 않나요?

███ 비오는 날 우산 가격을 올린다면

'수요에 변화가 없는 상태에서 공급이 감소하면 가격이 상승한다.' 이 경제 원리에 여러분은 동의하는가, 아니면 동의하지 않는가. 아마 모두 동의한다고 답할 것이다. 그러면 다음 원리는 어떻게 생각하는가.

'공급에 변화가 없는 상태에서 수요가 증가하면 가격이 상승한다.' 역시 동의할 것이다.

이제 다음 설문조사에서 여러분은 어떻게 답하겠는가. 단, '수용할 수 있다(매우 공정하다 포함)'나 '불공정하다(매우 불공정하다 포함)' 가운데 하나로 대답해 보자.

철물점에서 눈 치울 때 쓰는 제설용 삽을 15달러에 팔고 있었다. 폭설이 내린 날 아침, 이 철물점은 삽 가격을 20달러로 올렸다. 이 가격 인상에 대해서 어떻게 생각하는가?

설문에 응했던 사람의 82퍼센트는 이 가격 인상이 '불공정하다'라고 응답했다. '수용할 수 있다'라는 응답 비율은 겨우 18퍼센트에 불과했다. 폭설 탓에 제설용 삽에 대한 수요가 증가할 것으로 판단하고 가격을 올린 철물점을 응답자 대부분이 곱지 않은 시선으로 본 것이다.

이것이 사람이다. 즉, 현실의 사람은 '수요가 증가하면 가격이 오른다'는 경제 원리에 따라 가격이 올랐음을 알고 있지만 그런 행위를 공정하지 않다고 생각한다. 이런 점을 잘 알고 있는 기업은 수요 증가에도 가격을 그대로 유지하는 경우가 많다. 불공정하다고 생각하는 소비자의 이탈이나 반감을 피하기 위해서이다.

프로야구 한국시리즈 7차전이 열린다고 생각해 보자. 한 해의 우승팀이 결정되는 경기이므로 입장권에 대한 초과 수요가 있을 것임은 누구나 예상할 수 있다. 그럼에도 한국야구위원회는 평소 입장권 가격을 유지한다. 만약 한국야구위원회가 7차전 입장권을 비싸게 팔면 어떤 반응이 나올지 충분히 짐작할 수 있다.

실제로 이런 상황에 대해서 설문조사를 한 적이 있다. 캐나다 밴쿠버 주민을 대상으로 초과 수요가 있는 축구 경기의 입장권 판매 방식으로 줄서기, 경매, 추첨 가운데 무엇을 선호하는지 조사했다. 여러분이라면 어떤 방식이라고 응답하겠는가?

경제학적으로 보면 효율성 측면에서는 경매가, 공정성 측면에서는 줄서기나 추첨이 상대적으로 뛰어난 방식이다. 밴쿠버 주민의 가장 많은 지지를 받은 방법은 무엇이었을까? 바로 줄서기였다.

이러한 사례들로부터 사람은 기본적으로 효율성을 위해 노력하면서도 동시에 공정성 역시 중요하게 고려하는 존재임을 알 수 있다.

📊 준거점에 따라 달라지는 공정성 판단

공정이 무엇이고 불공정이 무엇인지에 대해서는 두꺼운 책 한 권으로도 서술하기 벅찰 정도로 많은 담론과 논쟁거리가 있다. 공정을 한마디로 정의하는 건 거의 불가능하다. 따라서 이에 대한 논의는 이 책의 주제를 벗어난다. 단지 여기에서는 사람이 인식하는 공정성 여부가 준거점 의존성과 손실 회피성에 의해서 영향받는다는 사실을 설명하고자 한다.

다음 두 상황에 대해서 '수용할 수 있다' 또는 '불공정하다'로 대답해 보자.

A. 작은 복사집에서 6개월째 일하고 있는 종업원이 1명 있다. 그의 시급은 9달러이다. 복사집은 현재 만족스럽게 운영되고 있다. 이제 그 지역에 있는 공장이 폐쇄되면서 실업자가 많아졌다. 이로 인해 다른 소규모 가게들은 복사집 종업원이 하는 일과 비슷한 업무를 담당하는 직원을 시급 7달러에 채용하기 시작했다. 이에 복사집 주인도 종업원의 시급을 7달러로 낮췄다.

B. 작은 복사집에서 6개월째 일하고 있는 종업원이 1명 있다. 그의 시급은 9달러이다. 복사집은 현재 만족스럽게 운영되고 있다. 이제 그 지역에 있는 공장이 폐쇄되면서 실업자가 많아졌다. 이로 인해 다른 소규모 가게들은 복사집 종업원이 하는 일과 비슷한 업무를 담당하는 직원을 시급 7달러에 채용하기

시작했다. 복사집에서 일하던 종업원이 그만두자, 주인은 새 종업원을 시급 7달러에 채용했다.

여러분은 상황 A에서 복사집 주인의 선택을 어떻게 평가하는가. 상황 B에서는 어떤가. 이 설문에 참여한 사람의 응답 비율을 보면 다음의 표와 같다. 사실 두 상황은 본질적으로 동일하다. 실업자가 많아진 탓에 노동 공급이 증가하고 시급이 하락했다.

상황	수용할 수 있다(%)	불공정하다(%)	준거점 유무
A	17	83	있음
B	73	27	없음

그럼에도 많은 사람이 상황 A에 대해서는 복사집 주인의 행위가 불공정하다고 인식하는 반면 상황 B에서는 수용할 수 있다고 인식한다. 두 상황의 차이점이라면 종업원의 기존 임금이다.

상황 A에서는 기존 종업원이 받던 시급 9달러가 판단의 준거점이 된다. 그래서 시급을 이보다 줄이는 주인의 행위를 불공정하다고 인식한다. 주인의 시급 삭감은 기존 종업원에게 손실을 초래했기 때문에 불공정하다는 것이다. 반면에 B는 종업원을 새로 채용하는 상황이므로 그러한 준거점이 존재하지 않는다. 그래서 시급 삭감을 수용할 수 있다고 인식한다.

사람은 공정성을 판단할 때 준거점을 중요하게 생각한다. 그래서 준거점으로부터의 손실을 심각하게 받아들인다. 복사집 주인은 기존 종업원을 해고하고 새 종업원을 채용하면 비난을 받지 않으면서 시급을 7달러로 낮출 수 있다. 아이러니하지 않은가? 실제로 이와 유사한 상황을 추가로 조사해 본 것이 상황 C이다.

C. 어느 페인트공은 조수 2명을 시급 9달러에 고용하고 있었다. 이 페인트공은 페인트칠하는 일을 그만두고, 시급이 더 낮은 원예 분야의 일을 시작하기로 했다. 그는 조수의 시급을 7달러로 낮췄다.

상황	수용할 수 있다(%)	불공정하다(%)	준거점 유무
C	63	37	없음

상황 C에 대해서 응답자의 63퍼센트가 수용할 수 있다고 했다. 이 경우에도 페인트 분야에서 원예 분야로 전직한 탓에 상황 B와 마찬가지로 조수의 손실 여부를 판단할 수 있는 준거점이 없다. 그래서 조수의 시급을 7달러로 낮추었음에도 불공정하다고 생각하는 응답자보다 수용할 수 있다고 생각하는 응답자가 훨씬 많았다.

공정하게 보여야 한다

또 하나의 설문조사를 보자. 이번에는 종업원 임금을 삭감하는 어느 소기업 사장의 이야기이다. 여러분은 두 상황에서 사장의 행위가 수용할 만하다고 생각하는가, 아니면 불공정하다고 생각하는가.

D. 몇 명의 종업원을 고용하고 있는 소기업이 있다. 종업원 임금은 그 지역에서

평균 수준이다. 최근 몇 달 동안 이 기업의 실적이 이전만큼 좋지 않았다. 사장은 다음 해 종업원 임금을 10퍼센트 깎기로 한다.

E. 몇 명의 종업원을 고용하고 있는 소기업이 있다. 종업원은 매년 임금의 10퍼센트 정도에 해당하는 보너스를 받아 왔으며, 이들의 총 봉급은 그 지역에서 평균 수준이다. 최근 몇 달 동안 이 기업의 실적이 이전만큼 좋지 않았다. 사장은 올해에 보너스를 지급하지 않기로 한다.

종업원의 총소득이 10퍼센트 감소한다는 점에서 상황 D와 상황 E는 본질적으로 다르지 않다. 그럼에도 설문 참여자 대부분은 상황 D에 대해서는 불공정하다고, 상황 E에 대해서는 수용할 수 있다고 응답했다.

상황	수용할 수 있다(%)	불공정하다(%)	준거점 유무
D	39	61	있음
E	80	20	애매함

이 역시 준거점 의존성의 영향이다. 상황 D에서는 지금까지 받고 있던 임금이 준거점으로 작용했다. 준거점으로부터의 임금 삭감은 종업원에게 손실을 가져다주므로 불공정하다고 인식한다.

한편 상황 E에서는 준거점이 애매하다. 준거점을 보너스까지 포함한 총 봉급으로 설정하면 종업원에게 손실이지만 준거점을 임금으로 설정하면 그동안 얻고 있던 추가 이득이 사라질 뿐이다. 상황 D에 비해서 준거점 의존성의 영향이 줄어든 결과 불공정하다는 판단 비율도 크게 줄어든다.

이와 같은 일련의 결과를 종합하면 현실에 존재하는 사람은 준거점이

무엇인지 또는 준거점을 뚜렷하게 설정할 수 있는지에 따라 공정성을 다르게 판단하고 있음을 알 수 있다.

이러한 연구 결과는 기업에 중요한 시사점을 준다. 기업이 상품 가격을 설정할 때 수요와 공급만 살펴보아서는 안 되며, 소비자가 그 결정을 공정하다고 인식할 것인지도 함께 고려해야 한다. 만약 소비자가 불공정하다고 받아들이면 다른 기업으로 등을 돌릴 우려가 있다.

기업이 노동자의 임금을 결정할 때도 마찬가지이다. 노동자 역시 사람이기에 공정한 임금을 받는다는 생각이 들 때 열심히 일한다. 그렇지 않다는 생각이 들면 불만족을 표출하며 근로 의욕이 떨어진다. 만약에 기업이 부득이 봉급을 줄여야 한다면 임금 대신에 보너스를 줄이는 편이 그나마 노동자의 저항과 불만족을 줄이는 데 도움이 된다.

이러한 원리는 정부 정책에도 적용된다. 정부 정책은 대개 '공정' 문제와 밀접한 관계를 지니고 있으므로 정부는 정책을 세심하게 수립해야 한다. 국민은 준거점과 손실 회피를 기초로 해서 정책의 공정성 여부를 판단하며 그에 따라 정책의 효과와 평가도 달라진다는 점을 명심해야 한다.

 교실에서 하는 행동경제학 토론

◆ 폭설이 내린 날 철물점이 제설용 삽 가격을 30퍼센트 올리는 것에 대해서 어떻게 생각하는지 말해 봅시다.

◆ 인기 있는 아이돌의 콘서트 입장권을 살 때, 선착순, 경매, 추첨 중 어떤 판매 방식을 선호하나요? 왜 그런가요? 친구들 사이에 어떤 방식이 가장 인기 있을지 확인해 봅시다.

2002년에 노벨 경제학상 수상자가 발표되자 많은 사람이 적지 않게 놀랐다. 심리학자의 이름이 있었기 때문이다. 그의 이름은 대니얼 카너먼(Daniel Kahneman, 1934~)이다. 그는 노벨 경제학상을 받은 최초의 심리학자가 되었다.

그는 이스라엘 텔 아비브에서 태어났다. 예루살렘 히브리 대학교에서 심리학과 수학을 전공한 후 미국 캘리포니아 대학교 버클리 캠퍼스에서 심리학 박사학위를 받았다. 현재는 미국 프린스턴 대학교에 재직 중이다. 그런데 그가 학교에서 경제학 과목을 단 한 번도 들은 적이 없다니 놀라지 않을 수 없다.

심리학자가 노벨 경제학상을 수상하게 된 것은 그가 심리학의 관점에서 개인의 경제 의사결정을 분석했기 때문이다. 그는 개인의 의사결정 과정에 심리 요인이 중요하게 작용하고 있음에도 경제학자들이 이를 충분히 고려하지 않는 것을 의아하게 생각하고, 경제학에 심리학을 접목하기 시작했다. 이러한 혁신적 노력이 결실을 거두어 행동경제학이라는 새로운 분야가 만들어졌으니 그는 행동경제학의 아버지로 불릴 만하다. 이후 많은 경제학자들이 행동경제학 연구에 동참하기 시작했다.

그의 업적은 동료였던 아모스 트버스키가 없었다면 불가능했다. 뜻을 함께한 두 사람은 개인의 판단과 의사결정을 심층적으로 분석해 휴리스틱과 편향, 전망 이론 등 굵직한 연구 업적을 남겼다. 그 공로로 카너먼 교수는 노벨 경제학상을 받았지만 트버스키는 불행하게도 59세의 짧은 삶을 마친 탓에 노벨상을 공유하지 못했다. 노벨상은 사망한 사람에게는 수여하지 않는 관행이 있다.

카너먼 교수는 2005년에 이스라엘 국민이 생각하는 '역사상 가장 위대한 이스라엘인'으로 선정되었으며, 2007년에는 미국 심리학회로부터 '평생 공로상'을 받기도 했다.

사람을 합리성과 이성적 판단 능력을 지닌 주체로 본 전통경제학자들과 다르게 그는 현실 속 사람을 주변 상황에 휘둘리며 충동적으로 의사결정 하는 경향이 있고 자기 과신에 의해 수시로 의사결정에서 편향을 드러내는 비합리적 존재라고 보았다. 사람의 비합리적 선택의 배경에는 빠른 사고로 정의할 수 있는 시스템 1이 있으며, 직관적으로 성급하게 생각하고 판단하는 습성 때문에 많은 사람이 비합리적으로 결정하고 문제를 일으킨다고 설명했다.

그가 실험을 통해 밝혀낸 의사결정에서의 편향은 실로 다양하다. 가능성이 낮은 확률을 과대평가하기, 근거 없이 낙관하기, 프레이밍 효과, 닻 내림 효과, 계획 오류, 확증 편향 등 이루 나열하기 힘들다. 그가 2012년에 출판한 『생각에 관한 생각』[5]은 행동경제학의 바이블이라 평가받는다.

"사람이 모두 비합리적이라고 말하는 것은 아니다. 하지만 합리성이라는 개념은 매우 비현실적이다. 나는 합리성이라는 개념 자체를 부정하고 싶을 뿐이다."

그가 노벨 경제학상을 받으며 밝힌 수상 소감이다.

　사진을 찍을 때 피사체를 파인더의 테두리 안에 적절하게 배치해서 화면의 구도를 정하는 것이 프레이밍이다. 이 용어의 활용은 사회학, 정치학, 미디어, 심리학 등 다양한 분야로 확대됐으며 야구에까지 퍼졌다. 뉴스를 보도할 때 어떤 사건의 일부 측면을 강조하고 다른 측면을 축소해 보도하는 경우, 뉴스 프레임에 의해 여론 형성이 달라질 수 있는 현상은 널리 알려진 사실이다.

　프레이밍은 개인의 선택이나 판단에도 의미 있는 영향을 미친다. 본질적으로 같은 문제이지만 그 문제를 표현하는 틀, 즉 표현하는 방식에 따라서 사람의 판단과 선택이 달라지기 때문이다. 프레임에 갇혀버려 본질을 합리적으로 분별하지 못한 탓이다. 중요한 순간에 프레임의 영향을 받아 후회되는 판단을 하지 않아야 한다. 기업이 제시한 마케팅 프레임에 현혹되어 원하지 않는 소비를 해버리는 착오에 빠지지 않도록 대비할 필요가 있다.

생각이 틀에 갇히다

프레이밍 효과

아 다르고
어 다르다

프레이밍 효과

🛒 프레임이 선택을 결정한다

학교 내신 성적이 발표됐다. 중간인 5등급이라는 성적을 받아 든 학생이 "앗싸, 나보다 공부 못하는 애들이 학교에서 절반이나 되네"라며 스스로 위안한다. 그러나 같은 성적을 본 부모님의 반응은 대조적이다. "애고, 너희 학교에 너보다 공부 잘하는 애들이 이렇게나 많구나."

같은 상황이나 사건을 놓고 이처럼 보는 시각이 다를 수 있다. 물이 절반 있는 컵을 보고 '절반밖에 안 남았다'라고 말하는 비관주의자와 '아직 절반이나 남아 있다'라고 말하는 낙천주의자가 있는 것과 마찬가지 현상이다.

재미있는 이야기 하나를 더 생각해 보자. 흡연을 좋아하는 젊은 가톨

릭 신부 두 사람이 있었다. 기도할 때도 담배를 피우고 싶을 정도였다. 신앙심이 깊었던 두 신부는 주교에게 허락을 받기로 했다. 첫 번째 신부가 주교에게 물었다.

"제가 주님께 기도를 올리는 동안에 담배를 피워도 되겠습니까?" 질문 즉시 안 된다는 답이 돌아왔다. 한참을 생각한 두 번째 신부가 이렇게 물었다. "제가 담배를 피우는 동안에 주님께 기도해도 되겠습니까?" 그러자 주교는 당연히 그래도 된다고 답했다.

이들 사례는 같은 상황을 놓고 보는 시각이나 성향에 따라 정반대의 해석을 할 수 있음을 보여주고 있다. 어느 입장에서 상황을 보느냐에 따라 해석이 달라진다.

사람의 선택도 이와 비슷하다. 문제나 상황이 표현되는 형식(방식, 외양, 수단 등)에 따라서 선택이 달라진다. 같은 사건이나 상황이라도 표현 방식이 달라지면 사람의 선택도 달라지는 '프레이밍 효과(framing effect)'가 발생한다. '프레임(frame)'이란 문제가 표현되는 형식을 말하며, 프레이밍 효과는 프레임에 따라 선택이 달라지는 것을 의미한다.

프레이밍 효과는 우리말로 틀 효과, 틀짜기 효과, 구조화 효과, 규정 효과 등 다양하게 번역되고 있는데, 이 책에서는 보편적으로 쓰이고 있는 프레이밍 효과라는 용어를 사용한다.

문제의 본질이 선택을 결정하는 것이 아니라 프레임이 선택을 결정한다. '주객이 전도됐다' 또는 '본말이 전도됐다'라는 말이 생각난다. 영어권에서는 '개 꼬리가 몸통을 흔든다(Wag the dog)'라고 표현한다. 매우 단순한 예를 생각해 보자.

슈퍼마켓에서 우유를 팔고 있다. 당신은 어떤 우유를 사겠는가?

A. 무지방 90퍼센트

B. 지방 10퍼센트 함유

사실 두 표현은 같은 내용을 담고 있다. 그럼에도 체중 관리에 신경 쓰는 소비자는 A 우유를 선택할 가능성이 짙다. 같은 상황이라도 사용하는 단어 하나하나에 따라 다른 결과를 만들어낼 수 있음을 보여준다.

기업이 소비자의 지갑을 열기 위해서 즐겨 사용하는 문구가 있다. '재고 처분' '출혈 판매' '점포 정리' '바겐세일' 등이다. 소비자는 실제로 자신이 원하는 물건이 있는지, 가격이 실제로 싼지, 점포를 구체적으로 언제 닫는지조차 제대로 확인하지 않고 이들 문구의 프레임에 매료된다. 이 역시 프레이밍 효과이다.

🛒 다양한 실험이 보여주는 프레이밍 효과

사람에게서 프레이밍 효과가 발생하고 있음을 확인할 수 있는 연구는 매우 풍부하다. 의사 424명과 일반인 238명을 대상으로 폐암에 걸린 경우 수술과 방사선 치료 가운데 하나를 선택하는 실험을 수행한 연구를 소개한다. 이 연구에서는 실험 참여자를 임의로 구분한 후 집단 A에는 1년 후와 5년 후의 생존율 통계를, 집단 B에는 1년 후와 5년 후의 사망률 통계를 보여줬다.

수술과 방사선 치료 결과에 따른 통계는 다음과 같다. 여러분은 수술과 방사선 치료 가운데 어떤 것을 선택하겠는가?

집단	수술(%)	방사선 치료(%)	수술 선택 비율(%)
A (긍정 프레임)	1년 생존율 68 5년 생존율 34	1년 생존율 77 5년 생존율 22	의사 84 일반인 78
B (부정 프레임)	1년 사망률 32 5년 사망률 66	1년 사망률 23 5년 사망률 78	의사 50 일반인 60

여러분도 짐작하듯이 생존율 통계와 사망률 통계는 같은 정보를 담고 있다. 단지 집단 A에 제공된 정보는 생존율이라는 '긍정 프레임'으로, B에 제공된 정보는 사망률이라는 '부정 프레임'으로 작성돼 있을 뿐이다. 같은 통계이므로 두 집단에서 같은 결과가 나오는 것이 합리적이다. 결과도 그렇게 나왔을까?

집단에 따라 선택에 확연한 차이가 있었다. 먼저 전문가인 의사의 선택을 보자. 의사 가운데 수술을 선택하겠다는 응답 비율은 집단 A가 84퍼센트, 집단 B가 50퍼센트였다. 전문가임에도 선택에 커다란 차이가 있었다. 일반인의 선택도 유사했다. 두 집단의 수술 선택 비율은 각 78퍼센트, 60퍼센트였다.

차이점이라고는 통계를 제시한 프레임뿐이다. 생존을 부각한 긍정 프레임으로 통계 자료를 받은 집단 A의 응답자는 대부분 수술을 선택했지만 사망을 부각한 부정 프레임으로 통계 자료를 받은 집단 B에서는 수술을 선택한 응답자 비율이 절반 정도로 낮아졌다. 동일한 내용의 정보를 접하고도 특히 전문가의 선택 비율이 34퍼센트포인트나 차이가 났다니 프레이밍 효과의 위력이 놀라울 따름이다.

프레이밍 효과를 확인할 수 있는 유명한 실험을 하나 더 보자. 연구자들은 미국과 캐나다 대학생으로 구성된 실험 참여자를 두 집단으로 구분했다. 두 가지 방안에 따라 예상되는 과학적 추정 결과를 집단 A에는 긍정 프레임으로, 집단 B에는 부정 프레임으로 제시한 후 선호하는 방안을 선택하도록 했다.

정부는 어느 지역에 발생한 희귀병으로 600명이 사망할 것으로 예상하고 대책을 마련하면서 최종 후보를 방안 (가)와 (나)로 압축했다. 당신은 어느 방안을 선호하는가?

집단	방안 (가)	방안 (나)	(가) 선택률(%)
A (긍정 프레임)	200명이 산다.	600명이 살 확률이 1/3, 아무도 살지 못할 확률이 2/3이다.	72
B (부정 프레임)	400명이 죽는다.	아무도 죽지 않을 확률이 1/3, 600명이 죽을 확률이 2/3이다.	22

두 집단에 보여준 두 방안의 효과는 같다. 단지 집단 A에는 '산다'는 긍정 프레임으로, B에는 '죽는다'는 부정 프레임으로 제시한 차이가 있을 뿐이다.

그럼에도 집단 A에서는 대부분이 방안 (가)를 선택했다. 산다는 긍정 프레임은 실험 참여자에게 이득으로 받아들여졌고 200명을 확실히 살리는 위험 회피적인 선택을 하게 만들었다.

반면에 집단 B에서는 대부분이 방안 (나)를 선택했다. 죽는다는 부정 프레임은 실험 참여자에게 손실로 인식되었고 손실 회피 성향이 작용해서 아무도 죽지 않을 확률이 낮은 쪽에 거는 위험 추구적인 선택을 하게 만들었다.

이득과 손실, 위험 발생 확률에 따라 사람이 위험에 대해 어떤 선호를 갖게 되는지에 대해서는 126쪽의 '전망 이론'에서 확인한 바 있다. 위험 추구적인 선택에 대해 잘 기억나지 않는다면 150쪽의 '위험 선호' 꼭지를 다시 찾아보기 바란다.

🛒 여론 조사의 진실

프레이밍 효과가 던지는 의미와 시사점은 매우 중대하다. 사회적으로 중요한 문제를 놓고 설문조사를 하거나 정당 지지율을 조사할 때 설문이 제시되는 프레임에 따라 결과에 의미 있는 차이가 발생할 수 있다는 뜻이기 때문이다.

모든 정책에는 상충 효과가 나타나므로 어떤 부문에 도움이 되는 정책은 그 대가로 다른 부문의 희생이 따른다. 예를 들어 고용에 도움이 되는 정책은 물가를 불안하게 만든다. 이와 관련된 실험이 있다. 실험 참여자를 두 집단으로 나눈 후 첫 번째 집단에 다음과 같이 질문했다.

여러분은 (가), (나) 가운데 어떤 정책을 선택하겠는가?

A. 정책 (가)를 펼치면 10퍼센트가 실업자가 되지만 물가 상승률은 12퍼센트가 될 것이다.

B. 정책 (나)를 펼치면 5퍼센트가 실업자가 되지만 물가 상승률은 17퍼센트가 될 것이다.

이 집단에 속한 응답자의 선택은 정책 (나)에 몰렸다. 정책 (가)를 선택한 사람은 36퍼센트, (나)를 선택한 사람은 64퍼센트였다. 이제 두 번째 집단에는 다음과 같이 질문했다.

여러분은 (가), (나) 가운데 어떤 정책을 선택하겠는가?
A. 정책 (가)를 펼치면 90퍼센트가 취업자가 되지만 물가 상승률은 12퍼센트가 될 것이다.
B. 정책 (나)를 펼치면 95퍼센트가 취업자가 되지만 물가 상승률은 17퍼센트가 될 것이다.

이 질문에 대해서 54퍼센트가 정책 (가)를, 46퍼센트가 정책 (나)를 선택했다. 이번에는 (가)를 선택한 비율이 좀 더 높았다. 두 집단에 제시한 정책 효과는 본질적으로 같다. 다만 첫 번째 집단에는 실업자 프레임으로, 두 번째 집단에는 취업자 프레임으로 제시한 형식의 차이가 있다.

그럼에도 첫 번째 집단의 실험 참여자는 실업자를 크게 줄이는 편익에 주목해서 정책 (나)를 선호했다. 반면에 두 번째 집단에서는 취업자 비율을 90퍼센트에서 95퍼센트로 올리는 정책 (나)의 이득보다는 물가 상승률을 크게 낮추는 정책 (가)를 선호하는 사람이 많았다.

이러한 실험 결과가 우리에게 제시하는 의미는 작지 않다. 언론에 보도되는 여론 조사 결과의 상당 부분이 프레이밍 효과에 의한 결과, 즉 인지적 착시에 의한 결과일 수 있음을 의미하기 때문이다.

이를 이용해 여론 조사 결과를 자신에게 유리한 쪽으로 유도하는 시도도 가능하다. '반대한다'와 '찬성하지 않는다', '싫어한다'와 '좋아하지 않는다'라는 표현은 사실상 같은 내용이지만 여론 조사에서는 어느 문구를 사용하는지에 따라 결과가 다르게 나올 수 있다.

🛒 프레임에 갇히지 않으려면

사람의 판단을 특정 방향으로 유도하는 데 더 효과적인 프레임이 분명히 존재한다. 미국에서 이루어진 한 연구는 이에 대한 구체적 증거를 보여준다. 연구자들은 기업의 교육부서 직원을 임의로 세 집단으로 나눈 후 독감 예방주사를 맞겠다는 의사 표시 비율에 차이가 있는지 비교했다. 각 집단에 제시된 서로 다른 프레임은 다음과 같다.

A. 가을에 독감 예방주사를 맞겠다면 네모 칸에 표시하세요.
B. 가을에 독감 예방주사를 맞을 것인지, 아니면 독감 예방주사를 맞지 않을 것인지 해당하는 네모 칸에 표시하세요.
C. 독감에 걸릴 위험도를 줄이고 50달러를 절약하기 위해 가을에 독감 예방주사를 맞을 것인지, 아니면 독감에 걸릴 위험도가 높아지고 50달러를 지출할지라도 독감 예방주사를 맞지 않을 것인지 해당하는 네모 칸에 표시하세요.

독감 예방주사를 맞겠다는 의사 표시를 한 직원의 비율을 프레임에 따라 비교해 보면 차례대로 42퍼센트, 62퍼센트, 75퍼센트였다. 하나의 안만 제시한 프레임(집단 A)에서보다 두 대안 가운데 하나를 능동적으로 선택하도록 설계된 프레임(집단 B)에서 독감 예방주사를 맞기로 선택하는 비율이 높았다. 그리고 대안의 장점까지 추가한 '강화된 능동적 선택' 프레임이 제시된 집단 C에서의 독감 예방주사 선택률은 더 높았다. 세 프레임 가운데 '강화된 능동적 선택 프레임'의 설득력이 가장 효과적임을 보여주는 실험 결과이다.

기업이 광고에서 사용하는 단어 하나하나는 이러한 프레이밍 효과를 고려한 산물이다. 소비자는 기업이 만든 프레임에 갇혀 선택을 강요당할 수 있다. 좀더 신중하게 생각한 후 소비 의사결정을 하는 것이 바람직하다.

프레이밍 효과에 의해 자신의 의사결정이 영향받는 것을 반기는 사람은 없을 것이다. 자신의 자율 의지로 선택할 수 있는 좋은 방법은 해당 문제에 대한 지식과 이해를 넓히는 일이다. 풍부한 지식과 폭넓은 이해를 지니면 그만큼 프레이밍 효과에 의해 좌지우지될 가능성은 줄어들 것이다.

또 다른 방법은 자신이 하는 선택의 판단 근거를 명시해 보는 것이다. 왜 그러한 선택을 했는지, 그러한 선택에 활용한 정보가 무엇인지를 밝힐 수 있다면 문제가 제시된 형식에 의해 선택이 달라지는 프레이밍 효과를 극복하기가 한층 쉬울 것이다.

 교실에서 하는 행동경제학 토론

◆ 먹거리를 살 때 무지방, 콜레스테롤 0퍼센트, 저칼로리 등의 프레임 중 어떤 것에 관심이 가는지 말해 봅시다.

◆ 친구에게 이야기할 때 프레이밍 효과를 이용해 같은 내용을 다르게 표현한 적이 있나요? 왜 그랬나요?

결과를 바꾸는
손쉬운 방법

초깃값 효과

🛒 초기 설정을 존중해

수십 년을 사용하면서도 여전히 잘 모르는 물건이 있다. 컴퓨터이다. 그런데 이런 물건이 하나 더 늘었다. 스마트폰이다. 맨날 쓰는 프로그램 이나 앱(app)만 기계적으로 반복해 쓴다. 새로운 기능은 시도조차 하지 않는다. 나이 먹은 사람에게서 공통적으로 찾아볼 수 있는 특성이 아 닐까.

나이 먹은 사람에게서 찾을 수 있는 공통점이 하나 더 있다. 전자기기 제조업체가 출시할 때 설정해 놓은 디폴트, 즉 초깃값을 그대로 유지하 는 경향이 뚜렷하다는 점이다. 혹시 고장이라도 날까, 컴퓨터 작동이 느 려질까 하는 불안감에 섣불리 손대지 않으려는 심리가 작용한다. 전문

가인 제조업체가 오죽 잘 알아서 설정해 놓았을까 하면서 무한 신뢰를 보낸다. 마이크로소프트에 의하면 구매자의 95퍼센트가 초기 설정을 그대로 유지한다.

이러한 현상을 '초깃값 효과(default effect)'라 한다. 초깃값을 설정하는 프레임에 따라 소비자의 선택이 달라진다는 점에서 프레이밍 효과의 한 사례로 볼 수 있다. 또 초깃값을 유지하는 경향이 있다는 점에서 164쪽에서 설명했던 '현상 유지 편향'으로도 볼 수 있다.

주위의 다양한 사례에서 초깃값 효과를 확인할 수 있다. 미국에서 캠프 참여자의 행동을 관찰한 결과, 큰 시리얼 그릇을 받은 집단은 작은 그릇을 받은 집단보다 시리얼을 28퍼센트나 더 많이 먹었다. 또 다른 집단을 대상으로 동일한 관찰을 해본 결과 역시 큰 그릇 집단이 작은 그릇 집단보다 시리얼을 33퍼센트나 더 많이 먹었다. 다른 연구에서는 큰 그릇을 받은 사람이 작은 그릇을 받은 사람보다 아이스크림을 31퍼센트나 더 많이 퍼먹는 결과를 얻었다.

아동 비만이 세계적으로 심각한 문제가 되고 있다. 패스트푸드와 청량음료의 과다 섭취가 주된 요인이다. 이 문제 해결에 동참하기 위해 미국 플로리다주에 있는 디즈니월드 내 145개 식당이 키즈밀(kids' meal)의 초깃값을 과감하게 변경하는 실험을 했다.

햄버거는 그대로 두되 청량음료 대신에 주스를, 감자튀김 대신에 과일과 채소를 초깃값으로 설정해 놓고 손님이 원할 때 청량음료와 감자튀김으로 교체해 주는 방식을 도입한 것이다. 햄버거와 콜라와 감자튀김은 환상적인 궁합이 아니던가. 이 조합을 바꾸다니 무모한 도전이 아니었을까? 손님 대부분이 주문하면서 청량음료와 감자튀김으로 변경하지 않았을까?

식당에 따라 다소 차이는 있었으나 손님의 48~66퍼센트가 건강식을 그대로 주문했다. 놀라운 결과이다. 식탁에 앉아 주문하는 일반 식당보다 패스트푸드 식당에서 건강식이라는 초깃값을 그대로 받아들이는 손님 비율이 더 높았다. 덕분에 디즈니월드는 어린이들이 섭취하는 열량을 21퍼센트, 지방을 44퍼센트, 나트륨을 43퍼센트 줄이는 데 성공했다. 이는 이 책의 마지막에 언급한 '넛지(nudge)'의 좋은 사례이기도 하다.

🛒 귀차니스트 고객은 봉

미국인은 기업에 취직하면 퇴직 연금에 가입하게 된다. 자신의 봉급 가운데 일부분을 퇴직금으로 적립하는 것이다. 봉급 가운데 얼마를 적립하는지는 본인의 선택 사항이다. 초기에 미국 기업은 적립금 초기 설정을 0달러로 해놓고 종업원 스스로 원하는 수준으로 마음껏 변경하도록 했다. 그 결과 초기 설정을 그대로 유지한 채 한 푼도 적립하지 않은 종업원이 많았다.

이에 기업이 초깃값을 봉급의 몇 퍼센트 정도로 상향 설정했다. 그러자 퇴직 연금 적립금이 크게 불어났다. 어떤 기업은 초깃값을 0달러에서 봉급의 3퍼센트로 상향 조정하자 한 푼이라도 연금을 적립하는 종업원 비율이 37퍼센트에서 86퍼센트로 급증하는 놀라운 성과를 얻었다. 초깃값 효과를 적절히 활용한 덕분에 비용을 거의 들이지 않고서도 종업원이나 기업 모두에 이득이 되는 긍정적 효과를 거두었다.

이번에는 소비자에게 잠재해 있는 초깃값 효과를 이용하는 기업의 이야기이다. 우리나라에서 운전자는 의무적으로 자동차 보험에 가입해야 한다. 이때 운전자는 보험회사 사이트를 방문해서 자신이 내야 할 예상 보험료를 확인해 볼 수 있다.

이 사이트에는 타인을 다치게 한 경우, 상대방 자동차나 물건에 손해를 끼친 경우, 자기 신체나 차량에 피해가 발생한 경우 등 다양한 상황에 대비해서 각각 보상 한도를 자유롭게 선택할 수 있는 여러 옵션 항목이 있다. 대부분 사이트는 최대 보상 한도를 초깃값으로 설정하고 보험료를 산출한다. 운전자에게 최대 보상 한도를 암묵적으로 권유하는 셈이다.

보험회사가 초깃값으로 설정해 놓은 조건들을 자기 판단에 따라 변경하는 운전자는 생각보다 많지 않다. 운전자 대부분은 초깃값을 그대로 유지한 채 보험을 계약한다. 초깃값 효과 덕분에 보험회사는 수십억 원에서 수백억 원의 추가 이득을 거둔다.

유럽 여행의 백미 가운데 하나는 철도 여행이다. 우리나라는 표를 구매하면서 원하는 좌석도 예약하지만 유럽은 기본적으로 지정 좌석제가 아니어서 역에 일찍 도착해 비어 있는 좌석을 차지해야 된다. 굳이 좌석을 예약하고 싶은 고객은 상당히 비싼 요금을 추가로 내야 한다.

유럽의 한 국영 철도의 경우 표를 구매한 고객의 9퍼센트만 좌석을 예약하고 있었다. 이 철도회사는 푯값 외에 1~2유로만 더 내면 좌석까지 자동으로 예약할 수 있도록 홈페이지를 수정했다. 좌석 예약을 초깃값으로 변경한 것이다. 만약 좌석 예약을 원하지 않는 고객은 거부하겠다는 박스에 체크하면 된다.

그러자 좌석을 예약한 고객 비율이 무려 47퍼센트로 치솟았다. 초깃값 하나를 변경한 덕분에 이 국영 철도회사는 홈페이지 프로그램을 한 차례 수정하는 적은 비용만으로도 연간 4천만 달러의 수익을 추가로 올렸다.

기업이 소비자의 초깃값 효과를 적절히 활용하면 소비자 만족도를 높일 수도 있다. 항공사는 이전에 복도 측 좌석을 이용했던 고객이 다시 표를 예매하면 자동으로 복도 측 좌석을 배정해 주는 시스템을 도입하고 있다. 이전에 흡연 가능한 방을 예약한 고객이 다시 방을 예약하면 호텔이 자동으로 흡연 방으로 설정해 놓는 것도 같은 전략이다. 이러한 전략의 결과 소비자는 자신의 마음까지 읽는 기업이라며 우호적으로 평가한다. 다음번에도 같은 비행기를 타거나 같은 호텔을 이용하겠다고 마음먹는다.

🛒 초깃값을 고집하는 마음

사람이 초기 설정을 좀처럼 변경하지 않는 심리에는 여러 이유가 있다. 첫째, 손실 회피성 때문이다. 소득 가운데 60퍼센트를 필수적인 소비에

쓰고 있으며 저축에 10퍼센트, 문화생활을 위해 30퍼센트를 지출하는 사람이 있다고 하자. 주위에서는 이 사람에게 노후를 대비해 문화비 지출을 10퍼센트로 줄이는 대신 저축을 30퍼센트로 늘리라고 권고한다.

주위의 권고에도 이 사람은 자신의 초기 배분 비율을 좀처럼 바꾸지 않으려 한다. 초깃값 효과 때문이다. 초깃값인 문화비 지출을 30퍼센트에서 10퍼센트로 줄이면 현재의 만족이 큰 폭으로 감소하는 손실을 겪는다.

그로 인한 이득은 저축의 증가로 노후의 삶이 여유로워지는 것이다. 하지만 손실 회피성의 작용으로 손실로 인한 불만족이 이득으로 인한 만족보다 훨씬 더 크게 영향을 미친다. 그래서 자신의 지출 패턴을 좀처럼 변경하지 않고 그대로 유지한다.

이는 반대의 상황에 있는 사람에게도 마찬가지이다. 즉, 저축에 30퍼센트, 문화생활에 10퍼센트를 지출하고 있는 사람도 저축을 줄이고 문화생활을 늘리라는 조언을 쉽게 따르지 않는다. 저축을 줄이는 손실로 인한 불만족이 문화생활을 늘림으로써 얻은 만족보다 크기 때문이다.

둘째, 소비자가 초깃값을 일종의 '권고사항'으로 받아들이기 때문이다. 컴퓨터나 스마트폰의 초깃값은 일반 소비자에게 보편적으로 최적화된 상태를 제공하며, 특별한 사유가 없는 한 유지하는 것이 좋다는 전문가의 권고라고 믿는다.

특히 정부나 공공기업이 설정하는 초기 설정 상태의 경우에는 이 효과가 더욱 크게 나타난다. 장기 기증을 초깃값으로 설정하고 원하지 않으면 반대 의사를 표시하도록 한 신청서 양식을 본 사람은 장기 기증이 사회적으로 바람직하므로 정부가 좋은 선택을 초깃값으로 설정한 것이라 믿는다. 그래서 정부의 권고를 존중해 초깃값을 그대로 유지하는 경향이 나타난다.

자신의 장기를 내놓는 데 거부감을 가지지 않는 사람이라도 자발적으로 해당 기관을 찾아가 기증 의사를 표명하기는 쉽지 않다. '나중에 후회하지 않을까' '가족이 반대하지 않을까' 등 다양한 고민에 빠진다. 이런저런 생각에 의사 표명을 차일피일 미룬다. 정부의 초깃값 설정은 이런 문제를 간단하게 해결해 준다.

셋째, 초깃값을 변경하려면 시간이나 노력이 요구되기 때문이다. 초깃값을 받아들이면 비용이 들지 않지만 자신에게 최적화된 상태로 수정하는 데는 많은 정보, 노력, 시간, 시행착오가 필요하다. 굳이 이런 비용을 치를 이유가 없다. 새 컴퓨터를 사더라도 제조업체가 설정해 준 초깃값 덕분에 컴맹도 바로 인터넷에 접속할 수 있으니 말이다.

이처럼 초깃값은 우리의 인생과 선택에 영향을 미친다. 바람직한 습관이나 태도, 합리적 자산관리 의사결정 등은 어려서부터 지니고 있어야 할 중요한 덕목이다. 이것들과 관련된 초깃값을 어려서부터 잘 설정해 놓고 유지할 수 있다면 인생이나 미래가 달라진다.

 교실에서 하는 행동경제학 토론

◆ 노트북이나 휴대전화 등 전자제품을 사면 초기 설정을 자신에 맞게 많이 변경하는 편인지 아니면 그대로 유지하는 편인지 생각해 보고, 그 이유를 말해 봅시다.
◆ 귀찮아서 초깃값이나 상대방이 설정한 조건을 변경하지 않은 적이 있나요?
◆ 자신의 평소 습관 중 초깃값 설정을 통해 개선할 수 있는 것이 있는지 찾아봅시다.

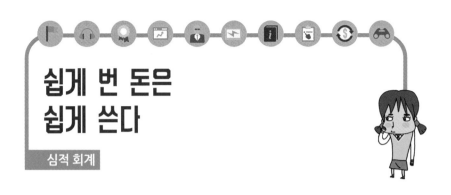

쉽게 번 돈은
쉽게 쓴다

심적 회계

🛒 다 같은 돈인데 다르게 느낀다

돈을 빠르고 쉽게 버는 방법이 있을까. 모두가 꿈꾸는 일이다. 이때 어른들이 흔히 하는 경고가 있다. "쉽게 번 돈은 쉽게 나가는 법이다." 부정한 방법이나 편법으로 돈 벌 생각하지 말고 노력해서 차곡차곡 돈을 벌어야 한다는 말이다. 이 말처럼 사람에게는 쉽게 번 돈을 쉽게 쓰는 경향이 있다. 다음의 두 상황을 생각해 보자.

A. 간밤 꿈에서 돼지를 봤다. 아무에게도 말하지 않고 당장에 즉석 복권을 몇
　 장 샀다. 그 가운데 하나가 10만 원에 당첨됐다. 진짜 돼지꿈이 좋은가 보다.
　 10만 원이 생기다니 횡재했다.

B. 하루 종일 무거운 상자를 나르는 아르바이트를 했다. 힘들었지만 그래도 기쁘다. 내 손에 10만 원이 생겼으니까. 일을 할 수 있다는 것이 행복하다.

두 상황 모두 10만 원이 생겼다. 여러분이라면 어떤 상황에서 친구들에게 한턱낼 가능성이 큰가? 아마 거의 모두가 상황 A라고 답할 것이다. 그렇다. 실제로 대부분이 그렇게 행동한다. 그 이유는 무엇일까. 같은 10만 원이라도 벌게 된 상황이 전혀 달라서이다. 상황 A의 경우에는 공돈 10만 원이 생겼다고 느낀다. 그래서 쉽게 써버린다.

호모 이코노미쿠스는 이렇게 선택하지 않는다. 어떻게 벌었든 10만 원은 다 같은 돈이다. 돈의 무늬가 달라지지 않는다. 뙤약볕 밑에서 땀을 흘리며 번 돈이나, 복권으로 운이 좋게 당첨된 돈이나, 오래된 옷 주머니

에서 우연히 발견한 돈이나, 명절날 받은 세뱃돈이나 모두 같은 돈이다.

이를 경제학 용어로 '화폐의 대체성'이라고 한다. 어떤 경로로 얻었든 같은 화폐이므로 서로 대체해서 사용 가능하다는 뜻이다. 그러므로 돈을 쓰는 의사결정을 할 때도 돈을 벌게 된 원천과 관계없이 일관성이 있어야 합리적이다.

그러나 현실 속 사람은 그렇지 않다. 복권, 도박, 세뱃돈 등 이른바 불로소득은 근로를 통해서 힘들게 번 소득과 다르게 느끼고 훨씬 허투루 지출하는 경향이 있다. 이와 달리 근로소득에 대해서는 지출 계획을 세우고 최대로 절약한다.

이처럼 사람이 돈을 어떻게 쓸지 결정할 때 상황에 따른 프레임을 만든 뒤 프레임에 따라 선택을 달리하는 현상을 '심적 회계(mental accounting)'라고 한다. 심리적 회계, 심적 계정, 마음속 회계, 마음의 회계 등도 모두 같은 용어이다. 가정에서 돈을 지출하면서 식비, 주거비, 문화비 등으로 구분해 가계부를 작성하듯이 사람은 돈의 수입과 지출에 대해서 마음속으로 회계장부를 작성한다는 비유에서 심적 회계라는 용어가 만들어졌다.

사람은 돈이 생기면 근로소득, 이자소득, 불로소득 계정 등으로 구분한다. 지출할 때도 간식비, 여행비, 통신비, 문화비 계정 등으로 마음속에 칸을 나눈다. 이때의 마음속 계정이 바로 프레임이므로 심적 회계 현상은 프레이밍 효과의 한 사례에 해당한다.

앞의 사례를 다시 생각해 보자. 복권 당첨금은 불로소득이라는 심적 회계 항목으로 입력됐으며 이 항목의 소득은 공돈이라는 생각에서 세심하게 다루지 않고 쉽게 지출한다. 반면에 아르바이트를 통해 번 돈은 근로소득 항목에 입력됐으며 지출할 때도 엄중한 잣대를 적용한다. 같은 돈인데 다르게 느낀 결과이다.

자신은 결코 이런 구분을 해본 적이 없다고 생각하는 사람이 있을지 모르겠다. 이러한 구분은 가계부 작성과 달리 마음속에서 무의식적으로 이루어지는 심리적 조작이다. 신경과학자들은 기능성 자기공명영상을 이용해 자신이 노력해서 돈을 얻을 때와 다른 사람에게서 돈을 받을 때 뇌의 활동에 차이가 있는지를 비교했다.

이 연구에 따르면 자신이 노력해서 돈을 얻을 때 뇌의 선조체(Striatum)가 가장 활발하게 활동했으며, 그렇지 않고 수동적으로 돈을 받을 때는 선조체 활동이 제일 적었다. 노력해서 번 돈에서 얻는 쾌감이 가장 크다는 뜻이다.

🛒 소비를 부추기는 신용카드

심적 회계가 사람의 선택에 영향을 주고 있음을 보여주는 유명한 실험이 있다. 다음의 두 상황을 보자.

A. 콘서트장에 가서 50달러인 입장권을 사려고 한다. 콘서트장에 가는 도중에 50달러를 분실했다. 그럼에도 여러분은 여전히 50달러를 주고 입장권을 사겠는가?

B. 전날 50달러를 주고 산 입장권을 가지고 콘서트장으로 갔다. 현장에 도착해서 입장권을 분실했음을 알았다. 그럼에도 여러분은 50달러를 주고 다시 입장권을 사겠는가?

여러분이라면 A 상황에서 입장권을 사겠는가? B 상황에는 어떤가? 두 경우의 선택이 달라졌는가? 경제학적으로 보면 두 상황은 사실상 같다. 모두 50달러의 가치를 분실했다.

50달러를 분실한 것은 마찬가지인데 선택에 차이가 있는지를 확인하기 위해서 연구자들은 실험 참여자를 임의로 나눈 후 위의 상황을 각각 제시했다. 집단 A에서는 88퍼센트가 입장권을 사겠다고 응답한 반면에 집단 B에서는 46퍼센트에 그쳤다. 시스템 1이 두 상황을 다른 프레임으로 받아들인 것이다.

행동경제학자들은 이러한 판단의 차이를 심적 회계로 설명한다. 상황 B에서는 처음 입장권을 사는 순간 '문화비' 항목에 50달러가 입력됐다. 그런데 입장권을 다시 산다면 문화비로 이틀 만에 무려 100달러를 쓰는 셈이다. 문화비로 너무 많이 쓴다는 생각이 들어 입장권을 다시 사는 선택을 주저한다.

하지만 상황 A는 달랐다. 아직 입장권을 사지 않았으므로 마음속 문화비 항목에 아무 값이 입력되지 않았다. 현금 50달러 분실은 문화비 항목과 관계없으므로 입장권을 사려는 사람이 많았던 것이다.

일상생활에서 심적 회계로 인해 비합리적으로 선택하는 사례를 찾아보기란 그리 어렵지 않다. 그 가운데 하나로 신용카드 사용을 꼽을 수 있다. 신용카드는 참으로 멋진 제도이다. 일단 물건을 사고 나중에 돈을 내는 방식은 멋지다 못해 탁월해 보인다. 그러나 이 신용카드가 사람의 소비 자제력을 무너뜨린다.

연구자들은 미국 프로농구 보스턴 셀틱스 경기의 매진된 입장권을 경매에 올렸다. 한 집단에 대해서는 현금으로만 입찰을 허용했고 다른 집단에 대해서는 신용카드 입찰을 허용했다. 결과는 예상대로 신용카드 집단이 현금 집단보다 평균 2.1배나 높은 입찰 가격을 제시했다.

심적 회계의 덫에 빠진 결과이다. 현금을 사용하는 순간 마음속 현금 계정에 적자가 입력되고 바로 손실로 인식한다. 하지만 신용카드로 물건을 사면 마음속 현금 계정으로 인식하지 않는다. 아직은 돈이 내 계좌에서 빠져나가지 않았기에 아무것도 지불하지 않은 것처럼 느끼기 때문이다.

사용 금액을 정확히 기억하지 못하는 경우도 허다하다. 그래서 신용카드를 사용하면 씀씀이가 커진다. 자기 관리 능력이 부족한 사람에게 심적 회계는 심각한 문제가 될 수 있다.

뉴욕 택시 운전기사들의 선택

심적 회계에서 중요한 이슈 가운데 하나는 판단의 기준이 되는 기간이다. 만약 콘서트장 사례의 B 상황에서 입장권을 전날이 아니라 몇 달 전에 사놓았다면 어땠을까? 아마 선택이 달라졌을 것이다. 즉, 몇 달 전에 이루어진 문화비 지출은 마음속에서 이미 정산되어 이번 달의 문화비 지출 항목에 잡히지 않으므로 입장권을 다시 사는 사람의 비율이 높아질 것이다.

심적 회계 기간과 선택 사이의 관계를 보여주는 흥미로운 연구 결과가 있다. 뉴욕의 택시기사는 대부분 회사에서 택시를 빌려 영업한다. 그날 번 수입 가운데 미리 정해진 금액을 회사에 내고 남은 돈이 자신의 수입이 된다. 손님의 수는 매일매일 달라지므로 어떤 날은 목표 금액을 8시간 만에, 또 어떤 날은 12시간 내내 일해서 겨우 달성한다.

연구자들이 조사한 결과 택시기사는 자신이 정해놓은 하루 목표 금액을 일찍 달성하면 더 이상 영업하지 않고 집으로 퇴근하는 경우가 많았다. 심적 회계의 판단 기준이 하루로 설정돼 있다는 뜻이다. 목표 금액을 일찍 달성했더라도 영업을 계속하면 초과 금액을 더 많이 벌어 소득이 불어날 텐데도 그렇게 하는 택시기사는 예상외로 많지 않았다.

🛒 오늘의 공부 목표를 일찍 달성한다면

혹시 여러분도 이처럼 행동하고 있지 않은가? 기말시험이든 대학수학능력시험이든 자신의 목표 달성을 위해 계획을 세워놓고 공부하고 있는 학생을 생각해 보자. 이 학생은 매일 문제집을 5장씩 푼 후에 잠을 자기로 결심하고 매일 저녁 계획을 실천하고 있다.

어느 날 평소보다 한 시간 일찍 문제집 5장을 모두 풀었다. 목표의 조기 달성이다. 여러분이 이 상황이라면 잠을 자겠는가, 아니면 한 시간 동안 다른 문제를 더 푼 후 잠을 자겠는가?

아마도 일찍 잠을 자는 선택을 한 학생들이 많이 있을 것이다. 당일 목표를 채웠으니 일찍 잠을 자도 좋다는 판단에서이다. 뉴욕 택시기사의 선택과 다르지 않다. 심적 회계의 덫에 걸려들었다.

비록 공부 사례는 돈과 직접 관계없지만 심적 회계를 적용해서 분석하는 데 무리가 없다. 공부한 분량을 돈, 공부 목표의 조기 달성을 흑자로 보면 된다. 일찍 잠을 자기로 선택한 학생은 공부 목표를 하루 단위로 설정해 놓고 심적 회계에 따라 매일 달성 여부를 판단한 결과이다.

진정한 목표는 궁극적으로 기말시험이나 대학수학능력시험에서 좋은 성적을 거두는 일이다. 하루 목표를 조기에 달성한 날에는 한 시간 동안 문제를 더 푼 후 잠을 자는 것이 최종 목표 달성에 도움이 된다. 심적 회계의 판단 기준을 하루가 아니라 1년이나 2년으로 길게 잡는다면 목표를 일찍 달성한 날에 바로 잠을 자는 선택을 할 가능성이 줄어든다.

 교실에서 하는 행동경제학 토론

◆ 우연히 돈이 생겨서 기쁜 마음에 모두 써버린 적이 있나요? 앞으로 같은 상황이 반복된다면 또 그렇게 할 것인지 말해 봅시다.

◆ 용돈을 받으면 심적 회계를 이용해 돈을 관리하는 편인가요?

◆ 당일의 공부 계획을 일찍 마치면 바로 공부를 멈출 것인지, 아니면 다른 공부를 더 할 것인지 생각해 봅시다.

배에 탔으니
내릴 수 없다고?

매몰비용 오류

🛒 이미 쓴 돈이 아까워서 내리는 결정

여러분은 집으로 가는 길에 슈퍼마켓에 들러 즉석 냉동식품을 할인 가격 3달러에 샀다. 몇 시간 후 저녁 먹을 때가 되었다. 이때 하나의 생각이 떠올랐다. 친구를 불러 함께 냉동식품을 먹으며 텔레비전으로 영화를 보면 좋겠다는 생각이었다. 전화로 친구도 좋다고 대답했다. 여러분은 냉동식품을 하나 더 사려고 슈퍼마켓으로 갔다.

그러나 3달러에 할인 판매하던 냉동식품은 다 팔렸다. 같은 냉동식품을 정상 가격인 5달러에 사야 했다. 이제 두 냉동식품을 모두 데워 식사 준비가 끝났을 때 친구에게서 전화가 왔다. 갑자기 일이 생겨 올 수 없다는 연락이었다. 여러분은 두 냉동식품을 모두 먹을 만큼 배가 고프지 않다. 다시 냉동할 수도 없다. 하나는 먹고 하나는 버려야 한다. 어떤 것을 먹겠는가?

A. 3달러에 산 냉동식품
B. 5달러에 산 냉동식품
C. 아무것이나 상관없음

어떤 냉동식품을 먹고 버리든 비용과 편익에 아무런 차이가 없다. 따라서 호모 이코노미쿠스라면 C처럼 생각해야 한다. 그러나 이러한 질문을 받은 응답자의 24퍼센트가 B를 선택했다. 3달러에 산 냉동식품 대신에 5달러 냉동식품을 버리는 일이 더 아깝고 낭비라는 생각이 들었기 때문이리라.

이처럼 생각하는 것을 '매몰비용 오류(sunk cost fallacy)'라고 한다. 매몰비용은 이미 지출해서 되찾을 수 없는 성격의 비용이다. 매몰비용 오류는 '콩코드 오류(Concorde Fallacy)'라고 부르기도 하는데, 영국과 프랑스 정부가 공동으로 추진하던 초음속 여객기 콩코드 개발 사업에 경제성이 없음을 인지했음에도 불구하고 투자를 지속하여 더 큰 재앙을 맞이한 사건에서 유래한 용어이다.

위 사례로 설명하면 오븐으로 조리를 마쳤고 다시 냉동할 수 없으므로 냉동식품 구매비는 환불이 불가능해진 매몰비용이다. 경제학 이론에 따르면 매몰비용은 따지지 말고 앞으로 발생할 편익과 비용만 고려해서 판단해야 한다.

그러나 많은 사람이 매몰비용이라는 프레임에 사로잡혀 의사결정 과정에 매몰비용을 포함하는 오류를 범한다. 휴리스틱 때문에 직관적으로 매몰비용이 떠오르고 비합리적으로 선택한다.

스포츠센터에 회비를 내고 등록한 사람에게서 특이한 현상을 목격할 수 있다. 등록 직후에는 열심히 운동하러 다니지만 점차 운동 빈도가 감소하는 것이다. 이 역시 매몰비용 오류 때문이다. 왜 그럴까?

회비는 매몰비용이며 고려할 필요가 없다. 회비를 어제 냈든 2주 전에 냈든 오늘 운동하러 가는지의 선택과는 관계가 없다. 오늘 운동하러 갈 것인지를 결정할 때는 운동의 편익과 비용(시간과 피로)만 비교하면 된다.

그런데 사람의 심리가 그렇지 않다. 매몰비용 오류로 인해 회비가 신경 쓰인다. 특히 회비를 낸 지 얼마 되지 않은 시점에는 더 신경 쓰인다. 그래서 가기 싫어도 억지로라도 가는 사람이 많다. 운동하는 시늉만 하다 오기도 한다.

🛒 밑 빠진 독에 물 붓기

매몰비용 때문에 판단에 영향을 받고 있음을 확인할 수 있는 실험이 있다.

A. 비행기 제조회사의 회장인 여러분은 레이더에 포착되지 않는 비행기를 만들기 위해서 지금까지 연구개발비로 1,000만 달러를 투자했다. 이 사업이 90퍼센트 정도 진행되었을 무렵에 경쟁사가 레이더에 포착되지 않는 비행기를 팔기 시작했다. 이 비행기는 여러분이 제작하려는 비행기보다 훨씬 빠르고 경제적이다. 여러분은 나머지 10퍼센트의 사업비를 계속 투자해 비행기 개발 사업을 마무리할 것인가?

B. 비행기 제조회사의 회장인 여러분은 회사 연구원 가운데 한 명에게서 사업 건의를 받았다. 레이더에 포착되지 않는 비행기를 만드는 사업을 위한 연구 개발비로 100만 달러를 투자해 달라는 것이다. 그런데 경쟁사가 레이더에 포착되지 않는 비행기를 팔기 시작했다. 이 비행기는 당신 회사의 연구원이 구상한 비행기보다 훨씬 빠르고 경제적이다. 당신은 100만 달러를 비행기 개발 사업에 투자할 것인가?

상황 B에서는 응답자의 83퍼센트가 투자하지 않겠다고 했다. 성능과 경제성 측면에서 경쟁사에 미치지 못할 비행기 개발 사업에 100만 달러를 투자하는 일은 낭비라고 판단한 결과이다. 그렇다면 상황 A에서는 어떨까?

상황 A는 이미 9백만 달러를 연구개발비로 투자했고 나머지 100만 달러를 연구개발 사업에 계속 투자할지를 결정하는 문제이다. 결국은 100만 달러를 성공 가능성이 없는 비행기 개발 사업에 투자할 것인지를 묻고 있다는 점에서 본질적으로 상황 B와 다르지 않다. 상황 A에서도 나머지 100만 달러를 투자하지 않겠다는 선택이 다수를 차지해야 할 것이다.

그럼에도 상황 A에서는 85퍼센트가 계속 투자하겠다고 응답했다. 무엇이 이처럼 정반대의 결과를 초래했을까. 이미 투자로 지출한 금액만 9백만 달러이다. 엄청난 금액을 투자했으니 죽이 되든 밥이 되든 끝장을 봐야 한다는 심리가 작용한 것이다.

이는 배에 물이 차고 있는데도 '배에 탔으니 도중에 내릴 수 없다'는 어리석은 생각과 별반 다르지 않다.

이미 지출한 9백만 달러는 매몰비용이다. 이미 들어간 돈이 아깝기는 하지만 투자를 중단하면 아직 쓰지 않은 100만 달러를 더 나은 곳에 쓸 기회가 생긴다. 매몰비용은 잊어야 한다.

🛒 입지 않을 옷은 버려라

자신이 샀으나 마음에 들지 않는 옷에서도 매몰비용 오류 현상을 찾아볼 수 있다. 몇 번 입으려고 시도하다가도 자신에게 어울리지 않는다는 생각에 잘 안 입게 되는 옷이 있을 것이다. 그렇다면 그 옷을 과감하게 버려야 한다. 보관하고 있어봤자 옷장만 차지할 뿐이다.

그러나 입지도 않을 옷을 쉽게 버리지 못하는 사람이 많이 있다. 옷값 지출로 인한 의류비 계정이 마음속에 계속 열린 채로 남아 있기 때문이다.

이 계정은 옷을 여러 번 입을 때마다 '역시 잘 샀어' 하면서 만족해 하거나 주변 사람들로부터 '옷이 예쁘다' '옷이 잘 어울린다'라는 말을 듣게 될 때 완전히 닫힌다. 마음에 들지 않는 옷은 의류비 계정이 좀처럼 닫히지 않으니 매몰비용이 계속 머리를 맴돌아 차마 옷을 버리지 못한다.

만약에 이 옷이 누구에게서 그냥 받은 것이라고 가정해 보자. 의류비 계정 자체가 만들어지지 않으므로 별 고민 없이 옷 수거함에 넣을 것이다. 1만 원 정도에 산 옷도 그럴 가능성이 크다. 그런데 만약 수십만 원에 산 옷이라면 이야기가 달라진다. 버리는 결단이 쉽지 않다. 의류비 계정이 오래 열려 있으므로 매몰비용 오류도 장기간 지속된다.

어차피 입지 못할 옷이라면 1만 원에 산 옷이든, 30만 원에 산 옷이든 상관없다. 과감하게 버리는 것이 합리적이다.

🛒 소탐대실에서 벗어나려면

사람은 왜 매몰비용을 잊지 못할까?

첫째, 손실 회피성을 이유로 들 수 있다. 비행기 개발 사업을 포기하거나 옷을 버리는 일은 그와 관련해서 지출한 돈이 전액 손실로 처리되므로 너무나 고통스럽다. 본전 생각이 들어 포기하지 못하며 혹시나 손실을 조금이라도 회복할지 모른다는 일말의 희망을 품는다. 포기해야 할 매몰비용이 클수록 손실 회피성의 심리가 강하게 작동해서 포기가 더 힘들어진다.

둘째, 자신의 명성이나 평판에 금이 갈 것을 우려하기 때문이다. 다른 사람에게 자신의 실패를 드러내고 싶은 사람은 없다. 비행기 개발 사업을 중단하는 일은 곧 자신의 이전 선택이 잘못이었음을 인정하는 셈이다. 그러면 투자 결정을 한 자신에 대한 신뢰도가 떨어지는 것은 물론 악평도 나온다.

결국 자신의 명성에 상처가 나는 것을 피하기 위해 좀처럼 사업을 중단하지 않는다. 회사 경영자나 고위 정치인, 사회적으로 유명한 사람일수록 매몰비용 효과가 크게 나타난다.

옷을 버리는 일은 개인의 명성 문제와는 다소 거리가 있다. 이는 자존심의 문제이다. 그래서 언젠가는 입을 것이라며 합리화한다. 자신은 항상 옳아야 한다는 완고함 때문에 잘못된 이전 선택을 고집해서 제2, 제3의 비합리적 선택으로 이어져서는 안 된다. 실패를 깔끔하게 인정하는 것이 때로는 최선이다.

매몰비용 오류를 범하지 않으려면 의사결정 단계에서 좀더 치밀하고 논리적인 시스템 2에 의존해야 한다. 그리고 '제로 베이스'에서 생각할 필요가 있다. 이는 '지금까지 아무런 시간, 돈, 노력을 투입하지 않았다면 지금 나는 어떤 선택을 할 것인가?'라는 질문을 스스로에게 던지는 방식이다. 그리고 과거의 실패를 두려워하지 말아야 한다. 과거의 행동을 합리화하려는 본능을 억제하고 미래 지향적으로 판단하도록 노력해야 한다.

 교실에서 하는 행동경제학 토론

◆ 매몰비용을 잊지 못해 비합리적으로 선택한 경험이 있는지 말해 봅시다.

◆ 입지 않는 옷, 신지 않는 신발, 사용하지 않는 문구를 버리지 못하는 편인가요? 왜 그런가요?

돈의 환상에
속기 쉬운 이유

화폐 착각

🛒 돈의 가치가 고정되어 있다는 착각

회사에서 연봉 5퍼센트 인상을 통보받은 직원이 있다. 이 직원은 연봉이 5퍼센트 올랐으니 자신의 생활 수준도 5퍼센트 향상될 것으로 생각한다. 정말 그럴까?

그럴 수도 있고 아닐 수도 있다. 물가가 얼마나 오르는지에 따라 달라진다. 만약 물가가 전혀 오르지 않는다면 생활 수준도 5퍼센트 높아진다. 그러나 만약에 물가가 7퍼센트 오른다면 연봉의 구매력이 감소해서 (-2퍼센트) 생활 수준은 오히려 낮아진다. 중요한 것은 명목 가치가 아니라 실질 가치이다.

실질 가치는 명목 가치에서 물가 상승을 제외한 값이다. 예를 들어 연봉이 5퍼센트 올랐는데 물가가 2퍼센트 올랐다면 실질적인 연봉 상승률은 3퍼센트에 그친다.

실질 임금 상승률 = 명목 임금 상승률 − 물가 상승률

사람은 돈의 수량에 집착해서 실질 가치가 아니라 명목 가치에 현혹되는 경향이 있다. 이를 '화폐 착각(money illusion)' 또는 화폐 환상이라고 한다. 달리 이야기하면 인플레이션의 영향을 무시한 채 돈은 항상 고정 가치가 있다고 착각하는 오류이다.

화폐 착각에 빠진 사람은 지갑 속에 있는 1만 원짜리 지폐가 언제나 1만 원에 해당하는 가치가 있다고 착각한다. 명목 가치라는 프레임에 사로잡혀 합리적으로 판단하지 못하는 인지 오류를 범하는 것이다. '설마? 그런 사람이 정말 있다고?' 같은 반응을 하는 사람이 있을지 모르겠다. 다음 질문을 생각해 보자.

여러분은 다음 두 개 가운데 어떤 상황이 공정하다고 생각하는가?
A. 물가가 4퍼센트 오르고 노동자 임금이 2퍼센트 올랐다.
B. 물가가 0퍼센트 오르고 노동자 임금이 2퍼센트 내렸다.

두 상황 모두 실질 임금이 2퍼센트 하락했으므로 차이가 없다. 그럼에도 사람은 상황 B에 대해서 불공정하다고 인식하는 경향이 있다. 이러한 판단의 배경에도 손실 회피성이 있다. 명목 임금이 하락했으므로 심각한 손실로 다가오고 공정하지 못하다고 생각하는 것이다.

반면에 상황 A에서는 명목 임금이 상승한 프레임에 갇혀서 오판한다.

물가 상승을 고려하지 않고 명목 임금이 올랐다는 사실에만 주목한다. 그 결과 실질 임금이 2퍼센트 하락했지만 이를 손실로 인지하지 않는다.

케인스는 노동자와 기업이 협상하는 대상이 실질 임금이 아니라 명목 임금이라고 강조하면서, 노동자는 명목 임금이 오르면 받는 돈이 많아지므로 임금이 올랐다는 착각에 빠진다고 경고했다. 이처럼 화폐 착각은 행동경제학이 태동하기 훨씬 전부터 이미 지적된 현상이다.

미국에서 실행된 다음 실험을 보자.

미국이 극심한 인플레이션을 겪고 있다고 가정하자. 그 결과 봉급뿐 아니라 모든 재화와 서비스의 가격이 반년 만에 25퍼센트나 상승했다. 즉, 여러분의 소득과 지출이 모두 25퍼센트씩 많아졌다.

A. 반년 전에 여러분은 가죽 소파를 사려고 계획했는데, 그 소파 가격이 이제 400달러에서 500달러로 올랐다. 여러분은 반년 전에 비해서 지금 이 가죽 소파를 더 사고 싶어졌는가, 아니면 사고 싶지 않아졌는가?

B. 반년 전에 여러분은 갖고 있던 골동품 책상을 팔려고 계획했는데, 그 책상 가격은 이제 400달러에서 500달러로 올랐다. 여러분은 반년 전에 비해서 지금 이 책상을 더 팔고 싶어졌는가, 아니면 팔고 싶지 않아졌는가?

이 질문을 받으면 여러분은 어떻게 대답할 것인가. 다음은 두 질문에 대한 응답 비율을 정리한 것이다.

A. 더 사고 싶어졌다: 7퍼센트
변함없다: 55퍼센트
덜 사고 싶어졌다: 38퍼센트

B. 더 팔고 싶어졌다: 43퍼센트

변함없다: 42퍼센트

덜 팔고 싶어졌다: 15퍼센트

물가와 명목 소득이 모두 25퍼센트 올랐으므로 실질 소득에는 변함이 없다. 상황 A에서는 자신이 사려고 했던 가죽 소파 가격이 25퍼센트 올랐지만 소득도 그만큼 늘어났으므로 소파를 사려는 마음이 달라질 이유가 없다. 그러나 사고 싶은 마음이 줄었다고 응답한 사람이 38퍼센트나 됐다. 사려고 했던 소파의 명목 가격이 올랐기 때문이다.

하지만 상황 B에서는 전혀 다른 반응이 나왔다. 자신이 팔려고 했던 책상 가격이 25퍼센트 올랐으므로 팔려는 마음이 커졌다고 응답한 사람이 43퍼센트나 됐다. 명목 가격이 크게 올라 팔려는 마음이 적극적으로, 사려는 마음이 소극적으로 변한 것이다.

이러한 실험 결과는 사람이 화폐 착각에 빠질 수 있음을 보여준다. 두 질문에 대해서 모두 변함없다고 응답한 사람은 절반에 미치지 못했다.

🛒 지금까지 최고 수입을 기록한 영화는?

지금까지 개봉한 영화 가운데 미국에서 최고의 수입을 기록한 작품이 무엇일까? 2015년에 공개된 〈스타워즈 Ⅶ: 깨어난 포스〉이다. 이 작품은 미국에서 9억 3천만 달러 수입을 올렸다. 2019년의 〈어벤져스: 엔드게임〉이라고 생각한 사람이 많을 텐데 자신이 틀렸다고 실망하지 말자. 미국 내 수입은 8억 6천만 달러로 2위이지만 전 세계에서 거둬들인 수입까지

합하면 28억 달러로 1위니까.

하여간 우리는 수입을 비교할 때도 명목 가치를 기준으로 삼는다. 그러므로 여기에서도 화폐 착각이 발생한다. 영화표 값은 계속 오르므로 영화 수입도 매년 증가하는 경향이 있음을 감안해야 한다. 같은 100만 명이 영화를 보더라도 10년 전 영화보다 오늘날 영화의 수입이 많다. 그렇다면 실질 가치 측면에서 지금까지 최고 수입을 기록한 영화는 무엇일까. 여전히 〈스타워즈 Ⅶ: 깨어난 포스〉나 〈어벤져스: 엔드게임〉일까?

놀랍게도 둘 다 아니다. 1939년에 개봉한 〈바람과 함께 사라지다〉가 왕좌에 오른다. 실질 가치로 따지면 미국에서만 〈스타워즈 Ⅶ: 깨어난 포스〉의 2배에 해당하는 엄청난 수입을 거뒀다. 매우 오래된 영화라서 알고 있는 사람이 많지 않겠지만 역사상 최고 흥행작이라 평가할 수 있다. 지금 물가로 환산하면 미국 내에서의 수입만 19억 달러에 이른다.

🛒 물가 안정이 중요

화폐 착각 덕분에 노사의 임금 협상이 원만하게 마무리되기도 한다. 이건 무슨 소리일까. 물가 상승률이 0퍼센트이고 기업이 임금 2퍼센트 인상안을 제시한다고 하자. 노동자는 2퍼센트 임금 인상은 적다며 기업의 인상안을 쉽게 받아들이지 못한다. 그래서 노사 분규가 발생한다.

이제 물가가 3퍼센트 정도 오르고 있다고 하자. 기업은 임금 5퍼센트 인상안을 제시한다. 명목 임금이 5퍼센트나 인상된다는 화폐 착각 때문에 노동자는 기업의 인상안을 수락하는 경향이 있다. 명목 소득의 증가라는 프레임의 영향을 받은 탓이다. 기업의 실질 부담이 증가하지 않으면서 노사는 임금 협상을 원만하게 마무리한다.

사람이 화폐 착각에 빠지는 경향이 있다는 사실은 물가를 안정시키는 정부의 역할이 그만큼 중요하다는 것을 의미한다. 물가가 안정된다면 명목 가치와 실질 가치의 괴리가 줄어들 것이고, 화폐 착각으로 인한 인지 오류가 발생하더라도 그로 인한 국민의 피해가 크지 않을 것이기 때문이다.

 교실에서 하는 행동경제학 토론

◆ 실질 가치가 아니라 명목 가치에 매몰되어 선택한 적이 있는지 말해 봅시다.

◆ 용돈을 받고 있다면 용돈의 실질 가치가 최근 몇 년 동안 어떻게 되었는지 평가해 봅시다.

◆ 실질 가치가 중요한 이유를 생각해 봅시다.

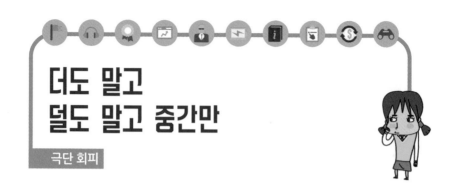

더도 말고
덜도 말고 중간만

극단 회피

🛒 **뒤죽박죽 선택**

X, Y, Z가 자연수라고 하자. 만약 'X〈Y'이고, 'Y〈Z'이면, 당연히 'X〈Z'가 성립한다. 사람의 선택에도 일반적으로 이와 같은 이행성이 성립한다. 예를 들어 잔치국수보다 칼국수를 선택하고, 칼국수보다 짬뽕을 선택하는 사람은 당연히 잔치국수와 짬뽕 가운데 짬뽕을 선택할 것이다.

그런데 여기에 가격이라는 프레임이 더해지면 이야기가 달라질 수 있다. 실제로 선택이 역전되는 현상이 심심치 않게 발생한다. 잔치국수 가격이 5,000원, 칼국수 7,000원, 짬뽕 10,000원이라 하자. 우선 잔치국수와 칼국수 중 무엇을 먹겠는가. 둘을 저울질한 끝에 2,000원 비싸되 더 좋아하는 칼국수를 선택한다. 좋아하는 음식을 위해서라면 2,000원 정도는 더 낼 용의가 있다.

이번에는 칼국수와 짬뽕을 저울질해 보자. 3,000원 비싸되 더 좋아하는 짬뽕을 선택한다. 이제 잔치국수와 짬뽕을 비교해 보자. 가격 차이가 5,000원이나 된다. 아무리 짬뽕을 좋아하더라도 두 배나 비싼 가격은 부담스럽다. 그래서 잔치국수를 선택하는 현상이 나타날 수 있다.

가격 차이가 마음속 허용 범위 안에 있다면 좋아하는 것을 선택하지만 가격 차이가 그 범위를 벗어날 정도로 크다면 덜 좋아하는 것을 선택하는 상황이 발생할 수 있다. '짬뽕 한 번 먹을 돈으로 차라리 잔치국수를 두 번 먹지'라는 심정에서다.

실제 선택이 역전되는 현상을 확인할 수 있는 실험이 있다. 참여자에게 다섯 종류의 전자계산기를 보여줬다. 전자계산기 A부터 E의 순으로 기능이 많아진다. 그리고 참여자에게 원하는 전자계산기를 마음대로 선택하도록 했다. 단, 한꺼번에 다섯 종류를 모두 제시하지 않고, 세 종류씩 교체하며 제시했다. 실험 참여자가 선택한 비율은 다음과 같았다.

① A : B : C = 5퍼센트 : 48퍼센트 : 47퍼센트

② B : C : D = 26퍼센트 : 45퍼센트 : 29퍼센트

③ C : D : E = 36퍼센트 : 40퍼센트 : 24퍼센트

우선 전자계산기 B와 C를 비교해 보자. 첫 번째 실험에서는 전자계산기 B를 선택한 참여자가 가장 많았다. 즉, C보다 B를 선택했다. 물론 선택 비율에 차이가 거의 없으므로 같았다고 보고 싶은 사람도 있을 것이다. 두 번째 실험에서는 C를 선택한 참여자가 B를 선택한 참여자보다 월

등히 많았다. 선택 결과가 뒤바뀐 것이다.

이번에는 전자계산기 C와 D를 비교해 보자. 두 번째 실험에서는 D보다 C를 선택한 참여자가 더 많았다. 그런데 세 번째 실험에서는 C보다 D를 선택한 참여자가 더 많았다. 선택이 역전되는 현상이 발생했다.

🛒 적당히 튀지 않게

실험 결과를 자세히 보면 주목을 끄는 한 가지 공통된 현상이 있다. 참여자들은 세 개의 선택 대안에서 가운데 것을 제일 많이 골랐다. 우연의 일치였을까? 연구자들이 다양한 상황을 제시하고 다양한 상품을 대상으로 선택하게 해봤지만 결과는 마찬가지였다. 양 끝의 대안을 버리고 가운데의 대안을 선택하는 현상이 나타났다.

이러한 선택 심리를 '극단 회피(extremeness aversion)' 성향이라고 한다. 고가와 저가 제품이 있을 때 중간 수준의 대안 제품으로 타협하는 선택이라는 뜻에서 '타협 효과(compromise effect)'로도 불린다. 극단의 가치를 정확하게 평가하기 힘드므로 적당히 중간선에서 타협하는 심리가 작용하는 것으로 해석한다.

가격이나 품질을 꼼꼼히 따져서 가성비가 가장 좋은 상품을 선택하는 것이 호모 이코노미쿠스의 합리적 선택이지만, 사람은 시스템 2에 의한 판단을 하지 않고 가장 싸거나 가장 비싼 것을 피하고 중간의 '그저 그런' 또는 '보통' 상품을 결정하는 인지적 편향을 보인다.

이번에는 식당에서 맥주를 놓고 손님의 실제 선택을 관찰해 봤다. 제일 먼저, 손님에게 맥주 B와 C만 적혀 있는 메뉴 (가)를 보여줬다. 손님의

80퍼센트가 더 비싼 맥주 C를 선택했다. 여기까지는 흔히 있는 일이다.

이제 제일 저렴한 맥주 A를 추가한 메뉴 (나)를 보여줬더니 손님의 80퍼센트가 맥주 B를 선택했다. 메뉴 (가) 상황에서의 선택 비율이 완전히 뒤집혔다. 가격이 가운데 수준에 해당하는 맥주 B를 선호하는 손님이 대부분이었다.

이제 메뉴에서 맥주 A를 제외하고 최고급 맥주 D를 추가해 봤다. 메뉴 (다)이다. 그랬더니 이번에는 손님의 85퍼센트가 맥주 C를 선택했다. 역시 가운데 가격에 해당하는 맥주가 손님 대부분의 선택을 받았다.

맥주	가격(달러)	선택률(%)		
		메뉴 (가)	메뉴 (나)	메뉴 (다)
A	1.6	×	0	×
B	1.8	20	80	5
C	2.5	80	20	85
D	3.4	×	×	10

*×는 메뉴에 없음을 나타냄

극단을 피하는 성향

좋아하는 맥주를 선택하는 데도 일관된 선호가 없었다. 대신 메뉴에 적혀 있는 프레임에 따라 선택이 달라졌다. 그중 중간 가격의 맥주가 늘 제일 많이 선택받았다.

극단을 피하려는 심리 역시 사람의 본능에 가깝다. 원시 시대부터 생존을 위해서는 튀지 말아야 했다. 무리의 맨 앞에 있거나 맨 뒤에 있는 동물은 더 힘센 포식자의 희생양이 되기 쉽기 때문이다.

현대 사회생활에서도 그렇다. 직장에서 너무 나서면 다른 사람이 시기하거나 미워한다. '모난 돌이 정 맞는다'라는 말이 있지 않은가. 그렇다고 너무 엉터리로 생활하면 그 역시 문제다. 직장에 오래 남아 있기 어렵다. 그래서 '더도 말고 덜도 말고 중간 정도만 하는 것이 최선'이라는 삶의 지혜가 우스갯소리처럼 전파된다.

🛒 식당에서 가장 팔고 싶은 메뉴가 있다면

극단을 피하는 소비자의 성향은 기업의 표적이 된다. 식당이 가장 팔고 싶어 하는 음식을 메뉴의 중간에 배치하는 것이 대표적 사례이다. 예를 들어 코스 메뉴를 파는 식당을 생각해 보자. 세 개의 코스 이름은 '경' '제' '학'이고 각 코스 가격은 3만 원, 5만 원, 7만 원이다.

메뉴가 이처럼 구성돼 있다면 이 식당이 주력으로 밀고 있는 코스는 '제'라는 뜻이다. 식당은 손님이 극단을 회피하는 성향으로 인해 대부분 '제'를 선택함을 경험을 통해 잘 알고 있다. 메뉴를 보고 '이처럼 비싼 음식을 누가 먹는다고 여기에 적어 놨을까' 하고 생각할 일이 아니다.

그렇다면 사람은 왜 극단을 싫어할까. 여러 설명이 가능하다. 코스 종류를 시스템 2를 통해 선택하기가 쉽지 않다. 메뉴 속 여러 음식의 효용, 재료 신선도, 식당의 장점, 동행인의 입맛, 당일 날씨 등 많은 요인을 종합해서 가격 대비 최고의 코스를 고르는 일은 불가능에 가깝다.

이때 시스템 1이 나선다. 우선 3만 원짜리 '경' 코스는 조금 싸 보인다. 동행인이 가족이 아니라면 이 심리는 더욱 강력한 힘을 발휘한다. '경' 코스를 고르면 상대방에게 '통이 작은 사람' '구두쇠'로 비칠 우려가 있다. '기껏 식사에 초대하고 제일 싼 코스를 주문해?'라는 평을 듣기 싫다. 그렇다고 제일 비싼 '학' 코스를 고르자니 금전적으로 크게 부담된다. 밥 한 끼에 일인당 7만 원은 웬만한 강심장이 아니고서는 선택하기 힘들다. 동시에 '과연 7만 원 값어치를 할까' 하는 의구심도 생긴다.

결국에 선택은 이도 저도 아닌, 중간에 있는 '무난한' 코스이다. 꼼꼼히 분석하는 대신 가장 편리하게 최소의 노력으로 적당한 것을 선택하려는 심리의 결과이다. 식당이 고가의 '학' 코스를 메뉴에 넣은 건 진짜 그것을 많이 팔려는 게 아니라 '제' 코스 선택을 유도하기 위한 전략이다.

물론 '학' 코스를 선택하는 손님도 이따금 있다. 귀한 분을 모시고 비싼 식사를 대접하는 손님, 데이트하면서 상대방에게 잘 보이려는 커플, 결혼기념일처럼 특별한 날을 맞이한 부부 등이다. 이들은 앞뒤 재지 않고 제일 비싼 '학' 코스를 주문한다. 덕분에 식당 매출이 껑충 뛴다. 이래 저래 식당으로서는 일석이조의 효과를 기대할 수 있다.

기업의 마케팅에는 다 그만한 이유가 있다. 우리가 제대로 이해하지 못하고 있을 뿐이다. 만약에 비싸서 잘 팔리지 않는 제품이 있다면? 더 비싼 제품을 출시하는 것이 하나의 방법이다.

 교실에서 하는 행동경제학 토론

◆ 쇼핑 시 제일 싸거나 제일 비싼 물건을 고른 적이 있다면 이유를 말해 봅시다.

◆ 학교에서 너무 튀지 않고 적당히 지내려고 한 적이 있는지 생각해 봅시다.

◆ 매우 비싼 상품을 보고 그보다 저렴한 상품에 만족해 구매한 적이 있나요? 왜 그렇게 결정했나요?

그만 유혹에
속고 말았다

미끼 효과

🛒 물고기가 미끼를 덥석 물듯

여러분도 다음과 같은 난관에 한 번쯤 직면한 경험이 있을 것이다. 나는 어느 날 백화점에서 두 벌의 셔츠를 놓고 고민에 빠졌다. 셔츠 A는 밝은색이 마음에 들었으나 줄무늬가 별로였다. 반면에 셔츠 B는 줄무늬는 꼭 마음에 드는데 짙은 색상이 마음에 걸렸다. 두 셔츠의 가격은 같았다. 어느 셔츠를 사더라도 커다란 문제가 되지 않을 만큼 가격이나 품질이 무난했으나 둘 중 어느 것을 사야 할지를 놓고 고민에 빠졌다.

매장에서 이 옷 저 옷을 걸친 모습을 거울에 반복해서 비춰보고 있을 때 아내가 '이건 어때?' 하면서 셔츠 C를 보여줬다. 셔츠 A처럼 밝은색 계통이었으나 줄무늬가 역시 크게 만족스럽지 않았다. 그럼에도 셔츠 A보다 가격은 두 배나 비쌌다. 아내가 제시한 셔츠 C를 보고 나는 셔츠 A를 사기로 마음먹었다.

무슨 일이 일어난 것일까. 선택지 두 개가 각각 장단점이 있어 하나를 고르기 어려울 때는 최종 선택이 정말 힘들다. 그런데 여기에 제3의 선택지가 '열등한 프레임'으로 추가되면 이야기가 달라진다. 셔츠 A와 비슷하되 가격이 두 배나 비싼 셔츠 C는 열등한 선택지이다. 그 덕분에 셔츠 A가 돋보여 A가 선택받는다.

여기에서 제3의 선택지는 다른 선택을 유혹하는 일종의 '미끼' 역할을 한 셈이다. 이처럼 열등한 미끼로 인해 사람의 의사결정이 영향을 받는 현상이 '미끼 효과(decoy effect)'이다. '유인 효과(attraction effect)'라고도 한다.

미끼가 없을 때는 상품의 여러 속성(색상, 줄무늬, 가격)을 동시에 평가하므로 선택이 어려워진다. 미끼가 추가되면 초점을 두는 속성이 하나로(셔츠의 경우에는 가격) 좁혀져 비교가 단순해지고 선택이 쉬워진다. 처음엔 셔츠 A와 B의 장단점 사이에서 선택하기 어려웠지만 속성이 비슷한 셔츠 C와 비교하게 되자 가격이 절반밖에 안 되는 A가 매력적으로 보인 것이다.

🛒 '열등한 선택지'가 하는 일

미끼 효과는 사람의 선택을 비합리적으로 만들 수 있다. 점심으로 두 가지 음식, 삼선짜장과 해물짬뽕을 놓고 선택할 때는 삼선짜장을 선택한다. 그런데 여기에 황제짬뽕이라는 새 메뉴가 하나 추가되면 해물짬뽕을 선택하게 되는 것이 미끼 효과이다. 해물짬뽕보다 삼선짜장을 좋아한다면 황제짬뽕이 후보로 추가되더라도 여전히 삼선짜장을 선택해야 하는데 그러지 못하는 것이 사람이다.

물고기도 아닌데 정말 만물의 영장이라는 사람이 미끼에 현혹될까? 믿기지 않는다. 아니, 믿고 싶지 않을 것이다. 그러나 미끼 효과를 이용하는 기업의 마케팅 전략을 우리 주위에서 찾아보는 일은 그리 어렵지 않다.

미국에서 유명한 경제 주간지 회사가 정기구독자를 모집하며 다음과 같이 광고했다.

A. 온라인으로만 주간지를 구독하면 1년 구독료가 59달러

B. 종이로 인쇄된 주간지만 받아 보면 1년 구독료가 125달러

C. 종이와 온라인 두 종류 모두 구독하면 1년 구독료가 125달러

여러분이라면 어떤 선택지를 고르겠는가? 한 연구자가 미국 MIT 대학생을 임의로 두 집단으로 나눈 후, 한 집단에 위의 세 개 선택지를 제시하고 하나를 고르도록 했다. 대학생의 16퍼센트가 A를, 나머지 84퍼센트가 C를 선택했다. B를 선택한 학생은 아무도 없었다. 아무도 B를 선택하지 않은 이유는 명백하다. 구독료가 동일함에도 B는 C보다 절대적으로 열등한 조건이기 때문이다.

그러면 이 경제 주간지 회사는 도대체 열등한 선택지 B를 왜 포함한 것일까? 직원의 실수였나? 아무도 B를 선택하지 않을 테니 B는 전혀 쓸모없고 제거해도 될 듯하다.

그래서 두 번째 대학생 집단에는 B를 없애고 A와 C만으로 구성된 광고를 보여줬다. 결과는 놀라웠다. 전체의 68퍼센트가 A를, 나머지 32퍼센트가 C를 선택했다. 이번에는 A를 선택한 대학생이 훨씬 많았으며 C를

선택한 비율은 32퍼센트에 불과했다.

경제 주간지 회사는 독자가 구독료를 많이 내주기를 원한다. 그런데 A와 C만 제시하면 대부분 독자는 저렴한 A를 선택한다. 독자가 C를 선택하게 유도하는 데 열등한, 그래서 아무 의미가 없어 보이는 B가 핵심 역할을 한 것이다. 즉, B는 열등한 조건이지만 비싼 C를 더 매력적으로 돋보이게 만드는 전형적인 미끼이다.

미끼 때문에 낚싯대에 걸리는 물고기처럼 소비자는 기업이 던진 미끼를 무시하지 못하고 현혹당한다. 낚시가 미끼를 무는 물고기를 잡는 것이 목적이라면 기업이 던지는 미끼 상품은 미끼와 대비되는 표적 상품을 사도록 유혹한다는 점이 다를 뿐이다.

🛒 비싼 것을 사게 하라

극장에서 영화를 볼 때의 즐거움 가운데 하나는 팝콘을 먹는 일이다. 팝콘 메뉴에도 어김없이 미끼 상품이 있다. 팝콘 가격이 그림과 같을 때 중 사이즈의 팝콘을 사는 사람이 있을까?

'가격을 왜 이렇게 이상하게 해놨지?' 의아해하면서 중 사이즈를 사느니, 설령 조금 버리는 한이 있더라도 대 사이즈를 사는 편이 낫다고 결론짓는다. 미끼 상품 덕분에 대 사이즈 팝콘을 사는 소비자가 늘어나고 극장은 돈을 더 많이 번다.

이상한 가격이 아니라 의도된 가격이다. 이렇게 설정된 가격을 '미끼 가격(decoy price)'이라고 한다. 중 사이즈 팝콘 대신에 대 사이즈 팝콘을 만드는 한계 비용은 100원 정도에 불과하므로 극장은 대 사이즈 팝콘을 많이 팔수록 유리해진다.

미끼 상품과 미끼 가격

소비자가 미끼 효과에 현혹당하지 않기는 생각보다 어렵다. 스마트폰 사례를 가지고 이를 확인해 보자. 애플이 아이폰 8, 아이폰 8 플러스, 아이폰 X을 거의 동시에 출시한 적이 있다. 당시 아이폰 X에 대한 시장 반응은 냉혹했다. 그러면 애플은 왜 아이폰 X을 선보였을까? 판단 착오였을까? 그렇지는 않았다. 아이폰 X이 없었더라면 아이폰 8을 샀을 소비자들이, 아이폰 X 때문에 아이폰 8 플러스를 샀다.

가격이 제일 비쌈에도 기능에서 눈에 띄는 장점이 없던 아이폰 X이 열등한 미끼 역할을 한 덕분에 아이폰 8 플러스로 눈을 돌린 소비자가 많았다. 가격대 순으로 보면 아이폰 8 플러스가 중간에 위치하므로 극단을 회피하는 성향이 작용해서 소비자가 아이폰 8 플러스를 선택하도록 만들었다고도 볼 수 있다. 어찌 되었든 아이폰 X 덕분에 많은 소비자가 694달러짜리 아이폰 8 대신에 796달러짜리 아이폰 8 플러스를 샀다.

사람은 완벽하게 합리적으로 선택하는 존재가 아니다. 다만 적당한 선택에 만족할 뿐이며 자신의 선택이 잘못되지 않기를 원하는 존재이다. 다른 사람뿐 아니라 자신에게조차 잘못된 선택으로 평가받고 싶지 않다. 미끼는 그 선택을 정당화해 주는 데 결정적으로 기여한다.

미끼 효과와 바로 앞에서 본 극단 회피는 얼른 보면 같아 보인다. 그러나 차이가 있다. 극단 회피에서는 가운데 상품을 선택하도록 유도하기 위해서 고가의 상품을 미끼로 끼워 넣는다. 미끼 효과에서는 고가 상품을 팔기 위해서 그보다 열등한 미끼를 넣는다.

 교실에서 하는 행동경제학 토론

◆ 미끼 효과에 끌려 물건을 선택한 적이 있는지 생각해 봅시다. 자주 그러는 편인가요?

◆ 영화관에서 큰 사이즈의 팝콘을 산 후 다 먹지 못하고 남겨 버린 경험이 있나요?

◆ 음료수를 주문할 때 큰 사이즈를 주문하는 편인지 말해 봅시다. 왜 가게는 소비자가 큰 사이즈를 구매하는 방향으로 유도하는지 말해 봅시다.

좋은 소식은 숫자로
나쁜 소식은 퍼센트로

숫자 프레임

🛒 숫자가 더 강한 인상을 준다

영화관이 관람료를 인상하기로 했다는 뉴스 기사가 있다. 종전의 관람료는 주중 7,000원, 주말 8,000원이었다. 그런데 두 신문사가 제목을 다음처럼 다르게 잡았다.

A. 영화 관람료를 주중 14.3퍼센트, 주말 12.5퍼센트 올리기로
B. 영화 관람료를 주중과 주말에 각 1,000원씩 올리기로

두 기사 제목을 접하는 독자의 반응에 차이가 있을까? 여러분의 느낌은 다른가? 대개는 A를 보면 '영화 관람료가 10퍼센트 넘게 오르네' 하며

비교적 무덤덤한 반응을 보인다. B를 보면 '응? 영화 관람료가 1,000원이나 오른다고?' 같은 놀란 반응을 보인다. 같은 내용임에도 사람의 감정이 다르게 반응한다.

일반적으로 퍼센트보다 숫자가 사람에게 더 강한 인상을 준다. 사람의 관심을 자극할 때 퍼센트보다 숫자 프레임으로 제시하는 것이 효과적이라는 말이다. 고용 시장의 변화를 정리한 정부의 보도자료 제목을 보자.

A. 지난달 취업자 50만 명 증가

B. 지난달 취업자 1.1퍼센트 증가

물론 두 제목은 같은 내용을 프레임만 달리해서 작성한 것이다. 국민은 어느 보고서 제목에 더 긍정적인 반응을 보일까? 일반적으로 A에 더 강한 호감을 보인다. 우리나라 취업자가 몇 명인지 정확히 아는 사람은 별로 없다. 이런 상황에서 50만 명은 상당한 수치로 성큼 다가온다.

취업자가 50만 명이나 증가했다는 소식은 경기가 활발하거나 정부가 역할을 제대로 했다는 인식을 준다. 이에 비해서 취업자 1.1퍼센트 증가는 그리 커 보이지 않으며 취업자 증가 효과를 제대로 체감하기 힘들다.

정부는 당연히 긍정적인 소식을 더 강하게 국민에게 전해주기를 원한다. 그렇다면 취업자 증가 같은 좋은 소식은 숫자 프레임으로 홍보 자료를 제작하는 편이 효과적이다. 국민은 경기가 더 좋아진 것처럼 인지하는 편향을 보인다.

만약에 좋지 않은 소식이라면 퍼센트로 표현하는 것이 좋다. 지난달에 실업률이 높아졌다면 이는 나쁜 소식이므로 실업자 수가 몇 명 증가했다는 식의 숫자 프레임보다 실업률로 표시하는 퍼센트 프레임이 국민에게 주는 부정적 인식을 조금이라도 줄이는 데 도움이 된다. 즉, '좋은 소식은 숫자로, 나쁜 소식은 퍼센트로'로 요약할 수 있다.

중요한 수술을 받아야 하는 환자가 있다. 지금까지 통계에 따르면 수술 후 생존 확률이 90퍼센트이다. 이 환자가 수술을 받도록 권유하고 싶다면 '생존 확률이 90퍼센트이다'라고 말하는 대신에 '수술을 받은 환자 100명 가운데 90명이 생존했다'라고 말하는 편이 효과적이다. 하지만 회사가 생산하고 있는 제품에서 결함이 발견됐다는 보도자료를 만들어야 한다면 '제품의 1퍼센트에서 결함이 발견됐다'라고 표현하는 편이 낫다. 이와 관련해서 심리학자 폴 슬로빅(Paul Slovic)은 다음처럼 말했다.

"게임을 하는 열 명 가운데 한 명이 이기거나 질 것이다"라고 이야기하면 이 말을 들은 사람은 '그 한 사람이 누구일까?' 하고 생각한다. 그리고 종종 그 한 사람이 자신이 될 것이라고 마음속으로 그린다.[6]

🛒 같은 조건이라도 더 좋아 보이게

할인 가격에 마음이 끌리는 것은 모든 소비자의 본능이다. 그래서 기업은 판매량을 늘리기 위해서 종종 가격을 할인한다. 기업의 전략은 여기에서 끝나지 않는다. '이왕이면 다홍치마'라고 하지 않았던가. 가격 할인이 소비자에게 더 인상적으로 각인되게 만들어야 한다. 같은 조건이라도 더 좋은 조건처럼 소비자의 마음을 건드리는 방법이 하나 있다.

정가가 600달러인 상품이 있다고 하자. 이 상품을 판매하는 회사는 가격을 할인하면서 두 가지 표시 방법을 고려할 수 있다.

A. 20퍼센트 할인

B. 120달러 할인

어떤 표시 방법이 소비자에게 더 매력적일까. 600달러인 상품을 20퍼센트 할인하면 120달러에 해당하므로 할인 가격은 동일하지만 소비자는 두 번째 프레임에 더 적극적으로 반응한다.

관련 연구에 따르면 일반적으로 상품 가격이 100달러 이하이면 할인율로 표시하는 프레임이 소비자에게 더 매력적이라고 한다. 반면에 상품 가격이 100달러보다 비싸면 할인 금액을 직접 보여주는 프레임이 더 효과적이다. 실제로 미국 기업은 할인 광고를 할 때 이 기준을 적용하고 있다고 한다.

예를 들어 10달러짜리 상품을 10퍼센트 할인한다는 광고 문구가 1달러를 할인한다는 광고 문구보다 소비자에게 더 호소력이 짙다. 그렇지 않겠는가. 1달러를 할인한다는 문구를 본 소비자는 겨우 1달러를 깎아주면서 할인 생색을 낸다고 오히려 화를 낼지 모른다. 할인 금액이 적을 때는 할인율이 유효하다.

🛒 작은 숫자의 위력

일반적으로 숫자 프레임이 사람에게 강력한 인상을 주지만 숫자가 커지면 그 효과는 점차 줄어든다. 사람이 큰 숫자를 인지하는 과정에서 어려움을 겪기 때문이라고 행동경제학자들은 풀이한다.

실험 참여자를 두 집단으로 나눈 후 한 집단에는 통계 A를, 다른 집단에는 통계 B를 보여주면서 자동차 사고의 중요한 원인이 운전 중의 문자 보내기라고 지적했다. 그러고 나서 운전 중에 문자를 보내는 사람에게 얼마의 벌금을 부과해야 한다고 생각하는지를 말해 보도록 했다. 물론 A와 B는 실질적으로 같은 내용이다.

A. 자동차 사고로 25초에 한 명씩 사망하고 1초에 한 명씩 부상을 당한다.

B. 자동차 사고로 1년에 1,300,000명씩 사망하고 1년에 35,000,000명씩 부상을 당한다.

어느 집단의 참여자가 더 많은 벌금을 부과해야 한다고 응답했을까? 통계 A를 본 집단이다. 사람은 매우 큰 숫자를 자신의 감정에 반영하는 데 어려움을 겪기 때문에 통계 B를 접한 집단의 참여자는 A를 접한 참여자보다 자동차 사고를 덜 심각하게 받아들인다. 이러한 현상을 '심리적 마비(psychological numbing)'라고 한다. 숫자를 제시하는 프레임에 따라 벌금 판단이 영향을 받고 있음을 알 수 있다.

이와 비슷한 사례이다. 이번에는 '6초마다 1명의 어린이가 사망' '60초마다 10명의 어린이가 사망' '1년에 5,000,000명의 어린이가 사망'이라는 세 종류의 통계를 제시하고 유니세프 기부액을 비교해 봤다. 프레임이 넓고 숫자가 커질수록 기부액이 감소하는 결과가 나타났다. 숫자를 제시하는 프레임이 좁고 구체적일수록 사람에게 더 강력한 인상과 설득력을 전달한다.

어느 한 명의 어려움이 방송에 보도되면 대부분의 사람은 큰 관심을 기울이며 도와주려고 한다. 그러나 이처럼 훌륭한 사람도 아프리카의 빈곤 문제, 대량 학살 문제 등에 종종 무관심한 태도를 보인다. 그 이유

중 하나가 심리적 마비이다. 다음은 테레사 수녀가 남긴 유명한 말이다.

많은 사람을 살핀다면 나는 행동하지 않을 것이다.
하지만 한 사람을 살핀다면 나는 행동할 것이다.

🛒 자꾸만 분자에 눈이 가는 이유

'볼펜이 12자루 있다'와 '볼펜이 1다스 있다'는 완전히 같은 말이다. 그럼에도 사람은 이 둘을 다르게 인식하는 경향이 있다. 월 정액 요금을 내고 영화를 시청할 수 있는 서비스를 선택하는 상황을 생각해 보자. 시청 가능한 영화 편수를 표시하는 방법에 두 가지가 있다.

A.

요금제	영화 수 / 주당	요금($) / 월	선택 비율(%)
I	7	10	57
II	9	12	33

B.

요금제	영화 수 / 연간	요금($) / 월	선택 비율(%)
I	364	10	38
II	468	12	56

A는 고객이 한 주에 시청할 수 있는 영화 편수를, B는 1년 동안 시청할 수 있는 영화 편수를 보여준다. 요금제 I을 선택하면 한 주에 7편, 연간

364편의 영화를 시청할 수 있으며 요금은 월 10달러이다. 요금제 Ⅱ를 선택하면 주당 9편, 연간 468편 시청에 요금은 월 12달러이다.

A와 B는 동일한 조건을 담고 있다. 그러나 고객의 뇌는 두 상황을 다르게 인지한다. 그 결과 선택도 달라졌다. 요금제를 A처럼 표시한 경우 고객은 요금제 Ⅰ을 더 많이 선택했다. 한편 요금제를 B처럼 표시한 경우에는 요금제 Ⅱ를 선택한 고객이 더 많았다.

영화 편수를 주 단위로 축소 표시했는지 아니면 연 단위로 확대 표시했는지에 따라 두 요금제에서 얻는 편익의 차이가 작아 보이기도 하고 커 보이기도 한 것이다. 주 단위로 표시한 A에서는 시청 가능한 영화 편수의 차이가 2편에 불과하므로 비싼 요금제의 매력도가 떨어져 저렴한 요금제를 선호하는 사람이 많았다. 연 단위로 표시한 B에서는 영화 편수의 차이가 커 보이는 데 비해 요금 차이는 겨우 2달러에 불과하므로 비싼 요금제가 매력적으로 인지되었다.

이 실험은 분모를 무시하고 분자에 초점을 두고 판단하는 인지 오류를 보여준다. 정확한 비율이나 분수 전체를 놓고 판단하지 않고, 시스템 1이 전면에 등장하는 분자를 핵심 정보로 인지하고 판단한 결과이다. '주당'인지 '연간'인지를 표시하는 분모는 뒤에 숨어 있는 배경에 불과해 크게 관심을 두지 않는다. 이는 85쪽에서도 확률과 관련하여 언급한 바 있는 기저율 무시 현상이라고도 볼 수 있다. 기저율 무시는 이 사례에서의 분수를 비율로 표시했을 때 나타나는 현상이다.

어느 학교에서 있었던 일로 숫자와 관련된 편향을 마무리한다. 선생님이 100점 만점에 평균 점수가 70점이 되는 난도의 시험 문제를 출제했다. 채점 결과를 받아 본 학생들의 표정에 불만이 상당했다. 열심히 공부했는데 평균이 고작 70점밖에 되지 않는다는 불만의 표시였다. 상대평

가이므로 염려할 필요 없다는 선생님의 말에도 학생들의 실망감은 쉽게 사라지지 않았다.

이에 선생님은 하나의 묘안이 떠올랐다. 만점을 100점에서 137점으로 바꿨다. 같은 난도의 문제였음에도 이번에는 평균이 96점이었다. 학생들의 표정은 훨씬 밝아졌다. 100점 이상을 받은 학생은 무척 기뻐했다. 시험 문제가 어렵다는 불평도 사라졌다.

 교실에서 하는 행동경제학 토론

◆ 시험 성적이 80점에서 90점으로 오르면 성적이 10점 올랐다고 말할 것인지 12퍼센트 올랐다고 말할 것인지 생각해 봅시다. 만약에 시험 성적이 80점에서 70점으로 내리면 어떻게 말할까요?

◆ 5만 원짜리 물건이 '1만 원 할인'이라고 되어 있는 경우와 '20퍼센트 할인'이라고 되어 있는 경우 중 어느 쪽이 더 매력적으로 보이나요?

📑 경제 개념

인플레이션, 명목 금리, 실질 금리, 실질 수익률

📢 준비물

차입자 카드, 대여자 카드, 차입자 기록지, 대여자 기록지

👍 규칙

1. 차입자는 대여자로부터 1,000만 원을 빌려 사업을 할 수 있다. 각 차입자가 하는 사업의 실질 수익률은 카드에 명시되어 있다. 사업의 수익률에서 금리를 뺀 만큼 이윤을 얻는다. 그러므로 만약 사업의 실질 수익률보다 금리가 높으면 손실이므로 돈을 빌리지 않고 사업을 하지 않는 것이 합리적이다.

2. 대여자는 1,000만 원을 갖고 있다. 이 돈을 차입자에게 빌려줘 이자를 받든지, 아니면 자신이 직접 사업하든지 선택할 수 있다.

3. '실질 금리=명목 금리−물가 상승률'의 관계를 이해한다.

4. 실험에서 차입자와 대여자가 협상하는 금리는 '명목 금리'이다. 협상을

통해 두 사람이 금리에 합의하면 1,000만 원을 거래한다. 자금 거래 금액은 항상 1,000만 원이다.

5. 금리는 편의상 소수점 첫째 자리까지 협상한다. 예를 들어 5.37% 등은 허용하지 않는다.

6. 실험을 여러 라운드 반복하는데, 각 라운드는 항상 새로운 상태로 시작한다. 즉, 라운드가 시작할 때마다 대여자는 1,000만 원을 보유한다.

7. 차입자와 대여자는 여러 라운드에서 얻은 이익을 최대로 늘리는 것이 목표이다.

차입자 카드

- 당신은 차입자 ID #3입니다.
- 당신에게는 돈이 한 푼도 없습니다.
- 당신이 하려는 사업의 실질 수익률*은 4.5%이며, 사업을 위해서는 1,000만 원의 자금이 필요합니다.

대여자 카드

- 당신은 대여자 ID #5입니다.
- 당신은 1,000만 원의 돈을 갖고 있습니다.
- 당신이 할 수 있는 사업의 실질 수익률은 3.0%이며, 1,000만 원의 자금이 필요합니다.

---

* 참고: 실질 수익률은 카드마다 다르게 적어 놓는다.

👍 절차

1. 학생을 같은 수의 두 집단으로 나눈다. 한 집단은 돈을 빌리는 차입자, 다른 집단은 돈을 빌려주는 대여자를 맡는다. 차입자와 대여자는 자유롭게 마음에 드는 상대방을 골라 3분 동안 금리 협상을 한다.

2. 제1라운드: 물가 상승률이 0퍼센트이다. 그러므로 명목 금리와 실질 금리는 같다.

3. 차입자와 대여자는 명목 금리를 협상한다. 금리에 합의한 학생들은 선생님에게 그 수치를 알리고, 자리로 돌아가 기록지에 거래 내용을 기록한다. 선생님은 학생들이 보고하는 금리를 칠판에 기록한다.

4. 제2라운드: 제1라운드와 완전히 동일한 조건에서 실험을 한 번 더 반복한다.

5. 제3라운드: 물가 상승률이 2퍼센트이다. 명목 금리와 실질 금리의 관계를 다시 확인한다.

6. 학생들이 협상하는 금리는 명목 금리임을 강조한다. 그러므로 실질 금리는 합의한 명목 금리에서 물가 상승률을 뺀 값이다.

7. 이후 절차는 제1라운드와 동일하다.

8. 제4라운드: 물가 상승률이 4퍼센트로 오른다. 이후 절차는 제1라운드와 동일하다.

9. 제5라운드 이후: 허용된 시간에 따라 물가 상승률을 다양하게 변형하며 실험을 반복한다.

👍 실험의 의미

1. 물가 상승률이 0퍼센트인 경우에는 협상한 명목 금리 수치들이 균형 금리를 중심으로 분포하게 될 것이다.

2. 물가 상승률이 2퍼센트인 경우에는 0퍼센트인 상태에서 관측한 균형 금리에 2퍼센트를 더한 수준을 중심으로 협상한 명목 금리가 분포하게 될 것이다.

3. 차입자나 대여자가 물가 상승률을 정확하게 알 수 있다면 명목 금리를 협상할 때 물가 상승률을 고스란히 반영하므로 자금 거래에 불확실성이 없다. 그러나 새 라운드를 시작하면서 물가 상승률을 알려주지 않고, 금리를 협상하게 하면 불확실성이 발생한다. 이때 물가 상승률은 협상이 끝난 후 주사위를 던져 나온 숫자로 한다.

---

* 자세한 실험 내용은 『경제 실험과 경제 교육』(한진수, 교육과학사, 2017)에서 확인할 수 있다.

"전라남도의 도청 소재지는 광주이다." 이 서술의 진위 여부를 질문하면 우리나라 사람 대부분은 '참'이라고 답한다. 이 정도도 모르면 대한민국 국민이 아니라는 확신이 가득 찬 표정이다. 이들에게 자신의 대답에 대해서 어느 정도 확신하느냐고 추가로 질문하면 대부분이 100퍼센트 확신한다고 반응한다. 그러나 전라남도 도청은 무안군에 있다. 우리나라를 잘 알지 못하는 외국인에게 같은 질문을 하면 역설적으로 정답률이 더 높게 나온다.

사람은 지식과 이해를 쌓기 위해 노력한다. 그런데 대부분은 폭을 넓히는 데 치중한다. 그래서 깊이가 얕다. 깊이가 얕은 지식일수록 과신, 맹신, 오만에 빠져 판단을 그르치기 쉽다. 전문가가 아니면서도 전문가처럼 행동하며 스스로 전문가라고 착각한다. 자신의 지식으로 문제를 충분히 해결할 수 있다며 주위의 정보나 도움을 거부한다. 자신의 앎에 대한 착각은 스스로를 파국에까지 이르게 할 수 있는 매우 치명적인 편견이다.

5장

착각은 자유다

확신과 정보

내 이럴 줄 알았다

사후 확신 편향

 지나고 나면 모두가 대단한 예언가

오래 버티면 이런 일이 생길 줄 내 알았지!

아일랜드의 유명한 작가 조지 버나드 쇼의 묘비에 새겨진 문구이다. 지금까지도 세계적으로 가장 뛰어난 묘비 문구로 꼽히고 있다.

사람이 영원히 살 수 없음은 삼척동자도 아는 바이므로 이 말은 지극히 평범한 진리를 담고 있을 뿐이다. 그럼에도 유명해진 것은 뒷부분이 담고 있는 평범하면서도 촌철살인 같은 풍자 덕분이다.

"내 이럴 줄 알았어!" 이런 말을 한 번이라도 해보지 않은 사람은 아마 없을 것이다. 들어보지 않은 사람도 없을 것이다.

"공부는 하지 않고 맨날 게임만 하더니 내 이럴 줄 알았어." 성에 차지 않는 성적표를 받아든 부모님의 흔한 반응이다. 정말 공부를 하지 않았다면 이 말에는 충분한 근거가 있으므로 타당하고 믿을 만한 예견이다. 정말 그럴까? 어느 달 좋은 성적을 거둔 후의 부모님 반응을 보자.

"내 이럴 줄 알았어. 역시 넌 내 피를 받아서 똑똑해." 이 정도 되면 근거가 있는 예견으로 보기 힘들다. 이 같은 부모님의 말은 결과를 보고 난 뒤 자신은 진작부터 충분히 예견하고 있었다고 생각하는 현상이다. 이를 '사후 확신 편향(Hindsight Bias)'이라고 한다. 후판단 편향, 내 그럴 줄 알았어(I knew it all along, knew-it-all-along) 현상이라고도 한다. 발생한 사건이 머릿속에서 작용하고 있다는 점에서 이용 가능성 휴리스틱의 사례로 볼 수 있다.

떠올리기조차 싫은 기억이 하나 있다. 한강에 놓였던 성수대교 한 구간이 무너져 내린 사건이다. 그 이듬해에는 삼풍백화점이 붕괴했다. 대형사고가 연이어 발생하자 많은 사람과 언론이 하나같이 그럴 줄 알았다고 반응했다. 방송에 나온 전문가 역시 예고된 인재라고 말했다. 모두 영화 〈어벤져스〉에 나오는 닥터 스트레인지에 버금가는 미래 예측 능력을 지니고 있는 듯하다. 이들은 정말 성수대교와 삼풍백화점이 붕괴할 것을 알고 있었을까?

알지 못했다. 알았다면 사고가 발생하기 전에 왜 아무런 행동을 취하지 않았겠는가. 성수대교나 삼풍백화점이 무너질 것이라고 경고하고 이에 대한 대책 마련을 주장한 사람은 아무도 없었다.

모두 사후 확신 편향에 의해 한 말이다. 굳이 말하자면 '후견지명'이다. 안전 불감증과 사람의 잘못으로 초래된 사고임은 분명하지만 '예고

250

된'이란 말은 사후 확신 편향의 영향을 받은 수식어이다. 사건이 발생한 뒤에 여러 이유와 논리를 가져다 붙이면서 스스로 설득당한 결과 충분히 예견했던 일이라는 커다란 착각에 빠진다.

시험에서 본인이 예상했던 문제가 나왔다. 기분 좋게 정답을 고를 수 있었다. 시험 후 친구들에게 '난 그 문제가 나올 줄 알았어'라고 큰소리친다. 만약 이것이 사후 확신 편향이 아니라 진정 자신의 정확한 예견 능력 덕분이라면 다른 문제들도 미리 알고 있어야 한다. 모든 시험에서 100점을 맞는 것은 당연지사고.

사후 확신 습관은 위험해

학자들은 사후 확신 편향을 확인하기 위해서 다양한 실험을 진행했다. 실험 참여자를 두 집단으로 구분하고 같은 문제를 제시했다. 단, 한 집단에는 문제와 함께 정답도 알려줬으며 다른 집단에는 정답을 알려주지 않고 문제만 보여줬다.

이제 참여자에게 실험 참여 전에 이 문제의 정답을 이미 알고 있었는지 물어봤다. 두 집단에서의 반응을 비교했더니 뚜렷한 차이가 있었다. 정답을 알려주지 않은 집단의 참여자보다 정답을 함께 알려준 집단의 참여자가 자신은 실험 전부터 정답을 알고 있었다고 더 확실하게 응답하는 경향이 있었다. 정답을 알려준 집단에 우연히 지식이 더 뛰어난 참여자가 몰리지 않는 한 이는 사후 확신 편향의 영향 탓이다.

이번에는 어떤 위험한 수술과 관련된 상황이다.

이 수술을 받은 환자 10명 가운데 8명이 죽는다는 사실을 여러분은 알고 있다. 한 의사가 환자에게 이 수술을 했다.

A. 수술 후 환자가 사망했다. 여러분은 이 의사의 수술 결정을 어떻게 평가하겠는가?

B. 수술 후 환자가 건강을 되찾았다. 여러분은 이 의사의 수술 결정을 어떻게 평가하겠는가?

상황 A에서 참여자들은 의사의 결정에 대해 상대적으로 비판적으로 평가한 반면에, 상황 B에서는 수술을 결정한 의사에 대해서 훨씬 더 긍정적으로 평가했다. 수술 결과를 알고 난 후 사람의 사후 평가가 바뀜을 확인할 수 있다.

공자가 제자인 자로에게 진정한 앎에 대해서 한 말은 사후 확신 편향에 물들어 있는 사람에게 적절한 교훈을 준다. "아는 것은 안다고 하고, 모르는 것은 모른다고 하는 것, 이것이 진정으로 아는 것이다."

사후 확신 편향은 매우 위험한 습관이다. 자신도 모르게 스스로의 능력을 과도하게 높게 평가하기 때문이다. 그래서 사후 확신 편향에 빠지는 주식 투자자는 좋은 주식을 항상 정확하게 고를 수 있다고 착각한다. 한 번에 대박을 내고 인생을 역전하게 해줄 주식을 고를 수 있다고 믿는다. 그러나 돌아오는 것은 후회와 뒷북치는 행동뿐이다.

도박에 빠지고 재산을 탕진하는 사람에게서도 사후 확신 편향을 찾아볼 수 있다. 도박에서 돈을 잃은 후 이들은 '지난번 돈을 잃었을 때 자신이 이러저러했기 때문이야'라고 생각하며 충분히 예견된 결과로 결론 내리는 경향이 있다. 그리고 다음번에는 그런 일을 반복하지 않고 돈을 딸 것이라는 자신감을 가지고 다시 도박에 나선다.

스스로 사후 확신 편향에 빠지지 않도록 노력해야 한다. 주위에 사후 확신 편향을 보이는 사람이 있다면 경계하고 그의 말에 귀를 기울이지 말아야 한다. 자신만의 기본 원칙을 설정하고 지켜나가야 한다. 미래에 어떤 일이 발생할지를 정확히 예측할 수 있는 사람은 아무도 없다.

🌓 돈은 쓰면 쓸수록 생긴다?

사후 확신 편향과 유사한 현상을 소개한다. '텍사스 명사수의 오류 (Texas Sharpshooter Fallacy)' 현상이다. 명사수가 중요한 사격에서 실수를 저질렀다는 이야기가 아니다. 그럼 무엇일까?

미국 텍사스에 한 카우보이가 있었다. 그가 총을 쏜 과녁을 보니 한결같이 원 중심에 총알이 정확히 박혀 있었다. 사람들은 그를 백발백중의 솜씨를 지닌 명사수라고 불렀다.

어느 날 명사수의 진실이 밝혀졌다. 이 카우보이는 일단 과녁에 총을 쐈다. 그리고 과녁에 가서 박힌 총알을 중심으로 원을 조그맣게 그렸다. 이것이 백발백중 명사수의 비결이었다. 과녁을 그린 후 맞춰야 하는데 총을 먼저 쏘고 과녁을 나중에 그린 것이다. 일이 벌어진 후에 근거를 가져다 맞춰 대는 사후 확신 편향과 별반 다르지 않다.

주위를 보면 이러한 오류를 범하는 사람이 의외로 많다. 원인과 결과를 논리적으로 해석해야 하는데 결과를 보고 원인을 끼워 맞춰 아전인수 격으로 해석한다. 그리고 그것이 진리라고 믿는 오류를 범한다.

하나의 예를 들어보자. 이번 주에 돈을 많이 썼더니 새로 용돈이 생겼다. 이를 놓고 '돈은 쓰면 쓸수록 생긴다'라고 해석하는 것이 옳을까? 그렇지 않다. 이는 오류이며 매우 위험한 습관으로 이어질 수 있는 생각이다. 용돈이 생긴 원인을 정확히 진단해야 한다. 생일이나 명절이어서 용돈이 생겼는데 소비하면 소득이 생긴다고 생각하다가는 파산으로 끝나기 십상이다.

 교실에서 하는 행동경제학 토론

◆ 사후 확신 편향에 해당하는 판단을 한 적이 있는지 말해 봅시다.

◆ '돈은 쓰면 쓸수록 생긴다'라는 말에 대해서 어떻게 생각하나요? 이런 믿음을 가지고 돈을 쓴 적이 있나요?

자신을 지나치게 믿을 때 일어나는 일들

과신

스스로를 너무 믿는다

간단한 퀴즈로 시작한다. 검색은 하지 말고 순수하게 자신의 능력으로 답하기 바란다.

달의 지름은 몇 킬로미터일까? 단, 정확하게 알고 있는 사람은 거의 없을 테니까 90퍼센트 확률로 정답이 포함되도록 몇 킬로미터에서 몇 킬로미터 사이인지 구간으로 답하시오.

달의 지름은 3,476킬로미터이다. 여러분이 제시한 구간에 달의 지름이 있는가?

실제로 이 질문을 던진 결과 응답자는 나름대로 지식을 총동원해서 지름을 추정하고 거기에서 위아래로 범위를 넓혀 2,000~3,000킬로미터 등으로 답했다. 그런데 흥미로운 결과를 하나 발견할 수 있다. 정답이 포함될 확률이 90퍼센트가 되도록 구간을 말하라 했으니 1~10,000킬로미터 식으로 아주 넓게 구간을 잡는 것이 합리적이다.

하지만 응답자 대부분은 구간을 '상당히 좁게' 잡아서 답했다. 그 결과 응답자 대부분 이 구간에 3,476킬로미터를 넣지 못했다. 이 정도 구간이면 충분하다는 착각에 빠진 탓에 대부분이 틀린 구간을 제시했다. 자신의 능력이나 판단력을 지나치게 믿는 '과신(overconfidence)' 현상에 해당하는 사례이다.

사람은 자신의 능력, 지식, 기술을 과대평가하는 경향이 있다. 앞으로 인생이 어떻게 될 것 같으냐는 질문을 받은 학생은 다른 학생보다 더 많은 소득과 더 나은 환경에서 살 것이라고 답한다. 결혼하는 커플은 절대 이혼하지 않을 것이라는 초낙관주의 성향을 보인다. 그렇다면 도대체 높은 이혼율은 어디에서 나오는 것일까.

운전자를 대상으로 조사한 연구에 따르면 미국 운전자의 93퍼센트, 스웨덴 운전자의 69퍼센트가 평균보다 운전을 잘한다고 자신하고 있었다. 그런데 평균의 정의에 의하면 평균 이상은 50퍼센트를 넘을 수 없다. 상당수가 자기 과신이라는 덫에 걸려 있음을 알 수 있다.

미국 노동자의 90퍼센트가 '나는 일반 노동자보다 생산성이 높은 인재이다'라고 생각한다는 조사 결과도 있다. 도대체 평균 미만의 사람은 어디에 있는가?

사실 평균적인 운전 실력이나 평균 생산성을 정확히 계산해 본 적이 없으므로 평균 이상이라고 생각하는지는 답하기 어려운 질문이다. 그럼에도 주변에서 자기가 경험한 몇 사람의 사례만 가지고 특히 자신보다 못한 사람을 떠올리고 평균을 어림짐작한 후 자신은 평균 이상이라고 판단한다. 시스템 1의 직관을 통해 자신의 능력을 과신하는 것이다.

🕐 지나침은 모자람과 같아

'난 못해!' '내가 할 줄 아는 것이라곤 없어!'라면서 비관적인 태도를 갖는 것은 지양해야 한다. 자신감이 없으면 될 일도 안 된다. 그러나 지나침은 모자람과 같다는 과유불급이라는 말도 유념해야 한다. 지나친 낙관 또는 지나친 자신감 역시 스스로를 위험에 빠뜨릴 수 있다.

'스톡데일 역설(Stockdale Paradox)'이란 것이 있다. 미국 공군의 조종사인 스톡데일은 베트남 전쟁에서 포로로 잡혔다. 당시 미국 포로는 심한 폭행과 고문으로 커다란 고초를 겪었는데 그는 수용소 독방에서 무려 8년이나 견뎌내며 생존에 성공했다.

반면 그와 함께 수감된 동료 포로들은 대부분 악명 높은 수용소 생활을 견디지 못하고 목숨을 잃었다. 생존 비결을 묻는 기자에게 그는 답했다. "조만간 석방될 것이라고 지나치게 상황을 낙관한 사람들은 모두 사망했습니다. 저는 그렇지 않기 때문에 살았습니다."

곧 석방될 것이라는 근거 없는 희망을 갖다가 실망과 좌절을 반복한 사람은 상실감에 목숨을 잃었다. 반면에 스톡데일은 만만하지 않은 현실을 직시하고 그에 맞서기 위해 만반의 대비를 했다. 이처럼 근거 없는 낙관주의가 오히려 사람을 파멸시킬 수 있는 현상을 그의 이름을 따서 스톡데일 역설이라고 부르기 시작했다.

🐵 원숭이도 나무에서 떨어질 때가 있는 법

우리에게 필요한 것은 합당한 낙관주의이다. 이는 '무조건 잘될 거야'라고 맹목적으로 희망을 품지 않고, 현실의 어려움을 직시하고 인정하면서도 더 나은 미래를 위해 철저히 준비하면 잘될 수 있다는 구체적 태도이다.

합당한 낙관주의를 지닌 사람은 오늘 잘못되어도 절망하지 않는다. 내일에 대비하기 위해서 또 맞서고 준비한다. 이런 사람이 변화를 이끈다. 과신은 자신의 능력과 운을 과대평가해 위험한 행동을 선택하도록 만든다는 점에서 자칫 심각한 재앙의 씨앗이 될 수 있다.

자영업을 시작하는 창업주가 대표적 사례이다. 평생 직장이라는 개념이 사라지면서 다니던 회사에 사표를 던지고 식당, 커피 전문점 등 자영업에 뛰어드는 직장인이 꽤 많이 있다.

"회사 그만두고 조그만 분식점이나 카페를 하나 차리지 뭐." 직장인들이 자주 하는 말 가운데 하나이다. 마치 자신이 식당을 개업해 주기를 기다리는 소비자들이 줄을 서있는 듯 착각한다. 식당을 차리면 손님은 당연히 오는 줄로 낙관한다. 젊은이들이 즐겨 사용하는 말 '근자감(근거 없는 자신감)'이다.

이 세상에 실패를 예견하고 자영업을 시작하는 창업주는 한 명도 없다. 모두 성공을 확신하지만 그것이 착각이었음을 깨닫는 데 오랜 시간이 걸리지 않는다. 연도에 따라 차이는 있지만 우리나라 자영업 폐업률은 80~90퍼센트 정도이다. 한 해에 100곳이 창업할 때 80~90곳이 문을 닫는다는 이야기다.

미국에서 중소기업인에게 본인의 사업 성공률이 얼마나 될 것이라 예상하는지 질문해 봤다. 응답자가 답한 성공률의 평균값은 60퍼센트였다. 하지만 당시 미국 중소기업이 5년 동안 생존할 확률은 35퍼센트에 불과했다. 자신의 사업 성공률을 실제 성공률보다 거의 두 배나 높게 착각하고 있는 것이다. 심지어 실패할 확률이 0퍼센트라고 답한 중소기업인도 33퍼센트나 됐다.

사람은 현실의 실제 통계가 자신에게는 적용되지 않는다고 믿는다. 자신은 예외이며 남과 다른 특별한 능력이 있다고 과신한다. 창업하면 성공할 수 있다는 지나친 낙관주의와 과신에 힘입어 자신이 갖고 있는 전 재산에 대출까지 더해 사업에 투자한다.

과신 때문에 좀더 위험한 선택을 하며 다가올 역경을 과소평가한다. 결과적으로 돌아오는 것은 폐업과 빚더미이다. 유명한 미국 소설가 마크 트웨인은 과신의 함정을 이처럼 적절하게 경고했다.

당신이 곤경에 빠지는 것은 뭔가를 몰라서가 아니다. 뭔가를 확실히 안다는 착각 때문이다.

자신의 능력이 부족하다고 생각하는 사람은 위험에 빠질 가능성이 상대적으로 적다. 신중하게 생각하고 필요하면 외부 전문가의 도움을 적극적으로 구하기 때문이다. 그러나 과신에 빠진 사람은 실제로는 외부 도움이 필요함에도 구하지 않고 혼자 힘으로 해결할 수 있다는 착각에 빠져 위험에 처한다.

독일 철학자 프리드리히 니체는 심지어 확신도 문제가 될 수 있다며 다음처럼 경고했다.

진실의 더 위험한 적은 거짓말이라기보다 확신이다.

매사에 돌다리도 두드려보고 건너는 신중함이 있어야 의사결정에서의 실패 가능성을 줄일 수 있다. '원숭이도 나무에서 떨어질 때가 있다'는 속담이 아무 근거 없이 만들어졌을 리 없다.

🥧 자신이 틀릴 수 있음을 인정해야

체중을 관리하고 건강을 유지하려는 어른은 대개 운동을 선택한다. 이왕 할 거라면 독하게 해야겠다는 생각에 집 앞의 스포츠센터에 가서 호기롭게 연간 회원권을 끊는다. 많이 자제한 사람은 월간 회원권을 끊는다.

그렇지만 한 달 또는 일 년 내내 꾸준히 스포츠센터를 방문하는 사람은 많지 않다. 차라리 1회 방문권을 이용하는 편이 더 경제적이다. 운동에 대한 본인의 의지를 과신하고 스포츠센터를 방문할 횟수를 과대평가한 결과이다. 회원권 등록은 한 달 또는 일 년 내내 운동을 했으면 하는 희망을 담은 선택이었으며 이는 손실로 이어진다.

사람은 자신의 능력뿐 아니라 지식도 과신하는 경향이 있다. 실제로 금융 이해력을 측정해 보면 평균보다 낮으면서도 자신은 중위권이나 상위권이라고 착각하는 사람이 많이 있다. 그래서 교육을 통해 금융 이해력을 쌓으려고 노력하지 않는다.

이런 사람은 투자에 필요한 기본 지식을 충분히 알고 있다고 과신하고 고도의 지식을 요구하는 파생 상품에도 과도하게 투자한다. 위험성이 매우 큰 상품에 투자하면서도 주위 전문가나 가족의 도움을 구하지 않는다. 그리고 나서 커다란 손실을 보거나 잘못된 일이 발생하면 모두 다른 사람이나 상품을 판매한 곳의 탓으로 돌린다. 사전에 주위 사람들에게 조언을 구했다면 큰 손실을 막을 수 있었을 텐데 말이다.

이런 점 때문에 자기 과신은 인지적 편향 가운데 잠재적으로 파국적인 결과를 초래할 수 있는 편향으로 분류된다. 법률 소송, 파업, 주가나 부동산 가격의 거품, 심지어 전쟁의 공통 원인도 과신이다.

예를 들어 법률 소송을 생각해 보자. 원고나 피고 모두 상대방보다 자신이 옳고 억울하다고 믿는 과신 때문에 소송이 시작되고 지루한 싸움이 이어진다. 결국에 한쪽은 패하게 마련이다.

전쟁도 그렇다. 자국의 군사 능력과 세계의 정세를 정확하게 파악하고 있다면 섣불리 전쟁을 시작하지 않을 것이다.

 교실에서 하는 행동경제학 토론

◆ 자신의 합리적 소비 능력이 교실에 있는 친구들 가운데 어느 정도에 해당한다고 생각하나요? 돈 관리 능력은 어느 정도라고 생각하나요?

◆ 과신 때문에 일을 그르친 적이 있으면 말해 봅시다.

◆ 건강에 대한 과신 때문에 몸을 혹사하거나 운동을 소홀히 하고 있지 않나요?

내일 일은
아무도 모른다

계획 오류

계획은 어기라고 있는 것

지금껏 무수히 많은 계획을 세워봤을 것이다. 수학 문제집 한 권을 두 달 안에 끝내기, 영어 필수 단어 1,000개를 한 학기 동안 모두 외우기, 여름 방학에 추천 도서 5권을 읽고 독후감 쓰기, 용돈을 절약해서 1년 만에 몇십만 원 모으기 등 계획의 종류도 다양하다.

자신이 세운 계획을 목표 기간 안에 달성한 경우가 얼마나 되는지 생각해 본 적 있는가. 절반 정도라면 대단한 실적이라 평가해도 좋다. 나 역시 지금 이 순간에도 여러 계획을 세우고 실천하려고 노력하고 있다. 지금까지의 결과는? 애석하게도 대부분은 '달성 실패'이다.

사람이 수행해야 할 과제를 마무리하는 데 필요한 시간을 예측하면서 지나치게 낙관적으로 생각하는 편향을 '계획 오류(planning fallacy)'라 한다. 이러한 사실을 지적한 인지과학자 더글러스 호프스태터(Douglas Hofstadter)의 이름을 따서 '호프스태터 법칙'이라고도 한다. 심지어 계획 오류가 존재한다는 사실을 충분히 감안해서 계획을 세우더라도 그 계획보다 시간이 더 걸리는 경향이 있다고 행동경제학자들이 말하고 있으니 계획 오류 문제가 얼마나 심각한지 짐작할 수 있다.

단지 처음 수립하는 계획이라서 오류를 범하는 것도 아니다. 이전에도 성격과 분량이 비슷한 과제에서 계획보다 달성 기간이 훨씬 길었던 경험을 했음에도 사람은 또다시 비슷한 계획 오류를 반복한다.

그렇다고 너무 자책하지 말자. 오죽 보편적으로 발생하면 학자들이 이런 용어까지 만들었을까. 계획 오류는 어지간해서는 피해가기 힘든 인지 오류 가운데 하나이다. '계획은 어기라고 있는 것'이라는 농담이 만들어진 이유가 여기에 있을 것이다. 계획은 현실에서 실현되기 힘든 최상의 상황을 전제로 하고 있기 때문이다.

한 연구자는 계획 오류를 확인하기 위해서 자신이 가르치는 캐나다 대학생들에게 다음과 같이 요구했다.

A. 자신의 졸업 논문을 마무리하는 데 얼마의 시간이 걸릴지 가능한 한 정확하게 예상해 보세요.

B. 만약에 모든 일이 가장 잘 풀린다고 가정할 때는 얼마의 시간이 걸릴지 예상해 보세요.

C. 만약에 모든 일이 최악의 상황으로 흐른다고 가정할 때는 얼마의 시간이 걸릴지도 예상해 보세요.

학생들의 평균 대답은 A에 대해서 33.9일, B에 대해서 27.4일, C에 대해서 48.6일이었다. 그렇다면 이 학생들은 최악의 상황을 가정한 48.6일 안에는 논문을 마쳤어야 했다. 모두 마쳤을까?

이들이 논문을 완성하는 데 걸린 기간의 평균은 55.5일이었다. 자신이 예상한 기간 안에 논문을 마무리한 학생은 30퍼센트에 불과했다.

현실은 소망대로 되지 않는다

개인만 계획 오류를 범하는 게 아니다. 세계적으로 유명한 시드니의 오페라하우스 건축 때도 계획 오류 현상이 발생했다. 계획 당시 호주 정부는 공사 기간을 6년, 공사비를 700만 호주달러로 잡았다. 결과는 어땠을까?

실제 완공까지는 무려 14년이 걸렸다. 공사비는 계획보다 14배나 많은 1억 호주달러가 들었다. 도중에 디자인 변경 등의 과정이 있었지만 다수 전문가가 각종 회의를 거쳐 여러 차례 자문을 구한 후 수립하는 계획에서도 오류가 나타난다는 사실을 확인하는 데에는 지장이 없다.

1976년 하계 올림픽 개최지로 캐나다 몬트리올이 결정됐다. 캐나다는 격납형 지붕의 주경기장을 건설하는 데 1억 2천만 달러가 소요될 것이라는 계획을 발표했다. 그러나 이 지붕은 올림픽이 끝나고 13년 뒤인 1989년에 건축됐다. 경기장이 아니라 지붕을 건설하는 데만 1억 2천만 달러가 소요됐다. 이처럼 사람이 계획 오류에 취약한 이유는 무엇일까?

첫째, 자신의 능력을 과대평가하고 시간이나 비용을 과소평가하는 경향 때문이다. 계획을 세우는 시점은 대개 의욕이 넘치고 에너지가 충만해 있다. 하지만 과제를 진행하면서 피로감이 발생하고 처음의 의지와 패기는 한풀 꺾인다. 능력의 한계도 드러나면서 시간이 속절없이 흐른다.

둘째, 미래를 너무 낙관적으로 바라보는 경향 때문이다. 계획을 실천하는 동안 모든 상황이 순탄하게 돌아간다는 것을 전제로 계획을 세우는 것이 문제이다. 앞날은 불확실하다. 항상 맑은 날만 이어지지 않는다. 비가 오는 날도 있으며 심지어 태풍이 덮치기도 한다. 계획 당시에는 알려지지 않은 요인까지 사전에 예측해서 계획을 완벽하게 수립한다는 것 자체가 무리이다.

셋째, 자신의 희망 사항을 계획에 담기 때문이다. 누구나 과제를 신속하고 가볍게 마무리할 수 있기를 희망하므로 계획에 그러한 '소망'을 담는다. 그러나 현실은 소망대로 펼쳐지지 않는다.

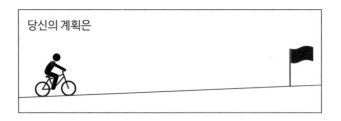

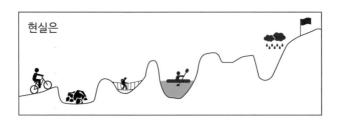

계획과 현실의 차이

🔍 분할하고 객관적으로 바라보기

개인의 계획 오류도 큰일이지만 국가가 추진하는 대규모 프로젝트에서 발생하는 계획 오류는 피해 규모가 엄청날 뿐 아니라 전 국민에게 피해가 돌아가므로 더 심각하다.

이른바 우리가 국책 사업이라고 부르는 대형 프로젝트가 원래 국가가 계획했던 기간 안에 마무리된 사례를 국내외적으로 찾아보기 힘들다. 처음에 예상했던 비용은 늘 눈덩이처럼 불어난다.

이러한 현상에는 다소 의도적인 계획 오류가 한몫을 차지한다. 정부는 국민에게 가능하면 이른 시일 안에 편익을 제공하기 위해서 또는 정권의 재임 기간 안에 사업을 마무리해 치적을 쌓기 위해서 프로젝트의 일정을 무리하게 앞당긴다.

프로젝트에 대한 반대 의견을 줄이기 위해서 소요 예산은 가급적 보수적으로 책정한다. 일단 시작해 놓고 보자는 생각에서이다. 매몰비용 오류까지 발생하므로 일단 시작한 프로젝트가 미완성인 채로 중단되는 일은 거의 없다는 점을 이용한다.

계획 오류를 완전히 피할 수는 없더라도 줄이는 방법이 있다. 첫째, 과제를 분할해서 계획을 수립하는 방법이다. 전체 과제를 하나로 보지 말고 3분의 1씩 나눈 후, 각 분할 과제를 마무리하는 데 필요한 시간을 산출한다. 이것들을 모두 더하면 과제 전체를 통틀어 한꺼번에 세운 계획 기간보다 일반적으로 길게 나온다. 예를 들어 문제집 한 권을 공부하는 계획을 세울 때 단원별로 나누어 분할 계획을 세우는 편이 더 현실적인 계획을 수립하는 데 도움이 되는 것과 같은 이치이다.

둘째, 외부인의 관점을 최대한 반영하는 것이다. 자녀를 키우는 부모는 아이의 행동 하나하나, 말 하나하나를 보고 '우리 애는 천재야'라고 평가한다. 그러나 진심으로 이에 동의하는 이웃 사람은 별로 없다. 제 눈에 안경인 경우가 대부분이다.

자신만의 생각으로 수립한 계획은 아무래도 주관적이고 낙관적인 편향이 반영돼 있을 가능성이 짙다. 이를 피하는 현명한 방법은 외부의 객관적 관점에서 계획이 타당한지를 검토하는 일이다. 자신의 눈에는 그럴듯해 보이는 계획이 다른 사람의 눈에는 형편없을지 모른다.

 교실에서 하는 행동경제학 토론

◆ 계획 오류 문제를 경험한 사례를 말해 봅시다. 이 문제가 발생한 가장 중요한 원인은 무엇이었나요?
◆ 계획을 성공적으로 달성하려면 어떤 노력이 필요한지 말해 봅시다.

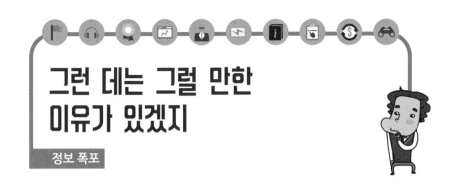

그런 데는 그럴 만한
이유가 있겠지

정보 폭포

친구 따라 강남 간다

세계적으로 코로나19 바이러스가 확산하자 미국, 캐나다 등 여러 나라에서 화장지 품귀 현상이 발생한 적이 있다. 코로나19 바이러스에 대한 별의별 괴담이 돌고 치료제가 없는 상황에서 마음이 급한 몇 명의 소비자가 생수, 휴지 등 생활필수품을 사재기한 탓이다. 아무 생각 없이 저녁 찬거리를 사러 갔던 소비자도 이 모습을 보고 생각이 달라졌다.

'맞아. 화장지가 부족해질지 몰라.' '저 사람이 화장지를 저렇게 많이 사는 데에는 뭔가 이유가 있을 거야.' 이런 생각이 든 소비자들은 카트에 화장지를 잔뜩 싣기 시작했다.

이러한 광경을 여러분이 목격한다면 어떤 생각이 들었을까? '가난한

나라도 아닌데 설마 화장지가 모자랄 리 없어'라고 생각하면서도 다른 한편으로는 '나도 화장지를 카트에 담아야 하나' 하는 생각을 억누르기 힘들었을 것이다. 결국 슈퍼마켓에 있던 소비자 대부분이 화장지를 사기 시작했고 이는 품귀 현상으로 이어졌다.

화장지를 사는 사람이 많아질수록 그들을 따라서 행동해야 하나 하는 마음이 들게 마련이다. 화장지를 사지 않으면 큰일 날 것 같다는 불안 심리가 지배한다. 사재기 현상처럼 사람이 타인의 행위를 목격한 후 그들의 선택을 따라가는 경향을 '정보 폭포(information cascades)'라 한다.

다른 소비자는 순수하게 개인적인 사정으로 화장지를 많이 산 것일 수도 있는데, 타인의 행동에 근거를 두고 자신이 모은 정보는 무시하며 그들의 선택을 따르는 것이다. 폭포에서 떨어지는 물줄기를 거슬러 올라 가는 일은 불가능하다. 이렇듯 정보가 폭포처럼 쏟아지면 다른 사람의 선택과 행동을 거스르기 어렵고 그들의 선택을 추종하게 된다는 의미에 서 정보 폭포란 용어가 만들어졌다.

예를 들어 여행 중 방문한 낯선 지역에서 혼자 식사하는 상황을 생각해 보자. 나름대로 고민한 끝에 식당 A를 선택해 들어가려는데 바로 옆에 있는 식당 B에 손님이 훨씬 더 많이 있다. 자연스럽게 자신의 선택을 포기하고 식당 B에서 식사하려는 마음이 꿈틀거린다. 사람의 입맛이 비슷하다면 식당 B를 선택한 다수 손님의 선택이 의미 있을 것이므로 그들처럼 식당 B에서 식사하는 편이 낫다는 결론에 이른다.

이렇듯 정보가 제약적이고 비대칭적일수록 사람은 자신의 정보가 지시하는 것과 상반되더라도, 앞선 사람의 행동을 모방하려는 경향이 있다. 자신의 정보와 판단에 대한 확신이 없을수록 타인의 선택을 따라 하기 쉽다.

🔍 나만 틀릴 수 없다

정보 폭포 현상을 확인할 수 있는 재미있는 실험을 보자.

항아리가 두 개 있다. 두 항아리에는 빨간색 공과 파란색 공이 다른 비율로 들어 있다. 실험 참여자는 추첨을 통해 항아리를 결정하고, 공을 하나 꺼내서 색깔을 확인한 다음에 항아리에 다시 넣는다. 이제 자신에게 배정된 항아리에 어떤 색의 공이 더 높은 비율을 차지하고 있다고 생각하는지 말한다. 이 대답은 모든 참여 자에게 바로 공표된다. 정확하게 예측한 사람은 금전 보상을 받는다.

아직 공을 꺼내보지 않은 참여자들은 앞 참여자의 추측을 듣고 정보 를 쌓아간다. 이제 자신의 차례가 되었다. 자신에게 배정된 항아리가 A이 고 자신이 꺼낸 공의 색깔이 빨간색이라 하자.

그럼에도 항아리 A에서 공을 꺼낸 앞선 참여자들 가운데 파란색이라 고 말한 사람이 많았다면 자신의 공도 파란색이라고 말하는 경향이 있 다. 자신이 개인적으로 얻은 빨간색 공이라는 정보보다는 앞선 다른 사 람의 다른 정보를 따르는 경향이 있음을 이 실험은 보여준다.

이보다 훨씬 오래전에 진행된 유명한 실험이 하나 있다. 왼쪽 선분 X와 길이가 같은 것을 오른쪽 A~C에서 찾아 소리로 말하는 매우 단순한 실 험이다. 이것은 연구자의 이름을 따서 '아시 동조 실험(Asch Conformity Experiments)'이라 불린다. 선분의 길이를 달리하면서 여러 차례 실험 을 반복했는데 다음 페이지의 그림은 그 가운데 두 개의 예만 보여주고 있다.

실험실에는 여러 명이 함께 있었는데 뒷부분에 배치된 피실험자 한

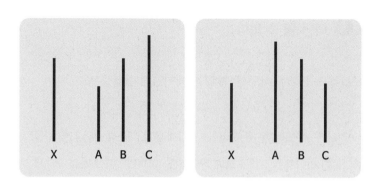

같은 선분을 찾아 답하는 실험

명을 제외하고 나머지는 연구자가 사전에 고용한 가짜 참여자였다. 이들은 다른 사람이 말하는 답을 들을 수 있다. 연구자는 가짜 참여자들에게 처음 몇 번의 실험에서 정답을 말하도록 당부했다. 매우 쉬운 과제이므로 누구나 손쉽게 정답을 말했다.

이제 몇 번의 실험이 진행된 후 연구자는 가짜 참여자들에게 오답을 말하도록 당부했다. 예를 들어 오른쪽 그림을 보여주면 가짜 참여자들은 X와 길이가 같은 선분이 한결같이 B라고 말했다. 물론 정답은 C이다. 여러 가짜 참여자들의 오답을 들은 피실험자는 고개를 갸우뚱거리면서 B라고 따라 말하는 현상이 자주 나타났다.

행동경제학자들은 정보 폭포 현상이 어떤 경우에 더 자주 나타나는지를 확인했다. 우선 자신과 다르게 선택하는 사람이 많아질수록 타인의 선택을 따르는 현상이 심해짐을 발견했다. 충분히 수긍할 수 있는 발견이다.

의사결정이 어려울수록 또는 불확실한 상태일수록 다른 사람의 선택을 따르는 경향이 두드러짐도 발견했다. 즉, 앞에서 본 두 개의 실험 중

선분 실험보다는 항아리 속 공 실험에서 정보 폭포 현상이 더 흔히 나타난다. 그래서인지 성인보다 10대에게서 정보 폭포 경향을 더 쉽게 목격할 수 있다.

자신과 다르게 선택하는 사람의 사회적 지위가 높을수록 그들의 선택을 따르는 경향이 두드러진다는 사실도 확인했다. 자신보다 영향력이 있거나 학력이 높거나 유명한 사람들이 하는 선택을 더 쉽게 따른다는 것이다.

반대로 자신의 선택이 공개되지 않는 경우에는 다른 사람의 선택을 따라가는 현상이 줄어든다. 자신과 같은 선택을 하는 사람이 주위에 한 명이라도 있으면 정보 폭포 현상이 덜 발생한다.

늘 바람직하진 않은 정보 폭포

사람의 합리성은 제한적이므로 정보 폭포 현상에 쉽게 노출된다. 자신이 보유하고 있는 정보가 불완전할 수 있고 항상 정확하다는 보장이 없으므로 다른 사람이 하는 선택을 마냥 무시하기는 힘들다.

한두 명도 아니고 많은 사람이 그런 선택을 하는 데는 그럴 만한 이유와 근거가 있을 것이라는 생각에서이다. 다른 사람은 자신이 보유하지 못한 특별한 정보를 갖고 있을지도 모른다. 그래서 이들의 판단이 자신 혼자만의 독단적 판단보다 더 나을 가능성이 크다고 판단한다.

일반적으로 많은 사람이 모두 틀릴 가능성보다는 내가 틀릴 가능성이 큰 것이 사실이다.

이런 점에서 정보 폭포에 기초한 선택이 때로는 도움이 되기도 한다.

만약 다른 사람이 모두 정직하고 정확한 정보를 보유하고 있다면 그들의 선택을 따르는 편이 합리적이다.

주변 사람에게 자신을 맞추려는 성향이 사회적으로 유익한 결과를 낳는 경우도 있다. 어려운 사람을 도와주고 노인이 들고 가는 무거운 짐을 들어드리는 행위는 앞선 사람의 선택을 따를수록 좋으며 사회가 원활하게 기능하도록 하는 윤활유 역할을 한다. 홍수 피해를 입은 지역에 자원봉사자들이 몰린다는 뉴스를 보고 자신도 자원봉사에 나서는 정보 폭포도 바람직한 현상이다.

문제는 앞선 사람의 선택이 항상 옳지는 않다는 데 있다. 자신의 합리성이 제한돼 있듯이 타인 역시 제한된 합리성의 개인일 뿐이다. 그래서 정보 폭포 때문에 주가의 거품(버블)이나 아파트 '영끌' 현상이 나타나기도 한다.

자신은 지금이 주식을 살 적기가 아니라는 정보를 갖고 있는데, 다른 투자자들이 주식을 사들여 주가가 오르고 있다. 왜 오르지? 혹시 내 판단이 잘못되었나? 이제라도 주식을 사야 하는 것이 아닐까? 흔들리지 않을 수 없다. 결국은 자신의 정보를 포기하고 주식을 산다. 다른 사람이 사므로 나도 따라서 사는 투자자가 늘어난다. 결과적으로 주가에 거품이 낀다.

정보 폭포가 우리에게 주는 시사점은 분명하다. 아무리 작은 정보라도 새 정보가 추가되는 순간 사람의 행동을 대규모로 급격히 변화시킬 수 있다. 상황을 극적으로 변화시키는 데 반드시 거대한 힘이 필요하지는 않다는 말이다.

그래서 정보 폭포는 기업에 또 다른 마케팅 기회를 제공해 준다. 신제품이 출시되었을 때 기업은 유명 연예인, SNS 인플루언서, 유튜브 크리에이터에게 무료로 제품을 주고 홍보를 기대한다. 이들이 제품을 쓰는 것을 알게 된 순간 구매를 망설였던 소비자들이 대거 따라서 제품을 구매하기 때문이다. 이때 제품의 품질이나 앞선 구매자의 제품 만족도는 별로 중요하지 않다.

앞선 무리를 무작정 따른다

'군집 행동(herd behavior)'은 정보 폭포와 비슷하지만 약간 다른 현상이다. 대중이 하는 선택이나 행동을 따라간다는 점에서 정보 폭포와 유사하지만 둘 사이에는 차이가 있다.

정보 폭포의 경우에는 타인의 선택을 따르기 위해서 자신의 개인 정보를 무시한다. 군집 행동의 경우에는 자신의 개인 정보를 무시하는 것과 상관없이 남들이 하는 대로 무작정 따라 한다. 하지만 현실적으로 둘을 엄격하게 구분하기 힘든 측면이 있다.

엘리베이터 속에서 군집 행동을 확인한 유명한 실험이 있다. 대개 사람은 엘리베이터를 타면 돌아서서 문을 바라본다. 실험을 진행한 학자는 여러 명의 연기자를 고용해 엘리베이터 안에서 벽면을 보고 서 있도록 했다. 그리고 엘리베이터를 타는 일반 사람이 어떻게 행동하는지 몰래 관찰했다.

처음에는 습관대로 문을 보고 서 있던 사람이 주변 사람을 따라 벽면 방향으로 몸을 슬그머니 돌렸다. 이는 서로 얼굴을 마주 보기 싫어하므로 남들처럼 벽면을 보고 선다고 해석되기도 한다. 이 실험은 이후에도 〈몰래카메라〉 같은 프로그램에서 반복됐다.

여러분은 어떤가. 특정 영화의 내용이 무엇인지 자세히 모르거나 좋아하지 않는 장르이면서도 이미 몇백만 명이 봤다는 사실 하나만으로 영화를 보러 간 적이 있지 않은가? 이것이 군집 행동이다.

서점에서 주말에 읽을 책 한 권을 고르려고 할 때 제일 먼저 베스트셀러 코너로 가지 않는가? 많은 사람이 이미 구매했다는 사실 하나에 자신도 그들의 일부가 되기 위해 베스트셀러 책을 집어 들고 계산대로 이동한다.

이외에 시위, 폭동, 파업, 스포츠 행사, 종교 행사, 여론 형성 등도 모두 군집 행동의 일환이라고 해석할 수 있다.

사람은 본능적으로 군집 행동을 하는 동물이라는 해석이 있다. 진화론적으로 봤을 때 동물은 맹수로부터 자신의 목숨을 보호하기 위해서

떼를 지어 다니는 본능을 갖게 되었다는 것이다.

선두에 있는 양이 갈림길에서 오른쪽으로 가면 다른 양들도 덩달아 그 뒤를 따른다. 선두에 있는 양이 왜 오른쪽으로 가는지는 중요하지 않다. 뒤의 양들은 그저 따라갈 뿐이다.

 교실에서 하는 행동경제학 토론

◆ '친구 따라 강남 간다'라는 말처럼 친구가 산 물건을 따라서 샀거나 사고 싶은 충동을 느낀 적이 있나요? 이런 일을 자주 경험하나요?

◆ 주변 친구들에게 자신을 맞추려고 했던 경험이 있는지 생각해 봅시다.

◆ 손님이 많다는 이유로 식당을 선택해 그곳의 인기 메뉴를 먹어본 적이 있나요? 이런 일이 자주 있나요?

내가 그걸
어떻게 알아
지식의 저주

이 정도는 당연히 알고 있겠지

무지는 신의 저주이다. 지식은 우리가 천국으로 날아가게 해주는 날개이다.

셰익스피어가 지식의 중요성을 강조하기 위해서 한 말이다. 이외에도 "아는 것이 힘이다" "아는 것만큼 보인다" "모든 인간은 본능적으로 지식을 희구한다" "지식에 투자하는 것이 여전히 최고의 수익을 가져다준다" "우리는 우리가 아는 것만 본다" 등 지식의 중요성을 강조하는 명언들은 끝없이 이어진다. 이는 그만큼 지식이 중요하다는 불변의 진리를 보여준다.

그러나 때로는 지식이 걸림돌이 된다. 특히 다른 사람과의 소통에서 그렇다. 예를 들어 유명한 석학을 생각해 보자. 노벨상을 받고 뛰어난 연구 성과를 내는 등 화려한 경력을 보유한 석학인데 강의는 별로인 경우가 있다. 지식의 깊이가 제자를 잘 가르치고 육성하는 것까지 보장하지는 않기 때문이다. 좋은 대학 나온 선생님이 학생을 잘 못가르치는 경우도 많이 있다. 왜 그럴까?

자신의 지식 수준이 높으므로 학생들도 '이 정도는 당연히 알고 있겠지' 지레짐작하고 어려운 용어를 구사하며 전문적인 내용을 가르치기 때문이다. 높은 지식 수준으로 인해 오히려 나쁜 결과가 나타난다.

이러한 현상을 '지식의 저주(curse of knowledge)'라 한다. 어떤 사람이 타인과 의사소통할 때 상대방이 충분히 이해할 수 있는 배경을 갖고 있으리라 잘못 추측해서 발생하는 인지적 편향이다. 양쪽 사이에 존재하는 정보와 지식의 격차로 소통이 원활하게 이루어지지 못하는 현상을 저주로 극단화한 것이다.

지식이 역설적으로 불리하게 작용할 수 있는 사례는 주변에 의외로 많다. 스타 출신 감독은 일반 선수도 자신과 같은 능력을 갖추고 있다고 착각한다. 그래서 헛스윙으로 삼진을 당한 선수를 보고 답답한 심정에 한마디 던진다.

"떨어지는 슬라이더 공을 끝까지 보고 가볍게 밀어치면 되잖아! 그 쉬운 걸 못해?" '개구리 올챙이 적 생각 못한다'라는 속담이 생각난다. 능력이나 지식이 없었던 자신의 과거를 생각하지 못하고 지금의 자신을 기준으로 재단하고 선택함으로써 문제가 불거진다.

🎵 때로는 아는 게 걸림돌이 되기도

한 연구자가 간단하고 참신한 실험을 통해 지식의 저주로 인한 판단 편향이 심각할 수 있음을 확인하는 데 성공했다. 참여자를 두 집단으로 구분한 후 첫 번째 집단에 속한 참여자에게는 크리스마스 캐럴이나 동요처럼 누구나 알 만한 노래의 리듬에 따라 손으로 책상을 두드리게 했다.

두 번째 집단에 속한 참여자에게는 그 리듬을 듣고 노래 제목을 말하게 했다. 총 120번의 시도에서 두 번째 집단이 곡명을 정확하게 알아맞힌 경우는 단 3번에 불과했다. 정답률이 겨우 2.5퍼센트라는 말이다.

그런데 연구자의 핵심 관심은 2.5퍼센트라는 낮은 정답률이 아니라 리듬을 두드리는 첫 번째 집단의 기대치였다. 리듬을 두드리는 참여자에게 상대방이 노래 제목을 정확하게 맞출 확률을 물어봤더니 평균 50퍼센트 정도라고 응답했다. 노래 제목을 알고 있는 참여자들은 이 정도 리

듬이라면 상대방이 충분히 알아차릴 것으로 짐작했다. 그러나 정작 상대방은 리듬을 이해하는 데 심각한 어려움을 겪은 것이다. 그 결과 첫 번째 집단에서는 '답답해' '아니, 이렇게 쉬운 노래를 못 맞춰?' 하는 반응이 자주 나왔다.

TV 예능 프로그램의 스피드 퀴즈에서도 종종 지식의 저주 현상을 목격할 수 있다. 출제자는 온갖 설명과 현란한 몸짓으로 힌트를 준다. 이 정도면 답을 충분히 맞힐 수 있을 것으로 기대하나 상대방은 도무지 감을 잡지 못한다. 문제를 내는 연예인은 '왜 이 쉬운 걸 못 맞혀?' 하며 화를 내지만 답변자의 반응은 '그걸 어떻게 알아?'이다.

일반적으로 지식과 정보가 많을수록 유리하다. 합리적 선택을 위해서는 많은 정보가 필요하다. 그래서 '정보는 돈이다'라는 말까지 나온다. 사람은 더 많은 정보를 확보하고 지식을 축적하기 위해 기꺼이 투자한다.

그런데 정보를 많이 갖고 있다고 해서 항상 바람직한 결과로 이어지지는 않는다. 경우에 따라서는 너무 풍부한 지식이나 특정 분야에 대한 전문 기능이 오히려 소통이나 지식 공유의 걸림돌로 작용할 수 있다.

🌑 나이 들면 풀리는 지식의 저주

교수 사회에 널리 퍼져 있는 우스갯소리가 하나 있다.

30대 교수는 어려운 것만 가르친다.
40대 교수는 중요한 것만 가르친다.
50대 교수는 아는 것만 가르친다.

60대 교수는 생각나는 것만 가르친다.

우스갯소리이지만 여기에는 지식의 저주 현상과 관련해서 중요한 시사점이 담겨 있다. 젊은 교수는 자신이 알고 있는 내용을 학생도 당연히 알아야 하고 그것을 모두 가르치는 것이 교수의 기본 책무라 생각하여 이를 실천한다. 그런데 학기를 마무리하며 시험지를 채점해 보면 늘 기대 이하이다.

젊은 교수는 그 원인을 학생에게서 찾는다. '요즘 학생들은 공부를 너무 안 해.' 하지만 학생들은 강의가 너무 어렵다고 하소연한다.

세월이 흐르면서 교수는 지식의 저주 현상을 깨닫는다. 원인이 학생이 아니라 자신에 있음을 알게 되고, 수업을 교수 시각이 아니라 학생 시각에서 바라보기 시작한다. 나이와 함께 '새로운 지식'을 얻으며 학생의 눈높이에 맞춰 가르치고 학생과 소통하는 능력을 습득한다.

그래서 학생 시각에서 볼 때 젊은 교수보다 나이 먹은 교수가 가르치는 내용이 쉬워 보인다. 지식의 저주가 풀리고 소통이 원활해지고 있다는 증거이다. 지식의 저주를 푸는 데 역지사지만큼 효과적인 주문은 없다.

 교실에서 하는 행동경제학 토론

◆ 자신은 알고 있는데 친구나 부모님은 모르고 있어 답답해하거나 화를 낸 적이 있나요? 이런 일이 자주 있나요?
◆ 유명한 운동선수이면서 훌륭한 코치로 성공한 사례와 성공 요인을 찾아봅시다.
◆ 지식의 저주 현상을 해결하려면 어떻게 해야 할지 생각해 봅시다.

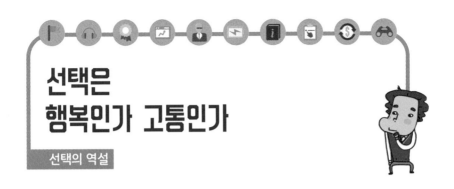

선택은
행복인가 고통인가

선택의 역설

🥧 선택하지 않기를 선택하다

식당에서 여러 명이 음식을 주문할 때는 시간이 오래 걸린다. 식당 메뉴가 많을수록 소요 시간은 훨씬 길어진다. 일행이 각각 다른 음식을 주문하면 괜히 종업원에게 미안한 마음마저 든다. 자기 돈을 내고 음식을 주문하므로 전혀 그럴 필요 없는데도 말이다.

이때 한 사람이 다그친다. "메뉴를 통일해!" 순식간에 선택의 자유를 박탈당한다.

처음부터 아예 자신의 선택을 포기하는 사례도 있다. 일식당에는 '오마카세'라는 것이 있다. 쉽게 이야기하면 '주방장이 정한 음식 코스'이다. 날마다 잡히는 생선이 다르고 재료의 신선함도 다르다. 손님이 음식을 고르게 한다면 주문받을 때마다 당일 조리 가능한 생선과 신선한 재료를 설명해 주어야 하는데 이는 매우 번거롭다. 손님으로서도 일일이 설명을 듣고 고르자니 선택하기 힘들다.

오마카세는 이 문제를 한꺼번에 해결해 준다. 주방장이나 요리사에게 생선과 재료의 선택을 전적으로 위임한다. 식당에 들어서는 순간 소비자는 선택을 포기한다. 아니, 정확히 말하면 '선택하지 않기를 선택'하는 것이다. 그렇다고 음식값이 저렴하지도 않다. 오히려 상당히 비싸다.

이와 같은 사례들을 보면 선택한다는 것이 과연 우리에게 좋은 소식인지 아니면 나쁜 소식인지 헷갈리기까지 한다. 선택의 자유가 없는 세상은 분명히 지옥 같을 터인데, 그렇다고 선택이 늘 사람에게 즐거움만 주는 것은 아니다.

전통경제학의 관점에서 보면 선택의 폭이 넓어지면 사람은 자신의 선호를 더 잘 충족할 기회가 생기므로 효용이 증가한다. 경제학자가 독점을 바람직하지 않다고 주장하는 이유 가운데 하나도 여기에 있다. 예를 들어 현재 상영 중인 영화가 코미디 한 편뿐이라면 액션이나 공포 영화를 보려는 사람의 선택권이 제한되고 효용 수준이 낮을 수밖에 없다. 규모가 큰 복합 상영관에 관객이 몰리는 이유도 여기에 있다.

그렇다면 선택의 폭이 확대될수록 사람은 자신의 기호에 부합하는 최선의 선택을 할 수 있을까? 반드시 그렇지는 않다는 점을 깨닫는 데 그리 오랜 시간이 필요하지 않을 것이다.

한가로운 주말에 영화를 한 편 보려고 온라인 동영상 스트리밍 서비스를 켠다. 첫 화면은 서비스 회사가 추천하는 영화들이 나온다. 그럭저럭 나쁘지 않다. 그러나 구미가 더 당기고 기분에 더 맞는 영화를 찾기 위해 화면을 계속 오르락내리락 찾아다닌다. 몇 개의 후보작을 찜해 놓으면서 아직 확인하지 못한 영화 가운데 더 재미있는 영화를 찾을 수 있을 거라는 기대감에 검색을 이어간다.

어느덧 수십 분의 시간이 흐른다. '도대체 영화가 얼마나 있는 거야!' 하면서 내가 좋아하지 않는 장르의 영화를 지워버리고 싶은 심정이 든다. 아까운 주말 시간을 허비했음을 알게 된 순간 비로소 더 이상의 검색을 포기하고 좀 전에 찜해 놓은 영화를 보기 시작한다.

한 가지 사례를 더 생각해 보자. 해외여행을 하려고 호텔을 검색하는 경우이다. 호텔 비교 사이트에 원하는 도시와 방문 날짜를 입력하면 호텔 수백 곳이 나타난다. 가격대, 무료 와이파이, 부대시설 등 각종 검색 조건을 추가해 검색 범위를 좁히더라도 호텔 수가 크게 줄어들지 않는다.

'이 많은 호텔 가운데 어디가 제일 좋을까?' 며칠을 고민해도 최선의 선택을 찾기란 쉽지 않다. 해외여행 떠나기 전에 진이 다 빠진다. 누가 대신 골라줬으면 하는 심정이 굴뚝같다.

막상 골라도 문제이다. '잘 골랐을까?' '더 저렴하고 더 좋은 호텔이 있지 않을까?' 하는 생각이 떠나지 않는다. 패키지 관광 상품을 택하지 않은 것을 후회한다.

그래서인지 개별 해외여행의 인기 상승에도 여전히 패키지 상품을 선호하는 사람이 많이 있다. 의사결정에 드는 비용을 절약하려는 의도이다. 이들에게는 선택이 불가능하다는 점이 오히려 매력이다. 이 역시 '선택하지 않기를 선택'하는 것이다.

🪕 선택의 폭이 넓으면 스트레스

선택지가 많다고 반드시 우리의 만족도가 높아지지는 않는다. 어느 한계점을 넘어서면 선택지가 많아질수록 선택하기 너무 어려워지고 선택한다고 해도 만족하기 힘들기 때문이다.

이를 확인할 수 있는 흥미로운 실험이 하나 있다. 슈퍼마켓에서 잼 시식 행사를 진행했다. 다음 두 상황 가운데 잼이 더 많이 팔린 쪽은 어디일까?

A. 부스에 6종류의 잼을 진열하고 맛을 볼 수 있도록 시식 행사를 진행했다.
B. 부스에 24종류의 잼을 진열하고 맛을 볼 수 있도록 시식 행사를 진행했다.

연구자들은 두 상황에 놓인 고객의 반응을 지켜봤다. 지나가는 고객의 60퍼센트가 24종류의 잼이 마련된 부스에 머물렀다. 한편 6종류의 잼이 전시된 부스에는 40퍼센트의 고객만 머물렀다. 여기까지는 예상한 대로였다.

이번에는 잼을 구매한 소비자 비율을 구해봤다. 잼을 시식한 소비자 가운데 잼을 산 사람 비율은 상황 A에서 30퍼센트였다. 한편 24종류의 잼이 제시된 상황 B에서는 시식 고객 가운데 3퍼센트만 잼을 사는 데 그쳤다. 소비자는 더 다양한 선택지가 있는 상황 B를 선호했음에도 정작 잼을 구체적으로 선택하는 데 어려움을 겪었기 때문이다.

이른바 '선택의 역설(paradox of choice)' 현상이 발생한 것이다. 선택지가 많음은 고려해야 할 것들이 많아짐을 의미한다. 그 가운데 최선의 것을 하나 선택하는 것은 인지적으로 상당히 고된 과제이므로 오히려

‘결정 마비’ 상태에 빠진다. 가격, 품질, 사양, 디자인, 기능 등 다양한 특성과 장단점을 종합적으로 비교 분석하려면 고급 컴퓨터 사양에 버금가는 뇌의 능력이 필요하다. 정보의 과부하가 걸리고 결국은 판단하지 못한다.

선택의 역설 현상이 발생하는 이유가 하나 더 있다. 선택지가 많다는 것은 하나를 선택했을 때 그보다 더 나은 대안이 있을 가능성이 짙음을 의미한다는 사실이다. 그만큼 후회할 가능성도 커진다. 이런 상황에서 인간은 후회라는 고통을 피하기 위해 차라리 선택하지 않기로 한다.

‘괜히 딸기 잼을 골랐나? 복숭아 잼이나 오렌지 잼도 좋아 보였는데.’ ‘처음 본 블랙베리 잼을 시도해볼 걸 그랬나?’ 돈을 주고 잼을 샀으면서도 이처럼 더 좋은 대안이 있지 않았을까 하는 의구심이 떠나지 않는다.

선택지가 반드시 수십 개 이상이 돼야만 선택의 역설 현상이 나타나는 것은 아니다. 선택지가 몇 개뿐이라 하더라도 선택하지 못하고 미루는 경우가 흔하다. 이를 보여주는 실험이 있다.

여러분은 CD 플레이어를 사려고 한다. 어떤 회사의 어떤 제품을 살지, 가격 범위는 얼마인지 아직은 구체적으로 정하지 않은 상태이다.

A. 어느 날 전자제품 대리점 앞을 지나가다가 소니의 인기 있는 CD 플레이어가 99달러로 할인 판매되고 있음을 봤다. 이 가격이라면 평상시의 소매가격보다 훨씬 싸다. 여러분은 소니 CD 플레이어를 사겠는가, 아니면 다른 모델을 더 찾아보겠는가?

B. 어느 날 전자제품 대리점 앞을 지나가다가 소니의 인기 있는 CD 플레이어가 99달러로, 아이와(AIWA)의 고급 CD 플레이어가 159달러로 각각 할인 판매되고 있음을 봤다. 두 제품 모두 평상시의 소매가격보다 훨씬 싸다. 여러분은 어느 CD 플레이어를 사겠는가, 아니면 다른 모델을 더 찾아보겠는가?

상황 A에서는 실험에 참여한 대학생의 66퍼센트가 소니 CD 플레이어를 사겠다고, 나머지 34퍼센트는 더 찾아보겠다고 응답했다. 한편 상황 B에서는 소니 제품이든 아이와 제품이든 CD 플레이어를 사겠다고 선택한 학생 비율이 54퍼센트에 그쳤다. 나머지 46퍼센트는 어느 제품도 사지 않고 더 찾아보겠다고 답했다. 아이와 CD 플레이어라는 새로운 선택지가 추가돼 선택의 폭이 넓어지자 구매 결정을 미루는 학생이 오히려 많아졌다.

우리는 이 실험에서 중요한 사실을 하나 더 발견할 수 있다. 그것은 세 번째 상황이 추가됨으로써 가능해진다.

C. 어느 날 전자제품 대리점 앞을 지나가다가 소니의 인기 있는 CD 플레이어가 99달러로 할인 판매되고 있으며, 아이와의 저급 CD 플레이어는 105달러로 정상 가격에 판매되고 있음을 봤다. 여러분은 둘 중 어느 CD 플레이어를 사겠는가, 아니면 다른 모델을 더 찾아보겠는가?

상황 C에서 추가된 선택지는 누가 보더라도 가치가 떨어지는 열등한 대안이다. 저급이면서도 가격은 더 비싸니까 말이다. 여기에서 더 찾아보겠다며 선택을 미루는 학생 비율은 24퍼센트에 불과했으며 73퍼센트가 소니 CD 플레이어를 사겠다고 선택했다. 이것은 무엇을 의미할까?

매력적인 선택지가 많아질수록 사람은 결정하지 못하거나 행동을 미룬다. 단, 선택지가 매력적이지 않다면 오히려 하나를 선택하는 데 도움이 된다. 매력적이지 않은 선택지가 하는 미끼 역할에 대해서는 228쪽의 '미끼 효과' 꼭지에서 이미 설명한 바 있다.

🔍 너무 다양할수록 결정을 미룬다

물론 선택지가 하나밖에 없을 때도 고객은 행복하지 않다. 비교할 대안이 없기 때문이다. 그래서 소비자는 독점 기업에 대해 불만을 품는다. 이러한 소비자의 심리를 간파한 독점 기업은 스스로 여러 개의 선택지를 만들어 소비자에게 제공해 준다. 크게 보면 하나의 기업이 만든 제품이지만 사양과 특성을 달리한 여러 종류의 제품을 공급하는 것이다. 소비자가 그 가운데 하나를 선택하도록 유도하기 위한 목적에서이다.

마케팅 전문가들은 선택지를 너무 많이 제공하거나 식당 메뉴를 너무

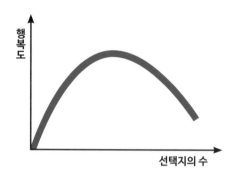

선택지 수 증가의 역효과

복잡하게 만드는 것은 고객을 괴롭히는 일이라며 권장하지 않는다. 일부 전문가는 식당 메뉴를 짤 때 한 카테고리당 7개 음식을 넘지 말아야 한다고 조언한다. 예를 들어 파스타와 피자 카테고리에 들어가는 메뉴를 각 7개 이내로 제한하는 것이 바람직하다는 것이다.

메뉴가 너무 많고 다양하면 '너랑 같은 것!' 하면서 선택을 다른 이에게 미루는 손님이 많아진다. 고민 끝에 자신이 선택한 음식을 먹고 나서도 자신의 선택이 만족스러운 것이었는지 확신하지 못하는 손님이 생기기도 한다. 먹어보지 못한 메뉴가 너무 많기 때문이다. 자칫 잘못하면 식당에 대한 만족도가 떨어지고 재방문하는 손님이 줄어든다.

고객의 투자 자금을 운영하는 펀드회사에서 있었던 일이다. 자금을 투자하려는 사람을 대상으로 가입할 수 있는 펀드를 다양하게 추천했다. 고객의 선택권을 최대로 보장해 주려는 배려심의 발로였다. 그런데 예상하지 못한 일이 벌어졌다.

추천하는 펀드 종류가 많아질수록 정작 펀드에 가입하는 자금이 줄어들었다. 따져보니 직원이 10개의 펀드를 더 추천할 때마다 투자 자금이 2퍼센트씩 감소했다. 이유는 간단하다. 펀드 종류가 많아질수록 투자자가 고민해야 할 내용이 많아졌고 결국 좀 더 고민하겠다며 '내일로' 미루는 성향이 나타난 것이다. 그러나 그 '내일'은 좀처럼 오지 않았다.

 교실에서 하는 행동경제학 토론

◆ 식당에서 친구들이 주문한 음식을 따라서 그대로 주문한 적이 있나요?

◆ 물건을 사려고 온라인 검색을 할 때 후보 품목을 줄이기 위해 어떤 방법을 사용하고 있는지 말해 봅시다.

◆ 선택지가 너무 많아 선택을 포기하고 다른 사람에게 맡긴 적이 있나요? 결과에 만족했나요?

『넛지』의 저자, 리처드 탈러

"심리학의 통찰력을 이용해 경제 의사결정을 분석한 경제학자이다. 그는 사람이 완벽하게 합리적으로 행동하지는 않는다는 사실을 주장하며, 공정성과 사회적 배려 등을 고려해 선택하는 경향이 있을 뿐 아니라 종종 자기 통제력이 부족하다는 점에 특별한 관심을 두었다. 그의 연구 성과 덕분에 경제학 전체가 사람이 실제로 어떻게 행동하는지에 대해 더 많은 관심을 기울이게 됐다."

스웨덴 왕립과학원이 리처드 탈러(Richard Thaler, 1945~) 교수를 2017년 노벨 경제학상 수상자로 발표하면서 평가한 그의 공로이다. 참고로 그를 미국식 발음인 '세일러'로 부르는 사람이 많지만 독일계 이름이니 '탈러'가 원래 발음이다. 그는 미국에서 태어나 로체스터 대학교에서 석사와 박사학위를 받았다. 미국 경제학회 회장을 역임했으며 현재 시카고 대학교에서 연구와 강의에 매진하고 있다.

전통경제학자들이 '이상한 행동'이라고 평가하며 별 관심을 보이지 않던 현상들에 대해서 탈러 교수는 심리적 요인이 작용한 결과라고 믿고 구체적인 근거를 규명하기 시작했다. 그는 우선 보유 효과에 주목했다. 같은 물건이지만 자신이 보유하고 있지 않을 때보다 보유하고 있을 때 더 커다란 가치를 부여하는 현상이다.

예를 들면 머그컵을 3달러 이상을 주고는 사지 않겠다는 사람이 자신의 머그컵은 6달러에도 팔지 않겠다고 한다. 그는 인간이 이처럼 이상한 행동을 하는 이유는 이득보다 손실에 더 민감한 심리의 작용 때문으로 보았다. 나아가 보유 효과가 심해지면 중고 거래가 원활하게 이루어지지 않는 문제가 발생한다고 경고하기도 했다.

심적 회계 역시 탈러 교수의 대표 업적 가운데 하나이다. 사람은 돈을 어떻게 벌었는지에 따라 심리적으로 돈에 꼬리표를 붙이고 지출 의사결정을 다르게 한다는 것이다. 그 결과 종합적인 차원에서 접근하지 못하고 좁은 시각으로 단순화한 의사결정을 해 최선의 결과를 얻는 데 실패하는 것이 보통의 사람이다. 쉽게 번 돈은 쉽게 써버리기도 한다.

사람의 선택에서 공정성이 중요한 역할을 하고 있음을 입증한 것 역시 탈러 교수의 중요한 업적이다. 사람들은 자신에게 돌아오는 금전적 혜택이 없더라도 공정한 결과를 선택하거나 불공정한 행위를 하는 사람을 깎아내린다.

그가 대중에게 널리 알려진 계기는 캐스 선스타인(Cass Sunstein)과 함께 저술한 『넛지』가 세계적으로 베스트셀러 반열에 오른 덕분이다. 완전히 합리적이지 못해서, 자기 통제력이 부족해서, 직관적으로 선택하는 특성 탓에 사람은 최선의 선택을 하지 못한다. 이때 '졸고 있는 친구의 옆구리를 슬쩍 건드려 깨우는 것처럼' 최대한 부드럽고 자연스럽게 개입해서 그의 선택을 바람직한 방향으로 이끌어줄 수 있다는 것이 이 책을 통해 탈러 교수가 말하려는 골자이다. 세계 도처에서 목격할 수 있는 남자 화장실 변기의 파리 이미지는 넛지의 대표적 사례이다.

탈러 교수는 한마디로 사람의 심리를 경제 의사결정 분석에 결합함으로써 경제학을 좀더 사람에 가깝게 다가서도록 만든 행동경제학 분야의 대가이다.

마음의 결을 이용하라

넛지

작지만 커다란 변화

한 업체가 제작한 엘리베이터의 속도가 너무 느리다는 고객들의 불만이 제기됐다. 기술진이 문제를 해결하려고 애써 봤으나 안전성과 흔들림에 지장이 없으면서 속도만 조금 높이는 기술적 과제를 해결하지 못했다. 경영진이 대책 마련에 고심하고 있을 때 커피를 가져다주던 비서가 한마디를 던졌다.

"엘리베이터에 전신 거울을 달아 놓으면 어떨까요?"

회사는 다음 날 불만이 제기된 건물의 엘리베이터에 전신 거울을 달았다. 결과는 놀라웠다. 속도가 느리다는 불만이 기적같이 사라졌다. 다들 거울을 보면서 옷매무새를 살펴보고 얼굴 이곳저곳에만 신경 썼다.

회사는 큰 비용을 들이지 않고 고객의 불만을 잠재우는 데 성공했다.

이번에는 영국에서 있었던 사례이다. 한 걸인이 길바닥에 앉아 도움을 청하고 있었다. 그의 앞에 있는 종이 팻말에는 다음처럼 적혀 있었다. '저는 맹인입니다. 제발 도와주세요.'

오가는 이들은 팻말을 그저 가볍게 쳐다보곤 지나갔다. 동전을 놓는 행인은 별로 없었다. 이때 한 여성이 지나가다가 종이 팻말을 뒤집어 새 문구를 쓴 후 자리를 떠났다. 그 후 동전을 놓고 가는 행인의 수가 급격히 증가했다. 걸인의 통에는 동전이 수북하게 쌓였다. 여성이 쓴 문구의 효과는 엄청났다. 그 여성이 쓴 글이 궁금해지지 않는가.

'참 아름다운 날입니다. 그러나 저는 볼 수 없네요.' 우리는 커다란 효과를 거두기 위해서는 반드시 대단한 혁신이 필요하다고 착각한다. 사회를 바꾸기 위해서는 위대한 개혁, 거액의 예산이 들어가는 사업이 필요하다고 예단한다. 하지만 위의 두 사례는 반드시 그렇지 않음을 보여준다. 작은 변화가 커다란 변화를 불러올 가능성을 보여준다.

이 가능성이 충분히 의미 있다는 사실이 행동경제학을 통해서 확인됐다. 사람의 선택이나 행동이 때로는 아주 작은 심리적 요인이나 감정에 따라서, 때로는 소소한 프레임의 변화에 따라서 달라질 수 있는 다양한 사례를 이 책을 통해 확인했다.

선택을 바꾸는 부드러운 힘

행동경제학자들은 사람의 휴리스틱과 인지적 편향을 찾아내는 데 그치지 않고, 선택이나 행동을 바람직한 방향으로 유도하는 방안도 고심하고 있다. 이러한 방안의 중심에 '넛지(nudge)'가 있다.

'넛지'라는 용어를 처음으로 사용한 학자는 리처드 탈러 교수이다. 그가 캐스 선스타인과 함께 저술한 책『넛지』[7]는 세계적인 베스트셀러가 됐으며 각국 사회에 엄청난 파장을 미쳤다. 이 책에는 '건강, 재산, 행복에 대한 선택을 개선하기'라는 부제가 붙어 있다.

넛지의 사전적 뜻은 '(옆 사람을 팔꿈치로) 살짝 찌르다' '(특정 방향으로) 살살 밀다'이다. 수업 시간에 옆 친구가 졸고 있으면 정신 차리고 선생님 말씀을 들으라며 슬쩍 옆구리를 건드린 적이 있을 것이다. 이러한 행동이 바로 넛지다. 행동경제학에서 넛지는 졸고 있는 친구를 슬쩍 건드려 잠을 깨도록 만들듯이 크게 부담되지 않는 방법으로 사람의 선택이나 행동을 변화시키는 방안을 말한다.

사람의 선택이나 행동을 변화시키는 방법에는 여러 가지가 있다. 첫 번째는 개인의 합리성을 믿고 그대로 방임하는 방법이다. 시장 경제 작동에 필요한 주변 여건과 제도를 구비해 놓기만 하면 개인은 늘 합리적으로 선택한다는 전통경제학적 접근법이다.

두 번째는 이와 정면으로 대비되는 철학으로 정부가 적극적으로 나서는 방법이다. 개인은 매사에 정확하게 계산하고 정교하게 선택하지 않으며 시장 역시 늘 완벽하게 효율적이지 않으므로 제3자인 정부가 인위적으로 변화를 주도해야 한다는 주장이다. 케인스 경제학이 지향하는 방향이라 할 수 있다.

세 번째는 교육이나 계몽을 통한 방법을 생각할 수 있다. 이 방법은 효과가 나타나기까지 시간이 오래 걸리거나 비용이 많이 드는 경향이 있고 효과가 불확실하다는 단점도 있다.

그래서 행동경제학에서는 넛지를 새로운 접근 방법으로 제시한다. 개인의 선택에는 분명히 비합리적 요소가 많이 있지만 그렇다고 이를 개선하기 위해서 정부의 강압적인 정책에 의존하는 방법 역시 바람직하지 않다는 것이다. 사람에게 가급적 부담을 덜 주면서 최대한 부드럽게 개입하는 방법이 효과적이라는 생각에서이다.

아무리 취지가 선하더라도 강압적이면 넛지가 아니다. 선택의 자유를 축소하지 않으면서 개인과 사회의 이익에 도움이 되는 방향으로 선택을 유도하려는 것이 넛지이다. 이것을 전문 용어로 자유주의적 개입주의라 한다.

예를 들어 청소년의 건강을 위해서 학교가 교내에서 청량음료 판매를 전면 금지하는 것은 넛지가 아니다. 대신에 학생들이 과일이나 생수에 접근하기 쉽도록 배치해 놓아 자연스럽게 청량음료 섭취를 줄이게 유도하는 방법이 '부드러운 개입'인 넛지이다.

노후를 대비하기 위해서 젊은 시절부터 저축을 충분히 해놓아야 한다는 사실을 모르는 사람은 한 명도 없다. 그래서 대부분 장기 저축 계획을 수립한다. 그러나 이를 꾸준히 실천하는 사람 역시 많지 않다. 자기 통제 능력이 부족해 단기 욕망에 굴복한 탓이다.

이런 사회에서 정부가 법을 제정해서 개인 소득의 일정 비율 이상을 의무적으로 저축하게 만드는 대안을 마련한다고 가정해 보자. 취지는 좋지만 많은 저항에 부딪힌다. 당장 지출이 시급한 사람은 효용이 크게 감소한다. 저축하고 싶어도 할 수 없는 사람도 많다. 개인의 선택권을 과도하게 침해하는 정책 수단이다.

저축을 강조하는 홍보를 강화하고 경제·금융 교육을 확대하는 대안도 있다. 그러나 '저축이 가정과 국가를 살리는 길' '노후 대비는 저축으로' 등의 슬로건을 미디어를 통해 홍보하고 경제 전문가가 설득해 봤자 저축 증대 효과가 크지 않다는 문제가 있다.

넛지가 대안을 제시한다. 우리나라 노동자는 대부분 월급을 받는다. 그리고 매월 자신의 월급에서 예를 들면 50만 원씩 저축한다. 이때 연봉을 12로 나누는 대신에 13으로 나누어 지급하는 방안이 넛지에 해당한다. 노동자는 한 번에 받는 소득이 조금 줄더라도 지금껏 해오던 저축 습관을 바꾸는 일이 귀찮으므로, 즉 현상 유지 편향 때문에 대부분 과거 패턴을 지속한다. 결과적으로 50만 원씩 13번 저축하게 돼 연간 저축액이 증가한다.

연봉을 13 대신에 14로 나누어 지급하는 방안도 가능하다. 회사는 1년에 봉급을 12회로 나누어 주든, 13회로 나누어 주든 커다란 비용이 추가로 들지는 않는다. 노동자 역시 연간 소득에는 변함이 없으므로 불만이나 저항이 심하지 않다. 그러면서도 저축을 늘릴 수 있다.

개인의 선택을 변화시키기 위해 개입하되 가능하면 부드럽고 적은 비용으로 개입해서 저항이나 부작용을 줄이자는 철학에 기초하고 있는 것이 넛지이다. 시스템 1이나 휴리스틱에 의한 직관적 사고 성향을 적절하게 활용해서 사람의 선택을 더 긍정적이고 바람직한 방향으로 선택하도록 유도하는 기법이다. 탈러 교수는 한 인터뷰에서 넛지에 대해서 다음처럼 말했다.

내 주문(呪文)은 사람이 무엇인가를 하기 원할 때 그것을 쉽게 할 수 있도록 만들어 주어야 한다는 것이다.

일상 속 넛지 전략

넛지라는 개념이 처음 소개되었을 때 전 세계의 반응이 뜨거웠다. 이를 실천하는 국가와 사례가 연이어 나타났다.

넛지 덕분에 이제는 세계 도처에서 공통적으로 목격할 수 있는 사례 하나가 있다. 공중 화장실 소변기에 그려져 있는 파리이다. 남자라면 누구나 본 적 있을 것이다. 이와 비슷하게 변기 위쪽에 쓰인 '한 걸음 가까이' '남자가 흘리지 말아야 할 것은 눈물만이 아닙니다' 같은 문구도 재치 있고 호소력이 있지만 정작 효과는 기대 이하였다.

남자들이 어려서부터 소변을 보면서 무엇인가를 조준하는 장난을 한다는 점에 착안해서 소변기 중앙에 파리 그림을 그려 넣어봤다. 네덜란드 암스테르담 국제공항의 이야기다. 그러자 소변을 흘리는 사례가 80퍼센트 감소했다는 놀라운 효과가 알려지면서 전 세계의 남자 화장실 변기에 파리가 자리 잡았다.

기업이 사용하고 있는 넛지 전략의 대표 사례는 슈퍼마켓의 상품 진열일 것이다. 고객이 물건을 계산하려면 반드시 계산대를 거쳐야 한다. 그리고 대개는 자기 차례가 올 때까지 기다려야 한다. 계산대 근처에 껌, 스낵 등을 놓아두면 계산 순서를 기다리는 고객이 무심코 하나둘 물건을 집어 든다.

슈퍼마켓은 이처럼 간단한 방법으로 매출을 늘리는 효과를 톡톡히 보고 있다. 계산대 옆에 놓는 물건이 고가라면 넛지 효과를 기대할 수 없다. 계산대 옆에 건강에 도움이 되는 웰빙 상품이나 유기농 식품을 배치한 결과 판매량이 증가했다는 연구도 있다.

실리콘 밸리에 있는 기업은 넛지 경영으로 잘 알려져 있다. 직원을 철저하게 감시하거나 절차를 단순화해서 작업 생산성을 높이는 전통적인 경영 기법에서 벗어나 넛지를 적극 활용해서 생산성을 높이는 데 성공했다.

직원 사이에 정보 교환이나 협업이 더 원활하게 이루어지도록 칸막이를 없애 열린 사무실을 만들거나 변동 좌석이 가능한 사무실을 구성하는 것이 넛지 방안이다. 구내식당에서는 건강에 더 유익한 음식을 진열대 앞부분이나 손 닿기 쉬운 위치에 배치하는 것만으로도 건강식의 소비가 증가했다. 덕분에 직원의 건강 증진과 업무 효율 향상이라는 일석이조 효과를 얻을 수 있었다.

정부의 넛지 정책

영국 정부는 2010년에 행동통찰팀 BIT(Behavioural Insight Team)를 설치했다. 일명 '넛지팀'이라는 별칭으로도 불린다. 행동경제학적 발견에 기초해서 공공서비스를 개선하고 정책 효과를 제고하려는 목적에서 창설된 조직이다. 이 팀은 넛지를 이용한 다양한 정책을 실행하고 있다.

넛지 방식으로 정책을 설계하는 것을 '선택 설계(choice architecture)'라 한다. 선택 대안을 단순하게 설계하거나 하나의 대안을 다른 대안보다 두드러지고 선택하기 쉽도록 설계하는 방식으로 의사결정에 영향을 미치려는 시도이다. 효과를 거둔 넛지 방식의 사례로 두 가지만 보자.

세금을 거두는 일은 정부의 중요한 과제 가운데 하나이다. 문제는 세금을 내지 않는 체납 행위이다. 기한이 넘어가면 가산세가 추가됨에도 체납자 수는 좀처럼 줄어들지 않는다. 영국에서 법규를 위반한 자동차의 과태료를 내지 않는 운전자에게 '납부 기한이 지났으며 ○○일 이후에는 자동차를 압류할 수 있다'라는 경고를 담은 독촉장을 보내도 효과가 크지 않았다.

행동통찰팀은 독촉장의 내용을 수정했다. 경고 문구 외에 미납자의 자동차 사진을 추가했다. 그러자 미납자의 과태료 납부 비율이 세 배 높아졌다. 넛지 정책으로 3천6백억 원의 세수 증대 효과(2014년 기준)가 있었다고 영국 국세청이 발표했다.

자동차 사진이 체납자의 손실 회피 성향을 효과적으로 자극한 결과이다. 애지중지하는 자동차를 빼앗기는 경우 발생하는 커다란 고통을 느낀 미납자가 이를 피하고자 자발적으로 과태료를 납부한 것이다.

영국이 효과를 거둔 또 다른 넛지 사례는 실업자와 관련돼 있다. 실업자가 실업급여를 받으려면 구직센터를 방문해 상담사를 만나야 했다. 열심히 일자리를 찾고 있으나 구하지 못한 이유를 설명해야 비로소 실업급여를 받을 수 있었다. 영국 정부는 상담 내용을 수정했다. 지금까지의 구직 활동을 물어보는 데에서 그치지 않고 향후의 구직 계획을 구체적으로 밝히도록 요구했다.

그러자 자기소개서를 작성하는 요령, 직장을 탐색하는 방법과 사이트 등에 대한 실업자의 지식이 풍부해졌다. 태도 역시 긍정적으로 변했다. 덕분에 취업에 성공하는 사례가 증가했고 정부는 실업급여를 줄일 수 있었다.

이번에는 미국 시카고시의 넛지 사례이다. 시카고에는 곡선 구간이 많아 사고가 빈번하게 발생하는 도로가 있다. 속도 제한 표지판을 달아 놓아도 과속하는 운전자 습관 때문에 사고가 끊이지 않았다. 시카고 당국은 넛지 아이디어를 적용해 봤다.

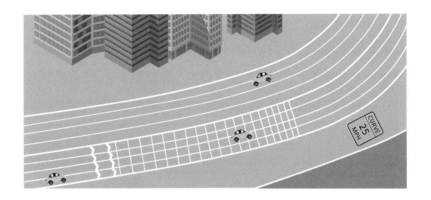

자발적 감속을 위해 그은 도로 위 흰색의 가로선들

곡선 구간이 시작되기 전부터 도로 위에 흰색의 가로선들을 그었다. 곡선 구간에 가까워질수록 흰 선 사이의 간격을 좁혔다. 그러자 운전자들은 곡선 구간을 통과하면서 차량 속도가 높다고 시각적으로 인지하기 시작했다. 그리고 스스로 속도를 줄였다. 덕분에 시카고 당국은 사고를 36퍼센트나 줄이는 데 성공했다.

주도적으로 선택하려면

누구나 수없이 많은 선택을 하며 살아간다. 그런데 문득 그 선택 가운데는 내 의지로 선택하지 않고, 오히려 선택당한 경우가 있음을 알게 될 때가 있다. 내 자발적 의지와 관계없이 A를 선택하고 싶음에도 주어진 프레임에 의해서 B를 선택당한 적도 있을 것이다.

선택 설계자가 합리적이고 공공의 이익에 부합하는 목적을 실천하고 있는 곳이라면 그 설계에 이끌려 시스템 1이 즉각 반응하더라도 굳이 문제 삼을 필요는 없다. 우리를 위한 취지에서일 테니까.

예를 들어 에스컬레이터를 타는 것보다는 계단을 이용하는 것이 에너지 절약과 보행자의 건강이라는 두 마리 토끼를 모두 잡을 수 있는 방안이다. 따라서 계단에 피아노를 그려 계단 이용을 유도하는 것까지 비판할 필요는 없다.

그렇다고 넛지가 만능이며 절대적인 믿음을 준다고 서둘러 결론짓기도 힘들다. 넛지가 완벽하지 않거나 악용되는 '나쁜 넛지' 사례도 있기 때문이다.

우리 주위에는 자신의 이익을 추구하는 조직이 많이 있다. 비록 모든 경우는 아니더라도, 심지어 정부도 공공의 이익이 아니라 정권의 이익을 위한 방향으로 선택을 유도할 때가 있다. 특히 기업은 이윤을 극대화하기 위해 다양하고 치밀하게 마케팅을 설계해 소비자의 후생을 빼앗아가는 대표적 집단이다.

호모 이코노미쿠스가 아닌 보통 사람이 모든 선택을 AI처럼 냉철하고 계획적으로 할 수 없다지만 그렇다고 매사에 이들 집단이 이끄는 대로 선택당하는 것을 당연하게 받아들여서는 안 된다. 우리는 만물의 영장이 아니던가. 누가 뭐라 해도 우리는 이성을 지닌 존재이다.

그러므로 이왕이면 자신의 의지에 따라 합리적으로 하는 선택이 바람직하다. 몰라서 당하는 선택이 아니라 알면서도 당해주는 선택이 좋지 않을까. 비합리적인 선택에 빠지는 사람은 합리적인 선택을 하는 사람을 이길 수 없으며 합리성을 추구하는 시장에서 살아남기 힘들다. 이른바 적자생존의 원리이자 인류가 진화해 온 과정이다.

행동경제학을 많이 알수록 선택당하지 않고 자신의 의지에 따라 주도적으로 선택할 가능성이 농후해진다. 시스템 1에 이끌리기보다는 매사를 보다 신중하게 생각함으로써 휴리스틱에 의한 인지적 편향을 줄이는 삶으로 진화할 수 있다. 우리가 지금까지 해온 실수를 이해하고 그로부터 교훈을 얻는다면 실수를 반복하는 일을 줄일 수 있다. 이 책이 기대하는 목표이다.

2021년 11월
한진수

| 주(註) |

1) 『넛지』(리처드 탈러·캐스 선스타인, 2009, 리더스북)

2) 『The Theory of Moral Sentiments』(Adam Smith, 1759, London: printed for A. Millar; and A. Kincaid and J. Bell, in Edinburgh)

3) 국립장기조직혈액관리원 홈페이지(https://www.konos.go.kr/konosis/index.jsp), 2020년 말 기준.

4) 「Do Defaults Save Lives?」(Eric J. Johnson·Daniel G. Goldstein, 2003, Science, vol. 302)

5) 『생각에 관한 생각』(대니얼 카너먼, 2012, 김영사)

6) 『Your Money and Your Brain: How the New Science of Neuroeconomics Can Help Make You Rich』(Jason Zweig, 2007, New York: Simon & Schuster)

7) 『넛지』(리처드 탈러·캐스 선스타인, 2009, 리더스북)

청소년을 위한 행동경제학 에세이

초판 1쇄 2021년 11월 5일
초판 5쇄 2023년 5월 20일

지은이 | 한진수
펴낸이 | 송영석

주간 | 이혜진
기획편집 | 박신애 · 최예은 · 박강민 · 조아혜
디자인 | 박윤정 · 유보람
마케팅 | 김유종 · 한승민
관리 | 송우석 · 전지연 · 채경민

펴낸곳 | (株)해냄출판사
등록번호 | 제10-229호
등록일자 | 1988년 5월 11일(설립일자 | 1983년 6월 24일)

04042 서울시 마포구 잔다리로 30 해냄빌딩 5 · 6층
대표전화 | 326-1600 **팩스** | 326-1624
홈페이지 | www.hainaim.com

ISBN 979-11-6714-014-2